KB184231

어린이를 위한
영화 읽기 수업

어린이를 위한

영화 읽기 수업

초판 1쇄 발행 2024년 11월 30일

지은이 지태민

펴낸이 강기원
펴낸곳 도서출판 이비컴

디자인 유리수
일러스트 배민경
마케팅 박선왜

주 소 서울시 동대문구 고산자로 34길 70, 431호
전 화 02)2254-0658 팩 스 02-2254-0634
메 일 bookbee@naver.com
출판등록 2002년 4월 2일 제6-0596호
ISBN 978-89-6245-232-7 03370

© 지태민, 2024

책 값은 뒤표지에 있습니다.
파본이나 잘못 인쇄된 책은 구입하신 서점에서 교환해드립니다.

어린이를 위한 영화 읽기 수업

질문이 있는 교실 영화 이야기

지태민 지음

이비락 樂

프롤로그

2017년 영화교육연구회(에듀씨네) 활동을 시작하면서 영화로 학급을 운영하고 수업을 준비하고 학생들의 마음을 헤아리는 연구를 꾸준히 해오고 있다. 중간에 연구회 선생님들과 함께 공동 집필을 기획했지만 여러 이유로 엎어졌고 2022년부터 본격적으로 그동안의 영화 읽기 사례들을 하나씩 끄적이기 시작했다. 다들 뚝딱 책을 내는 것 같은데 글을 쓰는 것은 생각보다 고되고 더딘 일들의 연속이었다.

영화는 음악이나 미술 같은 예술 교과와 달리 정식 교과도 아니고 교육 연극처럼 국어 교육과정에서 공식적으로 다루고 있지도 않다 보니 참고할 만한 선행 연구가 많지 않았다. 영화를 여전히 '남는 시간을 보내기 위한 수단'으로 바라보는 시선도 곱지 않아서 시간을 들여서 영화 읽기 수업 사례를 늘려가기도 쉽지 않았다. 영화교육연구회 활동을 열심히 하고 있지만 실제로 학교에서 영화를 많이 보고 있지는 못하고 있다. 진도 나가기 바쁘고 각종 학교 행사와 의무 교육 등으로 일 년 내내 빠듯하게 학사 일정이 굴러가다 보니 마음 편하게 영화 한 편 볼 수 있는 여유를 내기가 쉽지 않기 때문이다. 학생들과 보고 싶은 영화는 참 많지만 장편 영화는 일 년에 3~4편 정도, 단편 영화는 10편 정도 보는 게 다이다. 이런저런 이유로 이 책이 세상에 나오는 데에 7년이라는 긴 시간이 걸렸다.

다들 마찬가지겠지만 나 역시 내가 좋아하고 잘하는 것들로 교실을 채워가고 있다. 그림책, 동화책, 유튜브, 뉴스 등 다양한 교육 자료들을 활용하고 있지만 영화는 그 어느 것보다 사람들 마음 깊숙이 다가갈 수 있는 장점 있는 매체이다. 어른이라면 누구나 인생 영화 하나쯤 마음속에 가지고 있을 것이다. 영화를 보고 울고 웃으며 극장에서 느꼈던 감정을 오래 간직하고 있는 경우가 적지 않을 것이다. 교사로 지내면서 가장 어렵고 힘든 일은 학생들과 눈높이를 맞추고 학생들 마음에 다가가는 일이다. 열심히 수업을 준비하고 있지만 학생들이 수업 내용을 잘 이해하고 있는지 궁금할 때가 많다. 내가 설명하고 있는 내용이 너무 어려운 것은 아닌지 걱정스러울 때도 많다.

교직 경력이 늘어나면 능숙하게 학생 상담을 잘하고 아이들과도 스스럼없이 마음을 터놓고 이야기를 나누게 될지 알았지만, 현실에서는 학생들과의 거리가 점점 늘어나는 것 같아서 아쉬울 때도 많다. 여러모로 부족한 면이 많은 교사이지만, 내가 잘 못하는 것은 내가 좋아하고 잘하는 것들로 메꿀 수 있지 않을까 생각해 본다. 이 책은 영화로 학생들과 눈을 맞추고 학생들 마음에 한 발짝 더 가까이 가려고 노력했던 지난 시간에 대한 답이다.

책은 크게 3부로 구성된다. 1부 단편 영화 읽기, 2부 주제별 영화 읽기, 3부 교과별 영화 읽기에서 다루고 있는 영화들은 목차를 나누는 과정에서 분리된 것들로, 1부에서 소개하고 있는 영화들은 2부나 3부에 갖다 놓아도 큰 문제가 없다. 이 책의 가장 큰 특징은 1부에서 집중적으로 다루고 있는 단편 영화들이다. 본문에서 자세하게 적었지만 오랜 기간 동안 영화교육연구회 활동을 하면서 단편 영화의 장점을 발견하고 수업 시간에 활용하면 좋을 단편 영화를 발굴해서 소개하는 활동을 꾸준히 이어가고 있다. 장편 영화에 비해 단편 영화는 영화를 볼 수 있는 통로가 한정적이어서 잘 알려지지 않은 경우가 많다. 차례에 있는 낯선 영화들의 제목만 보고 책을 덮지 않기를 바란다. 첫 영화로 소개하고 있는 '원스몰스텝' 단편 애니메이션만 봐도 큰 감동을 느낄 수 있을 것이다.

이미 잘 알려진 픽사, 디즈니, 지브리 영화들은 다른 어린이 영화 인문 책에서 많이 다루고 는 만큼 이 책에서 중점적으로 소개하지는 않았다. 반면에 평소 상업 영화보다 독립 영화나 예술 영화를 즐겨보는 만큼 이 책에서도 교육적으로 의미가 있으면서도 학생들도 어렵지 않게 볼 수 있는 독립영화 · 예술영화를 많이 소개하였다. 오랜 시간에 걸쳐 원고를 쓰다 보니 단편과 장편 합쳐서 총 31편 적지 않은 영화 수업을 녹여냈다. 원고를 다 썼지만 여러 가지 이유로 빠진 영화도 적지 않고 반대로 소개하고 싶지만 제한된 지면 때문에 다음으로 미룬 영화도 적지 않다.

영화를 보고 교실에서 학생들과 실제로 수업했던 방법은 천차만별이었지만 책의 통일성을 위해서 《영화 열기》, 《영화 속으로》, 《영화 밖으로》 3단계에 맞춰서 영화 읽기 수업을 소개한다. 영화 속 장면, 수업 모습, 활동지, 결과물 등 다양한 실물 자료들을 보여주고 싶지만 저작권과 초상권 문제로 아쉽지만 생략하고 대신 수업 장면을 생생하게 전달할 수 있도록 영화를 보며 학생들과 나누었던 대화를 재구성해서 본문에 실었다. 영화 읽기 수업은 결국 학생들과 나누는 대화, 그리고 주고받는 질문으로 완성된다. 영화가 학생들의 마음에 다가가는 역할을 한다면, 영화 읽기 수업은 마음속에 들어온 영화를 다른 사람들과 나누며 더 큰 확장을 이루는 역할을 해주었다.

이 책은 학교에서 학생들과 함께 수업한 사례로 이루어져 있지만, 어린이를 대상으로 영화 읽기 교육에 관심 있는 가정이나 도서관, 학교 밖 교육 기관에서도 충분히 활용할 수 있다.

혼자서는 이 책을 완성하지 못했을 것이다. 오랜 시간 영화 읽기 연구회 활동을 함께 해온 선생님들께 가장 먼저 감사 인사를 드린다. 영화 읽기보다 더 어려운 학생들과 영화를 만드는 전국영화교육연구회(전영교), 특히 교육영화제를 함께 가꾸어온 '전영교' 운영진분들께 존경의 마음을 전한다. 처음으로 선생님들과 영화로 이야기를 나눌 수 있는 자리를 마련해준, 전문직 교사로 성장해 가는 데에 큰 도움을 준 실천교육교사모임에게도 감사하다는 말을 전한다.

교사가 되면 언젠가 내 이름으로 책도 내고 교과서도 써보면 좋겠다고 막연하게 생각했는데, 책보다 먼저 교과서 집필진으로 참여할 수 있게 손을 내밀어준 배성호 선생님께도 감사의 인사를 전한다. 매번 책이 나올 때마다 책을 보내주시는데 드디어 답례할 수 있게 되었다. 아무것도 몰라서 막막했었던 신규 교사 때 동학년 멘토 교사로 큰 힘이 되어준 그리고 지금까지도 힘든 일이 있을 때마다 큰 도움을 주고 있는 엄영진 교감님께 고마움을 전한다. 그동안 함께했던 동료 교사와 관리자분들에게도 추억을 담아 이 책을 하나씩 선물해 드리려고 한다. 이 책의 실질적인 주인공인 10년간의 비타민반 제자들, 이 책 구석구석 어딘가에 너희들 이야기가 많이 실려 있단다. 혹시라도 이 책을 읽게 된다면 언제든지 연락주렴.

더 이상 아빠를 귀찮게 하지 않아서 아빠가 시간을 내 책을 쓸 수 있도록 훌쩍 커버린 현준이와 소연이, 철부지 남편과 함께 살고 있는 아내 그리고 부모님과 가족들에게 이 자리를 빌려 사랑의 마음을 전한다.

책을 쓰며 나 스스로에 대해 알게 된 것이 하나 있다. 기쁘고 즐거운 날에는 생각만큼 글이 잘 써지지 않는다는 것이다. 세상에 나 혼자인 것 같은 깊고 외로운 밤에 한쪽 두 쪽 원고지가 채워져 갔다. 밝고 긍정적인 자아를 지니고 있지만 내 안에도 슬픔이와 불안이가 자신을 알아봐달라고 종종 손짓하는 것이다. 그러고 보니 마지막으로 마음껏 운 것도 극장에서 영화를 봤을 때였다. 영화에게 여러모로 고마운 것이 많다. 처음으로 책을 쓰게 해줄 수 있어서, 내 안의 숨은 감정들을 하나씩 끄집어 주어서.

고맙다, 영화야! 오래오래 함께하자.

차 례

3부 교과별 영화 읽기

부록

영화 읽기 수록 작품 보는 법

이 책의 본문에서 함께 영화 읽기한 작품은 우측 QR 코드를 찍어
엑셀 파일의 <바로보기>로 연결하여 시청할 수 있습니다.
영화에 따라 유료와 무료영화가 있음을 참고하시기 바랍니다.

영화 읽기란 무엇인가요?

영화를 읽는다고? 영화는 보는 대상이지 읽는다는 표현을 흔히 쓰지는 않는다. 그럼에도 책 제목에 '영화 읽기'를 넣은 이유는 단순히 영화를 보는 것에 그치지 않고 영화 장면들을 구석구석까지 적극적으로 파헤치면서 얻을 수 있는 즐거움을 널리 공유하고 싶어서이다. 물론 모든 영화를 보면서 골치 아픈 생각에 빠지고 고민을 나눌 필요는 없다. 시간을 보내기 위해 보는 오락 영화들은 극장에서 울고 웃고 나오면서 훌훌 날려버려도 좋다. 하지만 적어도 이 책에서 소개하는 영화들만큼은 학생들과 가족과 친구들과 적극적인 읽기 과정을 통해서 영화를 보는 새로운 방법으로 즐겼으면 좋겠다.

영화 읽기는 어떻게 하면 좋을까? 먼저 영화 읽기와 공통점이 많은 독서 과정을 떠올려보자. 초등학교 3학년부터 6학년까지 국어 교과서 〈독서 단원〉에 나와 있는 독서 전, 독서 중, 독서 후 활동들을 살펴보자.

3~4학년 국어 독서 단원: 책을 읽고 생각을 나누어요

· [독서 전] 읽을 책을 정하고 내용 예상하기

· [독서] 책 읽기 방법을 정하고 자신의 경험과 관련지어 읽기

· [독서 후] 책 내용을 간추리고 생각 나누기

5학년 국어 독서 단원: 책을 읽고 생각을 넓혀요

· [독서 준비]읽을 책을 정하고 책 훑어보기

· [독서] 질문하거나 비판하며 책 읽기

· [독서 후] 책 내용을 간추리고 생각 나누기

6학년 국어 독서 단원: 책을 읽고 생각을 넓혀요

· [독서 준비] 읽을 책을 정하고 책을 읽는 목적 확인하기

· [독서] 다른 작품과 관련짓거나 질문하며 책 읽기

· [독서 후] 책 내용을 간추리고 생각 나누기

영화도 기본적으로 서사가 있는 이야기이다. 독서 단원 활동들에 있는 '책' 문구를 '영화'로 살짝 바꾸어 보자. 자연스럽게 영화 읽기 전 · 중 · 후 활동이 만들어진다. 다만, 긴 호흡으로 쉬면서 읽을 수 있는 책과 달리 영화는 보통 한 번에 쭉 보는 경우가 많기 때문에 영화 읽기는 전 · 중 · 후 활동이 다소 어색하게 느껴진다.

이 책에서는《영화 열기》-《영화 속으로》-《영화 밖으로》등 3단계에 맞춰서 여러 질문을 학생들과 나누었다. 추가로 책과 영화는 비슷한 점보다 다른 점이 더 많기 때문에 영화만의 특징인 시각적 · 청각적 장치들을 살펴보는 활동을 포함했다. 수많은 영화들은 다 조금씩 다르기 때문에, 영화마다 읽기 방법은 조금씩 다르게 적용해야 할 것이다. 같은 영화라고 해도 교사마다 수업에 적용하는 방법도 다를 것이고, 수업을 받아들이는 학생들의 반응도 제각각일 것이다. 이 책에서 소개하는 영화 읽기 수업 사례들은 하나의 참고 자료로만 활용하고, 각 교실 상황에 맞게 영화 읽기 수업을 해가기를 바란다.

생각을 키우는 영화 읽기 질문

영화 열기(영화 읽기 전의 질문)

· (포스터·제목) 포스터와 제목을 보고 어떤 내용일지 예상해 보기
· (배경지식) 영화를 이해하는 데에 도움 되는 배경 지식에 대해 질문하기
· (경험) 영화의 주제와 관련한 경험에 대해 질문하기

영화 속으로

· (인물) 인물의 마음과 특징이 드러나는 대사, 행동, 표정·몸짓·말투 찾기
· (인물) 인물의 행동을 이해하는 질문 만들기
· (인물) 영화에서 가장 마음에 드는 인물 이야기 나누기
· (배경) 영화의 시간적 배경이 주는 특별한 의미 살펴보기
· (배경) 영화의 공간적 배경이 주는 특별한 의미 살펴보기
· (배경) 영화에서 기억에 남는 장소나 시간 이야기 나누기
· (사건) 사건과 사건을 연결해주는 원인과 결과 찾아보기
· (사건) 영화에서 가장 인상 깊었던 사건 이야기 나누기

· (시각) 영화 속 시각 효과가 주는 특별한 의미 살펴보기

· (청각) 영화 속 청각 효과가 주는 특별한 의미 살펴보기

· (사실) 영화 속 내용 파악을 위한 질문 만들기

· (추론) 영화 속에서 직접 드러나지 않지만 인물의 표정이나 앞뒤 장면, 배경 등을 미루어 생각해 볼 수 있는 질문 만들기

영화 밖으로

· (소감) 영화를 보고 난 후에 드는 생각이나 느낌을 묻는 질문 만들기

· (토의·토론) 영화를 보고 논쟁거리가 있는 쟁점에 대해 토의·토론하기

· (상상) 영화를 보고 뒷이야기 상상해 보기

· (개인) 영화가 개인적으로 어떤 의미가 있는지 살펴보기

· (사회) 영화가 사회적으로 어떤 의미가 있는지 살펴보기

영화를 어떻게 읽을지에 대한 고민이 해결되었다면, '어떤 영화로 학생들과 영화 읽기 수업을 하면 좋을지' 고민이 될 것이다. 영화 선정 기준은 교사마다 다르지만 오랫동안 영화읽기연구회 활동을 해오면서 학생들과 함께 보면 좋을 영화를 책에 우선순위로 담았다. 픽사나 디즈니 상업 영화부터, 잘 알려지지 않았지만 수업에 활용하기 좋은 단편 영화들, 그리고 학생들이 만든 학교 영화 등 다른 영화읽기 책에서는 볼 수 없는 영화들을 소개하려고 노력하였다.

1부

단편 영화 읽기

어린이 영화 읽기, 어떻게 시작할까?
_ 단편 영화&애니메이션과 친해지기

어렸을 때 처음 본 영화 제목을 기억하나요? 아마 대부분의 사람은 잘 기억하지 못하고 있을 것이다. 질문을 바꿔보자. 처음으로 극장에서 본 영화 제목은? 기억나는 사람도 있을 것이다. 넓은 스크린, 푹신한 의자, 바깥세상과 완전히 차단된 어두컴컴한 객석, 극장 안을 가득 채우는 소리와 빛, 그리고 극장 하면 빼놓을 수 없는 바스락바스락 팝콘까지. 오감으로 풍부하게 체험하는 극장의 기억은 분명 쉽게 잊혀 지지 않고 마음속 어딘가에 남아 있기 마련이다. 스티븐 스필버그도 자전적 영화《파벨만스》에 어렸을 적 처음 극장에서 영화를 보며 겪었던 충격과 감동을 고스란히 담아내었다. 나 역시 아빠와 함께 어렸을 때《우뢰매》를 보기 위해 극장 앞에서 줄을 서며 기다렸었던 일이 소중한 기억으로 남아 있고, 태어나서 처음으로 부모님 없이 사촌 형과 단둘이서 영화를 보기 위해 버스를 타고 먼 동네로 마실 나갔었던 기억도 용감한 추억으로 남아 있다.

아이들은 곳곳에서 넘쳐나는 콘텐츠들로 극장이나 영화에 대한 소중한 경험을 예전만큼 많이 가지고 있지 않을지도 모른다. 오히려 많은 어른들은 아이들이 너무 어릴 때부터 쉽게 영상물을 접하는 것을 걱정 어린 시선으로 바라보고 있다. 아이들은 스마트폰이 손에 쥐어지면 자극적인 영상들로 시간을 보내기 일쑤이다. 그렇다고 스마트폰과 영상물을 완전히 차단하는 것도 쉽지 않은 일이다. 어릴 때부터 너무나 쉽게 영상물을 접할 수 있는 환경에서 결국 필요한 것은 아이들 스스로 자기에게 도움 되는 영상을 찾아보는 힘을 키워주는 것이다. 글을 잘 읽는 문해력만큼이나 미디어 리터러시(씨네 리터러시)가 필요한 지점이다.

어린이들과 어떤 영화로 영화 읽기를 시작하면 좋을까? 아이들에게 자주 그림책을 읽어주는 것은 자녀 성장에 큰 도움을 준다고 하는데, 어떤 영화를 함께 보면 아이의 성장에 도움이 될까? 예전에 이런 질문을 받으면 '픽사'나 '디즈니' 영화를 추천했겠지만 지금은 다르다. 단편 영화, 그중에서도 단편 애니메이션, 그중에서도 대사 없는 단편 애니메이션을 추천한다.

단편 애니메이션은 여러모로 그림책과 닮았다. 분량이 길지 않다는 점, 대사 없는 애니메이션은 글 없는 그림책처럼 상상력을 자극한다는 점, 짧지만 그 안에서 충분히 깊이 있는 이야기를 전달하고 있는 점 등등. 책은 글 없는 그림책, 글 있는 그림책, 짧은 동화책, 긴 동화책 이런 식으로 아이의 발달 단계에 맞게 읽어 나가는데, 영화는 바로 긴 장편으로 시작하는 것 같아서 아쉬울 때가 있다. 서점이나 도서관에서 쉽게 접할 수 있는 어린이책들과 달리 어린이 영화라고 하면 극장에서 볼 수 있는 장편 애니메이션을 쉽게 떠올리고, 단편 영화는 쉽게 접할 수 없기 때문일 것이다. 유튜브에 많은 단편 영화가 있지만, 바다 같이 넓은 유튜브에서 어린이들이 보기 좋은 영화를 찾기란 쉽지 않다. 일단 이 책에 수록한 단편 영화들로 영화 읽기에 입문하기를 권한다. 매일매일 읽어줄 것이 넘쳐나는 그림책과 달리 어린이 영화는 그 수가 많지 않아 좋은 영화 고르는 일은 쉽지 않다. 대신 영화는 넓은 스크린만 있으면 가족과 친구와 여럿이 함께 즐길 수 있다는 장점이 있다. 가족과 오붓이 소파나 침대에 누워서 단편 영화를 보고 이야기를 나누어보자. 교실에서도 마찬가지이다. 전국 어느 교실이든 가장 크게 자리 잡고 있는 것은 대형 TV 화면이다. 불을 끄고 분위기를 조성해 주고 학생들과 함께 영화를 관람해 보자.

단편 영화의 장점은 1시간 단위 수업안에서 영화를 감상하고 영화 읽기 수업까지 마칠 수 있다는 것이다. 저학년 학생에게는 단편 영화 자체가 하나의 훌륭한 문학 작품으로 다가갈 수 있고, 고학년 학생에게는 효과적인 수업 자료로 활용할 수 있다. 다른 어린이·청소년 영화 읽기 책들과 차별화되는 이 책의 장점으로 '단편 영화 읽기'를 꼽고 싶다. 책을 읽고 영화를 찾아보며 단편 영화라는 새로운 세계에 푹 빠질 수 있기를 기대해 본다.

Theme 01

원스몰스텝

타이코 스튜디오 감독 I 2018 I 미국 I 7분 I 전체관람가

#진로 #꿈 #우주비행사 #여성 #아빠와딸 #가족 #도전

성취기준 연계

- 《2슬 01-02》 나를 탐색하여 나에 대해 설명하기
- 《2슬 02-04》 궁금한 세계를 다양한 매체로 탐색하기
- 《4도 01-03》 성실한 생활의 모범 사례를 탐색하고 시간 관리를 위한 생활을 계획하여 지속적인 자기 성장 모색하기
- 《4과 13-01》 달 모양과 표면, 달의 위상변화를 관찰하여 밤하늘 관찰에 흥미 갖기
- 《6실 01-07》 직업의 필요성을 이해하고 적성, 흥미, 성격에 따라 진로 발달 계획을 세우고 주도적으로 탐색하기

줄거리

우주비행사의 꿈을 꾸는 중국계 미국인 루나. TV에서 우주선이 발사되는 장면을 보고 소녀는 우주인이 되는 꿈을 꾸기 시작한다. 루나는 자그마한 차고에서 신발 수리 일을 하는 아빠로부터 든든한 지원을 받지만, 꿈을 이루어가는 과정에서 예상치 못했던 어려움을 겪게 된다.

스티븐 스필버그가 세운 영화 제작사의 이름이 '드림웍스'라는 것에서도 알 수 있듯이 영화는 흔히 꿈에 비유되곤 한다. 많은 사람들이 영화를 보면서 내가 경험하지 못하는, 내가 이루지 못하는 많은 것들을 대신 꿈꾸기도 한다. 그래서 그런지 영화에는 꿈을 꾸는 주인공들이 많이 등장한다.

어린이 영화 읽기에서 처음으로 소개하는 영화도 꿈에 대한 이야기를 다룬 단편 애니메이션이다. 초등학교 진로 교육에서는 직업을 탐색하는 것보다는 내가 잘하는 것, 내가 좋아하는 것 등 나에 대해 알아보는 것에 초점을 맞추고 있다. 한 가지 더 학생들에게 강조하고 싶은 것이 있다면 바로 '실패해도 괜찮아, 중요한 것은 꺾이지 않는 마음이야.'이다. 단편 애니메이션 《원스몰스텝》에는 우주비행사를 꿈꾸는 소녀 '루나'가 등장한다. 루나가 어떤 과정을 거치면서 자신의 꿈에 한발 다가서게 되었는지 학생들과 함께 살펴보자.

영화 열기

"오늘은 꿈에 대한 영화를 볼 거예요. 여러분들의 꿈은 학기 초에 했던 자기소개 시간 때 다 같이 공유했었죠? 혹시 집이나 방에 나의 꿈과 관련된 물건을 두고 보는 사람 있니?"

"저요! 제 방에 축구 선수한테서 싸인 받은 축구공이 있어요."
"제 방 벽에는 제가 좋아하는 아이돌 포스터가 있어요."
"그렇구나. 간절하게 원하는 꿈이 있으면 관련된 물건을 가까운 곳에 두고 꿈을 키워가는 경우가 많더라고. 오늘 볼 영화에서도 주인공 집에 주인공의 꿈과 관련한 것들이 많이 나오는데, 어떤 것들이 보이는지 잘 살펴보자고."

영화 속으로

"영화 잘 보았나요? 먼저 주인공 이름이 몇 번 등장했는데 이름 찾은 사람?"

"루나 추라고 봉투에 쓰여 있었어요."
"맞아. '루나'는 아는 친구들도 있겠지만 영어로 '달'을 뜻하거든. 주인공은 이름부터 우주비행사가 될 운명이었던 거지. 가끔 어떤 사람들을 보면 자신의 이름대로 살아가는 경우가 있더라고. 그래서 부모님들이 여러분들 이름 지을 때 아주 신중하게 고민하고 고민해서 지으셨을 거야. 그러니까 다들 자신의 이름에 맞게 바르게 커가야겠지?"

"루나는 누구랑 살고 있었지?"

"아빠요."

"맞아. 엄마가 안 보이는 걸 보니까 정확한 이유는 모르겠지만 아빠와 단둘이서 가족을 이루고 있는 것 같고. 아빠의 직업은 뭐로 보이니?"

"음. 신발을 고치는 분 같아요."

"그래. 신발 고치는 일을 직업으로 삼고 있는데, 아빠가 딸을 위해서 계속해서 신발을 만들어주고 있기도 하지."

"영화 제일 첫 장면에서 주인공 소녀가 TV에서 무엇인가를 보고 있었는데, 뭘 본 걸까?"

"우주비행선 발사 장면이었어요."

"맞아. 화면에서는 안 보였지만, 카운트다운 소리로 봐서 우주선이 발사하는 장면인 거지. 주인공이 헬멧을 쓰고 TV를 보더라고. 루나는 아마도 오래전부터 우주비행사를 꿈꿔왔던 것 같아."

《원스몰스텝》은 크게 세 부분으로 나눠진다. 우주비행사의 꿈을 꾸기 시작하는 어린 시절, 꿈을 이루기 위해 전문학교에 진학했지만 실패하고 절망하는 학창 시절. 좌절 끝에 우주인이 되어서 돌아가신 아버지를 다시 만나며 끝나는 어른 시절까지. 딸이 꿈을 꾸기 시작하는 어린 시절부터 마침내 꿈을 이루게 된 그날까지 딸의 실패와 성공을 응원하고 지지해 준 것은 그녀 곁을 떠나지 않은 아버지였다.

"주인공 루라는 어렸을 적부터 우주비행사가 되고 싶어 했잖아. 딸을 위해서 아빠는 어떤 일을 하였지?"

"우주인들이 신는 신발을 만들어주셨어요."
"딸과 함께 박스를 타고 우주 탐험 놀이를 해주셨어요."

"맞아. 그리고 딸의 방 곳곳을 온통 우주와 관련된 것들로 꾸며주셨더라고. 어떤 것들이 있었지?"

"딸 방 벽이 별 모양 스티커로 가득 차 있었어요."
"딸 가방에도 우주선과 우주인과 별 모양이 그려져 있었어요."

"맞아. 가족들의 바람대로 딸은 결국 우주인이 되기 위한 대학교에 진학하였지. 대학교에 가면 끝이라고 생각했을 수도 있었겠지만, 자신과 같은 꿈을 가진 쟁쟁한 친구들이 모인 곳이라 치열한 경쟁이 기다리고 있었지. 배우는 내용도 훨씬 더 전문적이고 우주인이 되려면 체력도 좋아야 하고. 대학에 입학한 지 오래되지 않아 주인공 루나는 자신의 꿈을 이루는 것이 결코 쉽지 않다는 것을 깨닫게 되지. 루나는 어떤 실패와 좌절을 겪었지?"

"시험에서 F 학점을 받았어요."
"달리기 시합에서 넘어졌어요."
"우주비행사가 되는 심사에서 떨어졌어요."

"그렇지. 여러분들이 어떤 꿈을 꾸든 그 꿈을 이루는 과정은 절대 쉽지 않을 거야. 우주비행사는 더더욱이나 어려운 일이고. 근데 우리나라 최초의 우주인이 여자라는 거 알고 있니? 이소연 박사가 2008년도에 우리나라 최초로 10일 동안 국제 우주 정거장에 머물면서 여러 가지 과학 실험을 하고 돌아왔는데, 그때 우리나라 최초 우주인을 공개 선발 했었어. 3만 명이 넘는 사람들이 신청했고, 한 방송국에서 선발 과정을 TV 프로그램을 통해서 공개했는데, 전 국민이 관심을 가지고 시청하고 응원했었지. 최종적으로 남자 1명, 여자 1명이 선발되어 러시아에서 1년 가까이 우주인이 되기 위한 훈련을 받았고, 이 두 명 중에서 이소연 박사가 우리나라 최초의 우주인으로 최종 선발되었지."

"주인공이 좌절하고 실패하는 동안에 소녀의 꿈을 응원해 주던 아버지도 돌아가셨는데. 다른 사람들 같았으면 중간에 포기했을 법도 한데, 소녀는 포기하지 않았거든. 소녀가 다시 일어설 수 있게 된 계기는 무엇이었지?

"아버지가 그동안 만들어주신 신발, 특히 어린 시절 신었던 우주인 신발을 보고 다시 꿈을 꾸게 되었어요."

"맞아. 결국 소녀가 꿈을 꾸기 시작하고, 꿈을 다시 꿀 수 있게 되는 데는 항상 아빠의 큰 힘이 있었던 거지. 주인공이 그토록 원하던 우주인이 되어서 달에 첫 발자국을 내디디면서 만난 사람은 누구였지?

"아빠요. 돌아가신 아빠와 상상 속에서 다시 만나게 되었어요."

"그렇지. 이 영화에서는 신발과 발자국이 중요한 상징으로 나오는데. 지구 최초로 미국에서 달나라에 착륙했던 사건이 떠 오르더라고. 지구인 중에서 제일 처음 달나라에 발을 내디딘 사람이 누군지 아니?"

"닐 암스트롱이요."

"맞아. 1969년에 미국에서 처음으로 사람을 태우고 달에 도착했었지. 이때 닐 암스트롱이 유명한 말을 남겼는데, 영화에 등장하는 신발과 발자국을 보면서 이 말이 떠오르더라고."

> 이것은 한 인간에 있어서는 작은 한 걸음이지만, 인류 전체에 있어서는 위대한 약진이다.

달나라에 도착하여 상상 속에서 돌아가신 아버지를 만난 소녀는 지그시 눈을 감고 아빠와 함께 꿈을 키워나갔던 어린 시절을 회상

한다. 영화는 막이 오르고 엔딩 크레딧과 함께 영화를 제작한 스태프들의 가족들 사진이 등장한다.

영화 밖으로

"영화 마지막에 루나와 아빠가 달나라에서 만나잖아. 물론 아빠는 이미 돌아가셨으니 루나의 상상 속에서의 만남이겠지. 어쨌든 하늘나라에서 둘이 만났다고 치고, 둘이 서로 어떤 이야기를 나눴을지 상상해 보자고. 정말 오랜 시간 힘든 일을 겪은 끝에 어렵게 우주비행사가 된 거잖아. 딸도 아빠한테 할 이야기가 참 많을 것 같고, 아빠도 딸한테 해줄 이야기가 참 많을 것 같아."

"영화가 다 끝나고 나서 맨 마지막에 여러 가족의 사진이 나오잖아. 누구 사진인 걸까?"

"영화 만든 사람들 가족사진이에요."

"맞아. 선생님은 처음에는 감독님 가족사진인 줄 알았는데, 자세히 보니까 가족 모습이 다 다르더라고. 그리고 자막으로 '우리들의 꿈을 응원해 준 모든 분께 이 영화를 바칩니다.'라는 문구가 등장한 걸로 봐서, 이 단편 애니메이션을 만든 모든 스태프의 가족사진을 하나로 모은 것 같더라고. 중국계 미국인 감독이 만든 작품인데, 그래서 그런지 가족사진도 보면 서양과 동양 가족 모두 다 보이더라고."

영화감독과 스태프 중에 영화 속 주인공처럼 실제로 우주인이 된 사람은 아마 없을 것이다. 그럼에도 우주인을 주인공으로 내세운 까닭은 무엇일까? 우주가 오랜 시간 동안 쉽게 다가가지 못했던 꿈같은 공간이었기 때문일 것이다. 가까운 달에 사람을 보내는 것도 여전히 쉽지 않은 상황이지만, 화성에 인류를 보내기 위한 거창한 꿈을 꾸는 사람도 있듯이 우주는 인간에게 있어서 언제나 꿈과 도전의 대상이었다. 이 책을 읽는 모든 어린이든 어른이든 누구나 각자의 꿈을 꼭 이루어가면 좋겠다.《원스몰스텝》주인공 루나처럼 실패해도 꺾이지 않고 뚜벅뚜벅 한 단계 한 단계 자신의 꿈을 향해 성장해 가기를 바란다.

Theme 02

건전지 아빠&건전지 엄마

전승배 감독 | 2021년/2023년 | 한국 | 6분/8분 전체관람가

#가족 #아빠 #건전지 #단편 #애니메이션 #스톱모션 #양털모

성취기준 연계

- 《2바 01-03》 가족과 주변 사람을 배려하며 관계 맺기
- 《2슬 01-03》 가족과 주변 사람에게 관심 갖고 함께 살아가는 모습 탐구하기
- 《2즐 01-03》 가족이나 주변 사람과 소통하며 어울리기
- 《4도 02-01》 효, 우애의 의미와 필요성을 명료하게 이해하고 가족의 행복을 위해 할 수 있는 일 탐색하여 실천 계획을 세우기
- 《6실 01-03》 건강한 가정생활을 위해 구성원 모두에게 다양한 요구가 있음을 이해하여 서로에 대한 배려와 돌봄 실천하기

줄거리

건전지 아빠는 아이들 장난감, 리모컨, 도어록 등 집 안 구석구석에서 활약한다. 그러던 어느 날 건전지 아빠는 사람들과 함께 계곡으로 여행을 간다. 모처럼 즐거운 시간을 보내던 중 갑작스러운 폭우로 인해 계곡물이 불어나 모두가 고립된다. 건전지 아빠는 사람들이 안전하게 구조될 수 있도록

손전등 안에서 온 힘을 다해 빛을 밝혀보지만 비가 계속 들이쳐 방전될 위험에 처하게 되는데….

건전지 엄마는 어린이집 비눗방울 총, 카메라, 체온계 등 다양한 곳에서 활약한다. 어느 겨울날, 아이들의 낮잠 시간. 건전지 엄마는 크리스마스트리에 불이 난 것을 알게 된다. 그 순간, 아이들이 무사히 구조될 수 있도록 화재경보기로 달려가는데….

《건전지 아빠》와 《건전지 엄마》는 《토요일 다세대주택》으로 너무나도 사랑스러운 스톱모션 애니메이션을 제작한 전승배 감독의 차기 작품이다. 《토요일 다세대주택》을 처음 봤을 때 보물을 발견한 것처럼 기뻤었다. 학생들과 볼 수 있는 단편영화가 많지 않은데 이렇게 따뜻한 내용의 영화가 있다니.

애니메이션이라 초등학교 저학년부터 고학년까지 두루 볼 수 있어서 '아이스크림 샘튜브'를 통해서 영상을 공유하고 많은 교실에서 볼 수 있도록 여기저기 추천했었다. 양털모를 이용해서 한 땀 한 땀 수작업으로 인형 캐릭터들을 만든 다음에 스톱모션 애니메이션으로 촬영해서 만든 작품이라(수작업으로 그림책을 만드는 백희나 작가가 떠오르기도 한다) 제작 과정이 오래 걸렸다고 하여 차기 작품이 언제 세상에 나올 수 있을지 걱정했었는데, 다행히! 오래지 않아 《건전지 아빠》와 《건전지 엄마》를 만날 수 있었다.

《건전지 아빠&건전지 엄마》도 《토요일 다세대주택》과 비슷한 방식으로 제작되었다. 양털모 특유의 질감, 사랑스러운 캐릭터들, 따뜻함이 묻어 나오는 이야기는 전작을 그대로 이어받았다.《토요일 다세대주택》이 주변 이웃에 관한 이야기라면《건전지 아빠&건전지 엄마》는 제목에서 알 수 있듯이 가족을 소재로 한 영화라는 것이 차이라면 차이.

《토요일 다세대주택》은 층간 소음 문제를 해결하기 위해 수직적인 아파트를 수평으로 눕히는 영화적 상상력을 발휘하였고,《건전지 아빠&건전지 엄마》 역시 가족을 위해 열일하는 엄마와 아빠를 건전지에 빗대는 뛰어난 상상력을 보여주었다.

영화 열기

"오늘은《건전지 아빠》와《건전지 엄마》 두 편의 영화를 이어서 볼 건데, 여러분들 충전이랑 방전 뜻 아나요? 충전은 휴대폰 충전처럼 에너지를 채우는 과정이고, 방전은 반대로 에너지가 줄어드는 것을 말하는데, 사람들한테도 빗대어서 쓰기도 하거든.

힘이 넘칠 때는 충전, 힘이 다 빠진 경우에는 방전되었다는 표현을 쓰는데, 아빠나 엄마가 에너지가 꽉꽉 차서 충전되거나 반대로 힘이 하나도 없이 방전된 모습을 본 적이 있나요?"

"아빠는 주말이 되면 힘이 넘치세요."
"엄마는 맛있는 것을 먹고 나면 에너지가 넘쳐 보이세요."
"아빠는 여행 준비할 때 기분이 좋으셔서 신나게 짐을 싸세요."
"가끔 엄마가 밤늦게 퇴근하시고 오셔서 쉬실 때 방전된 것 같아 보여요."
"아빠가 뭔가 속상한 일이 있을 때는 힘이 없어 보여요."
"엄마가 집안일 하다가 지쳐 보일 때가 종종 있어요."

"여러분들도 분명 힘이 넘치는 때가 있을 테고, 반대로 힘이 빠지는 일들이 생기는 경우들도 있을 거야. 건전지는 어쨌든 에너지를 채워주는 역할을 하잖아. 영화 '건전지 엄마'와 '건전지 아빠'를 보면서 엄마와 아빠의 모습이 어떤지 잘 살펴보자고."

 영화 속으로

"영화 잘 봤나요? 길지 않은 영화들인데 참 좋지? 선생님은 집에서는 아빠잖아. 그래서 더 공감하면서 봤고, 선생님 집 아이들은 이제 많이 커서 영화 속 건전지 자녀들처럼 아빠한테 막 달라붙

지 않는데, 6명이나 되는 건전지 아이들이 엄마랑 아빠한테 안기는 모습을 보니 부럽기도 하더라고. 영화에 건전지가 들어 있는 전자제품이 많이 나오는 데 어떤 것들이 있었지?"

"건전지 아빠 영화에서는 공룡 인형, 알람 시계, 현관 도어록, 모기 채, 티브이 리모컨, 손전등에 건전지가 들어 있었어요."
"건전지 엄마 영화에서는 비눗방울 장난감, 일회용 사진기, 계란 반죽 기계, 체온계에 건전지가 들어 있었어요."

"맞아. 생각보다 많은 제품에서 건전지를 사용하고 있지. 이 외에도 우리 주변에서 건전지를 사용하는 전자제품에는 또 어떤 것들이 있을까?"

"마우스에 건전지가 있어요."
"체중계에도 건전지가 필요해요."
"맞아. 요새는 USB로 충전하는 전자 제품이 점점 늘고 있지만, 그래도 여전히 들고 다니는 제품 중에는 건전지가 필요한 제품들이 많은 것 같아."

"영화를 조금 더 자세히 살펴볼까? 두 영화 모두 위기 상황이 발생하잖아. '건전지 아빠'를 보면 물이 불어난 계곡에서 아빠와 아들은 어떻게 위기에서 벗어날 수 있었지?"

"손전등으로 하늘 높이 빛을 밝혔어요."
"손전등의 불이 약하니까, 손전등 안에 있던 건전지가 열심히 운동해서 빛을 밝게 해줬어요."

"'건전지 엄마'에서는 집에 불이 나잖아. 어떻게 불을 빨리 끌 수 있었지?"

"건전지 엄마가 천장으로 올라가서 화재경보기를 세게 울렸어요."

"맞아. 건전지 아빠는 열심히 페달을 돌려서 손전등의 불을 밝게 했는데, 건전지 엄마는 아예 소방관처럼 구조복을 입고 힘겹게 천장으로 가서 화재경보기를 울렸지. 건전지 아빠와 건전지 엄마 덕분에 두 가족 모두 위기에서 벗어날 수 있었고. 그런데 건전지 아빠랑 건전지 엄마가 집에 돌아왔을 때 어떤 모습이었어?"

"터벅터벅 힘이 없어 보였어요."

"맞아. 무사히 집에 도착했는데 왜 힘이 없어 보였을까?"

"가족들을 구하기 위해서 힘을 다 써버려서요."

"그렇지. 고된 하루의 일을 다 마치고 돌아오는 여러분들 부모님이 퇴근하고 집에 들어오는 모습과 비슷할 것 같아. 선생님도 학교에서 힘든 하루를 보낸 날은 집에 들어가자마자 침대로 가서 뻗어버리거든. 건전지 아빠랑 엄마가 집에 돌아왔을 때 반갑게 맞이해준 것은 누구였지?"

"아이들이요!"

"그래. 6명이나 되는 건전지 아이들이 엄마와 아빠가 오니까 막 달려와 붙더라고. 요새 집에 아이들이 6명인 곳은 거의 없을 거야. 6명이면 아마 신문이나 뉴스에 나올 정도인데, 선생님 부모님 세대, 여러분들 할아버지, 할머니 세대에는 이렇게 형제들이 여럿인 가정이 많았거든. 예전에는 자녀가 많으면 복이 많다고 했는데, 이 영화에서는 6명의 자녀를 통해서 건전지 아빠와 엄마의 넘치는 사랑을 표현한 것 같더라고."

영화 밖으로

"제일 중요한 질문으로 넘어가 보자. 힘없이 터벅터벅 집으로 돌아온 아빠와 엄마는 무엇을 통해서 에너지를 얻었을까?"

"아이들이요."

"맞아. 여러분들 집도 마찬가지일 거야. 부모님이 하루 종일 힘들게 일하시는 것도 다 여러분들을 위한 거고, 일터에서 아무리 힘든 일이 있었어도 여러분을 보면 모든 근심 걱정이 다 사라질 거야. 한 마디로 여러분이 부모님의 에너지인 셈이지. 자, 그러니 부모님께서 일을 마치고 집에 돌아오시면 어떻게 해야 할까?"

"반갑게 인사해요!"
"문 앞으로 가서 반갑게 맞이해요."

"그렇지, 엄마 아빠가 집에 돌아왔는데 인사도 안 하고 모르는 척하면 안 되겠지. 가족은 이 영화처럼 서로에게 힘이 되어주는 존재거든. 우리 친구들도 집에서 부모님의 에너지를 100% 채워주는 건전지가 되기를 바란다."

《토요일 다세대주택》에 이어 《건전지 아빠》와 《건전지 엄마》까지 너무나도 사랑스러운 애니메이션을 만든 전승배 감독님과 온라인과 오프라인으로 몇 차례 만남을 가졌었다. 《건전지 아빠》와 《건전지 엄마》로 건전지 가족 시리즈가 마무리되었을 거라 생각했는데, 감독님께서는 다음 작품으로 '건전지 할머니'를 계획 중이라고 하셨다. '건전지 할머니' 작품 이후에는 '건전지 할아버지'도 나오려나? 건전지 가족 시리즈가 모두 마무리되면 5월 가족의 달 영화로 최고의 콘텐츠가 완성되리라 생각한다.

Theme 02

헤어러브

매튜 A. 체리, 브루스 W. 스미스, 에버렛 다우닝 주니어 감독 I 2019
미국 I 7분 I 전체관람가

#단편 #애니메이션 #가족 #아빠와딸 #유튜브영화 #아카데미작품상

성취기준 연계

- 《2바01-03》 가족이나 주변 사람을 배려하며 관계 맺기
- 《2슬01-03》 가족이나 주변 사람에게 관심 갖고 함께 살아가는 모습 탐구하기
- 《2즐01-03》 가족이나 주변 사람과 소통하며 어울리기
- 《4도02-01》 효, 우애의 의미와 필요성을 명료하게 이해하고 가족의 행복을 위해 할 수 있는 일을 탐색하여 실천 계획 세우기
- 《6실01-03》 건강한 가정생활을 위해 구성원 모두에게 다양한 요구가 있음을 이해하여 서로에 대한 배려와 돌봄 실천하기

줄거리

딸의 머리를 처음으로 손질하게 된 아빠는 고군분투하게 되는데...

유튜브에 많고 많은 영상들이 넘쳐나고 단편 영화들도 참

많지만, 수업 시간에 활용할만한 내 마음에 꼭 드는 작품을 찾기는 쉽지 않다. 유튜브에 있는 단편 애니메이션들은 대개 캐릭터도 비슷하고(CG 처리된 인공적인 캐릭터들), 대사 없이 배경 음악으로 진행되는 편집도 비슷하고, 이야기 흐름도 비슷한 경우가 대부분이다.

픽사에서 멋진 단편 영화들을 종종 공개하지만, 아쉽게도 디즈니+ OOT(Online Only TV) 채널이 생기면서 픽사 단편들은 모두 유료 채널인 디즈니+로 옮겨갔다.

이런 와중에 발견한 2020년 미국 아카데미 시상식 단편 애니메이션 부분 작품상 수상작인《헤어러브》는 그저 그런 짧은 영상들이 넘쳐나는 유튜브에서 찾은 수준 높은 작품이었다.

영화 열기

"오늘은 5월 가정의 달을 맞이해서 짧은 애니메이션 한 편 같이 보고 이야기 나눠 봅시다. 수업 시간에 배웠듯이 그리고 여러분 주변 모습을 보면 알 수 있듯이 가족의 모습은 아주 다양하죠. 부모님이 외국에서 오셨을 수도 있고, 엄마나 아빠가 안 계실수도 있고, 할아버지 할머니와 같이 사는 집도 있겠지. 가족의 모습뿐만 아니라 가족 구성원들이 하는 역할의 모습도 집집마다 다 다를 거야. 어떤 집은 아빠가 요리를 맛있게 차려주는 집도 있을테고, 어떤 집은 엄마가 운전을 도맡아서 하는 집도 있을테고. 같이 볼 영화 '헤어러브' 가족 모습도 살짝 다르게 느껴질 수 있을텐데, 어떤 모습일지 함께 살펴보자고."

영화 속으로

영화가 시작되고, 한 여자 아이가 잠에서 깨어나 달력을 살펴본다. 달력에 하트 표시가 되어 있는 것을 보니 오늘은 중요한 날인 듯하다. 머리를 단정히 하기 위해 거울 앞에 앉았지만, 아이의 곱슬머리는 금세 엉망이 되고 만다. 유튜브 '헤어러브' 채널 속 영상을 따라하며 머리를 다듬어 보지만 곱슬머리를 정리하는 것은 쉽지 않다.

"얘들아, 주인공이 머리 손질을 하는데, 계속 실패하잖아. 왜 그런 걸까?"

"곱슬머리라 그래요."

"맞아. 흑인들은 곱슬머리가 많거든. 그래서 남자들은 머리를 민 경우도 많고, 머리를 꼬아서 레게 머리 스타일을 유지하는 경우도 많지. 여자들은 머리를 밀기는 그러니까, 다양한 헤어스타일을 유지하는데, 아무래도 곱슬머리다 보니 관리하기 쉽지 않은 것 같아. 선생님도 어렸을 적에 머리가 심하게 곱슬이었거든. 반곱슬이라고 하는데, 숱도 많은 편이라 머리 관리하기가 진짜 어려웠어. 찰랑 찰랑 거리는 친구들의 머리를 보며 어찌나 부러워했는지. 그런데 나이 들고 보니까 자연스럽게 머리 힘이 빠지면서 관리하기가 쉬워지더라고. 머리숱이 많은 것도 참 불편했는데, 나이가 들면서 주변 친구들의 머리가 조금씩 빠지는 것을 보면서 지금은 머리숱이 많은 것을 큰 복으로 생각하고 있지."

곱슬머리와 고군분투하는 딸의 모습을 바라본 아빠는 화들짝 놀라고 만다. 딸을 자기 방으로 데리고 와서 머리 손질을 시작하지만, 어딘가 어색해 보이는 아빠의 손질. 정성껏 빗질을 시작하지만, 딸의 거친 머리는 결코 쉽게 자리를 내어주질 않는다. 딸의 머리 손질을 포기하려는 순간, 딸이 엄마가 제작한 '헤어러브' 유튜브 영상을 아빠에게 보여주고 둘은 결국 머리 손질에 성공하게 된다.

예쁘게 단장을 마치고 아빠와 딸은 엄마를 만나로 어디론가 향한다. 휠체어에 앉아 있는 엄마와 함께 오랜만에 만난 가족은 서로 반갑게 인사를 나누고 딸은 엄마의 얼굴을 그린 그림을 선물로 건네준다. 선물을 받은 엄마는 쑥스럽게 쓰고 있던 모자를 벗으며 머리가 빠진 모습을 가족들에게 보여준다.

"애들아, 엄마는 왜 병원에 있는 걸까. 어딘가 아픈 모습인데. 어디가 아픈 걸까?"

"글쎄요. 잘 모르겠어요."

"이 영화도 대사가 없다보니 선생님도 정확히는 모르겠지만, 보통 암에 걸려서 치료를 받는 것을 항암치료라고 하는데, 항암 치료를 하면 이렇게 머리가 빠지거든. 아마도 엄마는 암에 걸린 것 같아. 엄마가 아빠와 딸이랑 따로 떨어져서 지내는 것도 아마도 항암 치료를 받기 위해서 요양 병원에서 지내는 것 같아 보이고."

"영화에서 아빠와 딸이 보는 '헤어러브' 채널은 누가 만든 걸까?"

"엄마가 만들 채널이에요."

"왜 만들었을까?"

"가족들에게 딸의 머리를 손질하는 방법을 알려주기 위해서예요."

"맞아. 아마도 엄마의 직업은 헤어디자이너인 것 같고, 엄마는 암에 걸려서 오래 살지 못할 수도 있으니까, 자신이 죽은 다음에도 남편이 딸의 머리를 예쁘게 손질해주길 바라는 마음에 '헤어러브'라는 채널을 만든 게 아닐까 생각해. 슬프면서도 아름다운 유튜브 채널이네."

영화 밖으로

영화를 보고 나서 딸이 어렸을 적에 제대로 머리를 땋아주지 못했던 기억이 났다. 1학년 꼬마 친구들을 가르쳤을 때 만났던 아이도 떠올랐다. 반에 자폐를 지닌 여학생이 있었는데, 매일 머리를 풀어 헤치고 다니는 거였다. 아이의 머리를 예쁘게 정리해 주려고 했지만 딸 머리도 제대로 땋아주지 못해서 그런지 쉽지 않았다. 너무 심하게 머리가 풀어 헤쳐지는 날에는 옆 반 선생님께 머리를 정리해 달라고 부탁한 적도 있었다. 그때 조금 더 공부해서 아이의 머리를 예쁘게 정리해 줄 걸 영화를 보면서 늦은 후회가 들었다. 나중에 혹시 또 누군가의 머리를 땋아줄 기회가 생기면 영화 속 아빠처럼 유튜브를 보고서라도 예쁘게 꾸며 줘야겠다는 생각이 들었다.

"선생님은 영화를 보면서 선생님 집 애들이 어렸을 때가 떠오르더라고. 지금은 애들이 많이 커서 함께 같이 하는 시간보다는 각자 시간을 보내는 경우가 더 많아서 그립기도 하더라고. 애들이 커가면서 함께 시간을 보내는 모습도 조금씩 달라지더라고. 어렸을 적에는 놀이터에서 뛰어 놀고 집에서는 책을 읽어주고 그랬는데, 조금 크면서는 한참 보드게임을 즐겨했던 때가 있었고, 조금 더 커서는 같이 영화 보며 시간을 보내기도 했고. '헤어러브' 영화에서는 머리를 손질하면서 사랑을 키워나갔는데, 여러분들 각자의 집에서도 시간을 많이 보내며 추억과 사랑을 쌓아가는 모습들이 분명히 하나씩은 있을 것 같아."

반 학생들과 영화를 함께 보고 우리 가족이 함께 사랑을 키우는 여러 방법들에 대해 이야기 나누었다. '헤어러브'에서처럼 머리를 땋아주며 정을 나눌 수도 있고, 정기적으로 함께 요리를 하는 집, 가족회의를 하는 집 등 우리 가족만의 'OO러브'를 공유해보았다. 가족 구성원들끼리 사랑을 나누는 방법이 꼭 거창할 필요는 없다. 멀리 해외여행을 간다던지, 비싼 공연을 보면서 추억을 쌓을 수도 있겠지만, 옹기종기 모여 앉아서 이런저런 이야기를 나누면서도 충분히 사랑을 키워갈 수 있다. 각자 우리 가족만의 OO러브를 만들어보자.

윙스

고스프로그 감독 | 2019 | 전체관람가

#단편애니메이션 #유튜브 #동화 #우정 #저학년 #학기초

성취기준 연계

· 《2바01-03》 가족이나 주변 사람을 배려하며 관계 맺기
· 《2슬01-03》 가족이나 주변 사람에게 관심 갖고 함께 살아가는 모습 탐구하기
· 《2즐01-03》 가족이나 주변 사람과 소통하며 어울리기
· 《4도02-02》 친구 사이의 배려에 대한 올바른 이해를 바탕으로 일상생활에서 배려에 기반한 도덕적 관계를 맺을 수 있는 방안 탐색하기
· 《4도02-03》 공감의 태도가 필요한 이유를 이해하고 도덕적 상상력을 바탕으로 대상과 상황에 따라 감정 나누는 방법 탐구하여 실천하기

줄거리

하늘을 날고 싶어 하는 생쥐와 날개를 다쳐 날지 못하는 새와의 아름다운 우정을 다룬 이야기

매년 새 학년을 맞이하며 학생들과 함께 보는 단편 애니메

이션들이 있다. 《윙스》, 《사랑이 없다면 크리스마스는 어떻게 될까?》, 《내 이름은 말룸》. 뒤의 두 애니메이션들은 학교 안에서 왕따를 당하는 주인공과 나머지 학생들과의 관계를 다루고 있지만, '윙스'는 새와 생쥐 두 주인공 사이의 우정을 집중적으로 보여주고 있다. 배경도 학교가 아닌 숲이고 주인공도 사람이 아닌 동물이지만 그 어떤 영화보다 학기 초 학생들에게 전달하고 싶은 메시지를 잘 담고 있는 작품이다.

새로운 교실에 들어서면서 학생들이 가장 기대하거나 걱정하는 것은 무엇일까? 좋은 선생님과 좋은 친구들을 만나는 것이겠지만 뭐니 뭐니 해도 단짝 친구가 생겨나는 것일 거다. 나와 닮은 베스트 프렌드. 하지만, 나와 완전히 똑같을 수는 없으니까 나와 다른 점이 있지만 그 다른 점으로 인해서 서로의 부족한 점을 채워줄 수 있는 그런 친구가 있다면 1년간 어떤 일이 있어도 든든할 것이다.

영화 열기

《윙스》는 날고 싶어 하는 생쥐의 이야기로 시작된다. 인간의 오랜 바람 중 하나는 바로 새처럼 원하는 곳이면 어디든지 훨훨 날아가는 것이었다. 라이트 형제가 최초로 비행기를 개발한 이후에 비행기는 혁신적으로 발전하였지만, 여전히 새처럼 자유롭

게 원하는 곳으로 날아가는 것은 쉽지 않은 일이다.

"하늘을 나는 꿈을 꾼 적이 있는 사람? 아마 누구나 한 번쯤 푸른 하늘을 새처럼 훨훨 나는 꿈을 꿔봤을 것 같은데. 만약에 새처럼 우리 인간한테 날개가 있다면, 어떤 일을 제일 해보고 싶니?"

"저는 저 푸른 바다를 날아서 멀리멀리 가보고 싶어요."
"하늘 높이 날아가 보고 싶어요."
"제가 가고 싶어 하는 놀이동산으로 날아서 가고 싶어요."

아이들의 상상력은 뛰어나다. 교사가 미처 생각지도 못했던 멋진 곳으로 날아가고 싶다는 아이들. 학기 초 이 영화를 보는 이유는 물론 친구들 간의 관계가 돈독해지기 바라는 마음이 제일 크지만, 학생들이 자신들만의 날개로 1년간 꿈을 마구 펼쳐 나갈 수 있기를 바라는 마음에서 이기도 하다.

영화 속으로

영화는 날개가 있지만 날지 못하는 새와 날고 싶지만 날 수 없는 생쥐의 만남을 다루고 있다. 두 주인공이 어떤 상황에 놓여 있는지 먼저 살펴보자.

"영화 잘 봤나요? 두 주인공부터 살펴볼까? 새는 날개가 있지만 처음에 날지 못하고 있었잖아. 왜 그랬던 거지?"
"새의 날개가 실에 묶여 있어서 그랬어요."

"맞아. 근데 새의 날개는 왜 실에 묶여 있던 걸까?"
"사람들이 새를 사냥하기 위해서 풀어 놓은 낚싯줄에 새가 묶인 것 같아요."

"그렇지. 정확하게 누가 어떤 이유로 실을 풀어 놓았는지는 모르지만, 아마도 사람들 때문에 새의 날개가 실에 묶인 것 같기는 해. 생쥐도 살펴볼까? 생쥐는 날고 싶어 하잖아. 영화에서 대사가 하나도 안 나오지만, 우리는 생쥐가 진심으로 날고 싶어 하는 것을 알잖아. 어떤 장면들 때문에 알 수 있었지?"

"생쥐가 하늘을 보며 새들이 나는 모습을 부럽게 쳐다보았어요."
"생쥐가 자신의 집을 온통 깃털로 꾸며 놓았어요."

"맞아. 생쥐가 심지어 새들처럼 나는 시늉도 해보지만 결국 실패하고 말지. 쥐가 날 수는 없으니까. 생쥐와 새는 서로 완전히 다른 종족인데, 결국 둘은 친구가 되었잖아. 어떤 계기로 친구가 되었지?"

"생쥐가 묶여 있던 새의 실을 갉아서 풀어줬어요."
"그러고 나서 생쥐가 새를 자신의 집으로 초대해서 다친 부분을 정성스럽게 치료해 주고 책까지 읽어주었어요."

"맞아. 둘은 결국 진짜 친구가 되었고. 생쥐의 치료 덕분에 새가 날 준비를 하게 되었잖아. 근데 새가 나는 연습을 하니까 생쥐가 좋아하면서도 한편으로는 아쉬운 표정을 짓더라고. 왜 그런 걸까?"

"날개가 다 나으면 훨훨 날아서 자신을 떠날 것 같아서 그런 것 같아요."
"자신은 날지 못하는데 새는 날개가 다 나으면 날아가니까 부러워하는 것 같아요."

"그래. 처음에는 새가 도움을 받는 입장이었는데 날개가 다 낫고 나니까 이제는 새가 도움을 줄 수 있는 입장이 되었지. 새는 생쥐에게 어떤 도움을 주었지?"
"날고 싶어 하는 생쥐를 자신에 등에 태운 뒤 함께 하늘을 날았어요."

"맞아. 생쥐는 새의 도움으로 자신이 오랫동안 꿈꿔왔던 꿈을 이룰 수 있게 되었지."

영화 밖으로

《윙스》는 동물을 주인공으로 한 애니메이션으로 영화를 다 본 후에 교실 상황으로 자연스럽게 넘어가 이야기를 나누는 것이 꼭 필요하다.

"우리 반 교실에 있는 20명 친구도 서로 조금씩 다르지? 비슷한 점도 있고 새와 생쥐처럼 다른 점이 더 많을 수도 있고. 각자 잘하는 것들도 분명 다 다를 거야. 모든 학교생활을 다 잘하는 완벽한 친구가 있을 수 있을까?"

"아니요. 불가능해요."

"맞아. 수학을 잘하는 친구도 있고, 달리기를 잘하는 친구도 있고, 그림을 잘 그리는 친구도 있고. 각자 자기만의 장점들이 하나씩은 다 있을 거야. 아직 학기 초니까 서로 잘 모르잖아. '나와 닮은 친구' 활동지 하면서 우리 반 친구들한테는 어떤 장점들이 있는지 서로 알아가는 시간을 가져보자."

매년 개학 첫날에는 '나와 닮은 친구' 활동지를 하면서 우리 반에는 어떤 친구들이 있는지 교실을 돌아다니며 찾아보는 활동을 하고 있다. 이어서 개학 2일 차~3일 차에 《윙스》 영화를 보고 '내가 잘하는 것'과 '내가 잘 못하는 것'을 활동지에 적고, 이어서 이야기를 나누고 있다.

"영화에서처럼 내가 잘하는 것은 친구들에게 나눠주면 좋을 것 같지. 내가 부족한 것은 다른 친구들로부터 도움을 받으면 되고. 우리 반 친구들에 나눠줄 수 있는 장점, 이야기해 볼 사람?"

"저는 학교에서 축구부를 하고 있어서 친구들한테 축구를 가르쳐 줄 수 있어요."

"좋네. 자기소개 할 때 체육 어려워하는 친구들 있었는데 현준이가 도움을 줄 수 있겠네."

"저는 그림을 잘 그려서 도움을 줄 수 있어요."

"우리 반에 그림 그리는 거 어려워하는 친구들도 있는데, 소연이가 도움을 줄 수 있을 테고. 옆에 친구가 그리는 것만 봐도 도움이 많이 되더라고."

새 학년 학급 세우기는 어떻게 하면 좋을까? 선생님마다 학급 세우기를 운영하는 기간도 방법도 다를 것이다. 짧게는 하루 만에 끝내고 다음 날부터 바로 수업을 나가는 교실도 있을 테고, 긴 호흡으로 한 달 정도 시간을 들여 새로운 학급을 세워나가는 교실도 있을 것이다.

나 같은 경우는 보통 개학하고 1주일 정도는 교과 수업을 시작하지 않고 다양한 친교 활동을 통해 1년간 함께 생활할 교실의 터를 단단히 다진다. 대략적인 학급 세우기 일정은 다음과 같다.

	1일 차	2일 차	3일 차	4일 차	5일 차
1 교 시	· 학교장 소개 · 담임교사 소개	· 좋아해 – 좋았어요 – 아쉬웠어요 – 해보고 싶어요 · 학급 생활 안내 (인사, 구호 등)	· 기본 준비물 확인 · 교과서 명탐정	학급 임원 선거	· 단체 사진 촬영 · 친교 놀이 3 – 이름 외우기 놀이
2 교 시	· 전년도 한해살이 영상 시청 · 나와 닮은 친구 찾기(활동지)	· 자기소개 · 영화 활동1 (사랑이 없는 크리스마스는 어떻게 될까요? 윙스)	· 친교 놀이 2 – 협동 침묵 놀이 (모양 만들기, 키 순서/생일 순서로 한 줄 만들기)	1인 1역 정하기	· 기초 체력 키우기/달리기 (체육)
3 교 시	· 자기소개 활동지 · 학급 특색 소개	교과서 배부 & 이름 쓰기	아름다운 가치사전 만들기 안내(생활 지도)	영화 활동 2 (내 이름은 말룸)	학급 회의 (학급 이름 만들기)
4 교 시	· 그림책(다다다 다른별 학교) · 학급 생활 안내 (급식 등)	· 친교 놀이 1 – 만나서 반갑습니다(당신의 이웃을 사랑합니까?)	배움공책 배부 및 안내	· 캐릭터 이름표 만들기(미술) · 꿈 키우기 휠북 만들기(미술)	학급 생활 안내 (일기 등)

학기 초 학급 세우기 활동은 1년 농사를 좌지우지하는 매우 중요한 일이라 생각한다. 1주일간의 학급 세우기 활동을 나눠본다면 크게 '나-너-우리'로 구분 지을 수 있다.

1단계 '나 소개하기' 단계에서는 《내 이름은 말룸》을 시청하고 나에 대해 자세히 알아보고 친구들한테 나를 소개하는 활동을 하고 있다.

2단계 '너와 친해지기' 단계에서는 영화 《윙스》를 보고 나와 닮은 우리 반 친구를 찾아보는 활동을 하고 있다.

3단계 '우리 함께하기' 단계에서는《사랑이 없다면 크리스마스는 어떻게 될까?(What would Christmas be without love?)》를 보고 다양한 친교 놀이를 통해 자연스럽게 반 친구들의 이름을 외우고 공동체 안에서 함께 생활할 때 필요한 규칙들을 학생들 스스로 정하는 시간을 보내고 있다.

학급 세우기 활동을 하면서 가장 중요시하는 것은 학생들이 새로 만난 학급에서 편안함과 안정감을 느끼도록 하는 것이다. 교사도 학년이 바뀌면 많은 것이 바뀌지만, 학생들 입장에서는 학년이 바뀌면서 주변 환경의 변화가 훨씬 클 것이다. 담임 선생님도 바뀌고, 친구들도 많이 바뀌고, 학급 규칙과 생활도 많이 바뀌고, 배우는 내용도 바뀌고. 교사들은 개학하기 전에 교실도 미리 꾸미고 학생들 파악도 어느 정도 미리 하지만, 학생들은 3월 첫날 모든 것을 새로 접하게 된다. 적어도 1주일 정도는 천천히 서로를 알아가며 새로운 교실을 꾸려 가면 좋을 것 같다. 그리고 학기 초에 너무 딱딱하게 '이것은 안 돼, 저것은 안 돼' 강요하는 것보다는 한두 주 함께 지내면서 학생들 스스로 우리 교실에 필요한 규칙을 정하도록 하면 좋겠다.

무엇보다도 영화《윙스》처럼 서로 부족한 점을 메꿔주며 교실을 따뜻한 공간으로 만들어 가면 좋겠다.

친구와 함께라면

Theme 03

What would Christmas be without love?

얼스테그룹 I 2018 I 오스트리아

#단편 #애니메이션 #1분38초 #학급세우기 #광고 #왕따 #친구 #우정 #사랑이없다면크리스마스는어떻게될까?

성취기준 연계

· 《2바01-03》 가족이나 주변 사람을 배려하며 관계 맺기

· 《2슬01-03》 가족이나 주변 사람에게 관심 갖고 함께 살아가는 모습 탐구하기

· 《2즐01-03》 가족이나 주변 사람과 소통하며 어울리기

· 《4도02-02》 친구 사이의 배려에 대한 올바른 이해를 바탕으로 일상생활에서 배려에 기반한 도덕적 관계를 맺을 수 있는 방안 탐색하기

· 《4도02-03》 공감의 태도가 필요한 이유를 이해하고 도덕적 상상력을 바탕으로 대상과 상황에 따라 감정 나누는 방법 탐구하여 실천하기

줄거리

동물들의 학교에 고슴도치가 전학을 오게 된다. 친구와 어울리고 싶어 하는 고슴도치는 가시로 인해 자꾸 친구들과 멀어지게 되는데...

매년 3월 1일이 되면 개학을 앞둔 학생과 교사들은 다음 날 어떤 친구들과 선생님을 만날지 설레며 밤잠을 설친다. 교사 경력이 수십 년 넘는 분들도 새 학년이 되면 떨린다고 말씀하시는 걸 보면 첫 만남만큼 기대되고 설레는 일은 없는 것 같다. 아이들에게 잘 보이기 위해서 새로 머리도 하고(사실 염색을 하고 ^^), 오랜만에 멋진 옷도 꺼내 입고 새로운 친구들을 만나러 가는 첫날. 학생들도 분명 가슴 가득 설레는 마음을 가지고 교실에 들어설 것이다.

새 학년 첫날. 전국의 모든 교실의 모습은 거의 비슷하지 않을까? 우리 반 선생님은 어떤 분일까? 기대와 걱정 사이에 어색한 침묵이 흐르고 친하게 지내고 싶은 아이가 있는지 흘깃흘깃 옆눈질을 자꾸만 하게 된다.

아이들이 바라는 교실의 모습은 어떤 곳일까? 교사와 학생들이 기대하는 교실의 모습은 조금씩 서로 다르겠지만 《What would Christmas be without love?》 영화 속 엔딩 장면은 교실 구성원 모두가 바라는 사랑과 우정이 넘치는 교실의 모습일 것이다. 1분 38초짜리 짧은 단편 애니메이션은 사실 영화가 아니고 Erste Gruop에서 만든 광고 영상이다. 짧은 영상이지만 느낄 수 있는 감동은 어느 장편 영화 못지않다.

학기 초에 학생들을 대하는 교사들의 모습은 크게 두 가지이다.

엄근진(엄격하고 근엄하고 진지한)으로 대표되는 '아빨 보이지 마' 유형과 첫날부터 아이들의 배꼽을 훔치며 친구처럼 다가가는 스마일 유형.(굳이 이 둘의 중간을 이야기하자면 요새 많이 강조하는 친절하면서도 단호한 모습도 있겠지만). 어떤 유형에 가까운 교사인지에 상관없이 학기 초 '이것은 이래서 안 되고, 저것은 저래서 안 되고, 이것은 절대 하면 안 되고, 저것도 절대 하면 안 되고' 이런 부정적이고 금지어투성인 규칙을 강조하는 대신에 교사가 바라는 이상적인 교실의 모습을 학생들에게 보여주면 어떨까? 이 짧은 단편 애니메이션으로 말이다.

 영화 열기

"오늘은 지난 시간에 본 《윙스》 영화에 이어서 짧은 단편 애니메이션을 같이 볼게요. 1분 38초짜리 짧은 영상이라 이미 본 친구들도 있을 것 같은데, 선생님은 처음 봤을 때 큰 감동을 받았거든. 영화 제목은 영어로는 'What would Christmas be without love?'인데, 무슨 뜻이고, 어떤 내용일까?"

"크리스마스 이야기일 것 같아요."
"크리스마스에 사랑을 나누는 이야기일 것 같아요."

"제목에 크리스마스가 들어가니까 아무래도 크리스마스 이야기가 펼쳐지겠지. 아주 짧으니까 집중해서 보자고."

 영화 속으로

"영화 잘 봤나요? 마음이 뭉클해지는 결말이죠? 나름대로 반전이 있는 엔딩이기도 하고. 영화 내용 하나하나 자세히 살펴볼까? 먼저, 배경이 되는 학교는 어떤 학교지?"

"동물들이 다니는 동물 학교에요."

"그렇지. 고슴도치가 새로 전학을 왔는데. 전학 온 고슴도치는 어떤 어려움을 겪었지?"

"가시가 있어서 교실에서는 가시로 책상을 밀치고, 버스에서는 친구를 찌르고, 운동장에서는 친구가 찬 공을 고장 냈어요."

"맞아. 친구들은 이런 고슴도치를 어떻게 대했지?
"피하고 같이 놀지 않았어요."

"그러게. 고슴도치는 결국 어떻게 되었나요?

"혼자 지내게 되었어요."

"친구들과 어울리지 못했던 고슴도치의 마음은 어땠을까?"

"속상했을 것 같아요."

"다람쥐와 친구들은 크리스마스 날 고슴도치를 위해 어떤 선물을 준비했죠?

"스티로폼 뽕뽕이를 선물로 주었어요."

"선물을 받은 고슴도치는 처음에 어떤 반응이었지?"

"선물 상자에 뽕뽕이만 있어서 실망했어요."

"맞아. 친구들이 나를 놀리거나 괴롭힌다고 생각했겠지. 다행히 마지막에 반전이 있었지. 친구들은 뽕뽕이로 고슴도치를 어떻게 도와주었지?"

"고슴도치의 가시를 뽕뽕이로 막아주고 껴안아 주었어요."

앞에서 다룬 《윙스》가 단짝 친구에 대한 이야기라면 '사랑이 없는 크리스마는 어떨까요?' 영화는 왕따에 대한 이야기이다. 학기 초에는 누구나 1년간 나와 즐겁게 지낼 단짝 친구가 생겨나길 바라는 마음과 함께 쉬는 시간에 함께 지낼 친구 하나 없이 외롭게 지내게 되는 것은 아닐지 두려운 마음을 함께 가지고 있을 것이다. 짧은 이 영화를 통해서 학기 초 학생들 마음속에 있는 두려움이 조금 이나마 줄어들지 않을까 기대해본다.

영화 밖으로

"지난번에 본 《윙스》도 그렇고 이 영화에도 대사가 전혀 없지? 실제로는 동물 친구들이 대사를 주고받았을 것 같기는 한데. 대사가 없으니까 인물의 표정과 행동으로 인물의 마음을 살펴봐야 할 텐데. 중요한 장면들에서 어떠한 대사가 오고 갔을지 같이 상상해 볼까?"

"먼저 첫 번째 교실 장면에서는 어떤 대화가 오고 갔을까? 각자 적은 거 이야기해 볼까?

"(친구들) 아 뭐야. 너 때문에 필통이랑 다 떨어졌잖아."
"(고슴도치) 앗. 미안. 일부러 그런 거 아니야. 내가 주울게."
"(여우) 고슴도치, 안녕! 새로 왔구나. 우리 잘 지내보자."

"그래. 고슴도치는 자기의 마음과 다르게 친구들한테 피해를 주니 미안한 마음이 들었겠지. 친구들도 그런 고슴도치의 상황은 이해했지만 자꾸 피해를 주니 슬슬 피했던 거고. 다행히 여우 친구가 새로 전학 온 고슴도치를 반갑게 맞아줬지만 말이야. 이어서 두 번째 장면에서 여우가 반 친구들한테 귓속말로 뭔가 속삭였는데, 무슨 말을 한 걸까?

"(여유) 애들아, 우리 고슴도치를 위해서 깜짝 선물 준비해볼까?"

"(친구들) 그래. 이번 기회로 고슴도치가 가시로 더 이상 고통 받지 않게 도와주자."

"친구들의 깜짝선물을 받고 처음에 고슴도치는 실망했지만, 선물의 진짜 의미를 알고 나서는 감동받게 되었지. 그리고 마지막 장면에서는 이런 대화를 나누었지."

"(고슴도치) 고마워, 애들아. 내 생애 최고의 크리스마스였어."

"(친구들) 응. 그동안 우리도 미안했어. 앞으로 친하게 지내자."

이 외에도 영화를 보고, 서로의 상처를 감싸줄 수 있는 "점이 생겼어요" 또는 "평화로운 교실 만들기" 같은 다양한 활동을 해볼 수 있다. 다음은 활동에 관한 예이다.

점이 생겼어요

영화 속에서 가시는 인물의 단점 또는 약점을 의미한다. 다람쥐와 친구들이 고슴도치에게 뽕뽕이를 선물로 주며 가시를 덮어주었듯이, 반 친구들과 함께 서로 스티커를 붙여주며 서로의 단점을 보완하고 장점을 칭찬해 주는 시간을 가져보자. 새 학년 초 새로 만난 친구들과 서로의 장단점을 나누며 우정을 쌓아가는 활동으로 추천한다.

1) 활동지에 장점과 단점을 적는다.

2) 학생들에게 각자 스티커를 5개씩 나눠준다.

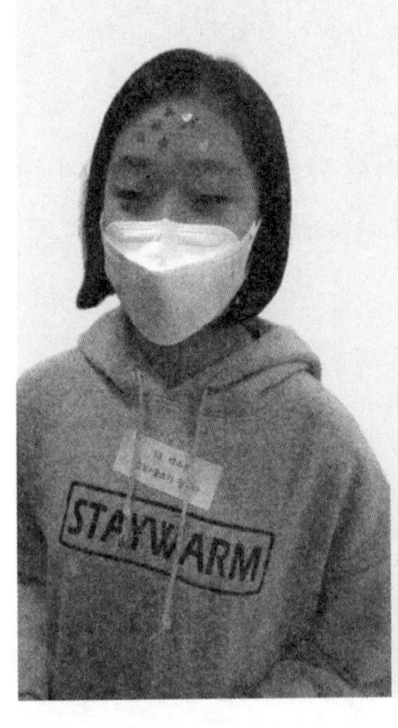

3) 교실을 돌아다니며 친구들을 만나 가위바위보를 한다.

4) 이긴 학생은 진 학생에게 스티커를 하나 몸에 붙여준다.

5) 이때, 이긴 학생은 진 학생의 장점을 보고 칭찬을 해주거나 단점을 보고 격려를 해준다.

6) 5개 스티커를 다 사용한 학생은 제 자리에 앉는다.

평화로운 교실 만들기

교실에서 왕따가 생기는 것만큼 괴로운 일은 없다. 쉬는 시간에 홀로 지내는 학생이 있으면 계속해서 마음이 쓰이기도 한다. 소외되는 학생 없이 함께 어울리는 교실을 만들기 위해서 학기 초에 강조하는 〈평화로운 교실 만들기 4대 규칙〉이 있다. 신규 교사 때 학급에서 왕따가 있었던 힘들었던 한 해를 보내고 겨울방학에 들었던 연수에서 배운 내용이다. 칠판 한 곳에 붙여 놓고 1년 내내 학생들이 볼 수 있도록 하고 있다.

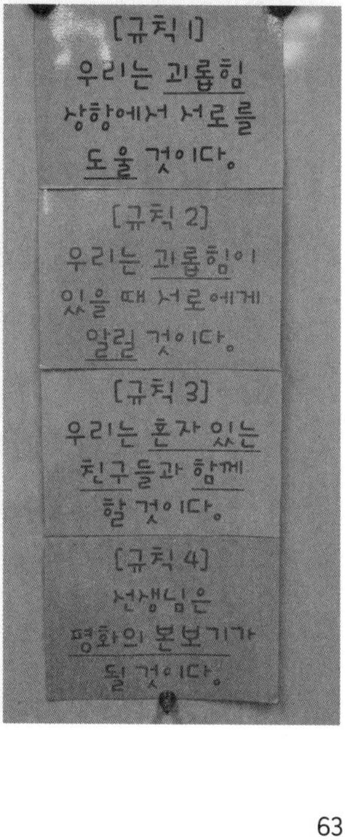

규칙1) 우리는 괴롭힘 상황에서 서로를 도울 것이다.

규칙2) 우리는 괴롭힘이 있을 때 서로에게 알릴 것이다.

규칙3) 우리는 혼자 있는 친구들과 함께 할 것이다.

규칙4) 선생님은 평화의 본보기가 될 것이다.

평화로운 교실 만들기 4대 규칙

친구와 함께라면

Theme 03

내 이름은 말룸

루이자 코페티 감독 | 8분27초 | 2022 | 브라질

#단편 #애니메이션 #학급세우기 #자기소개 #이름 #세계시민교육

성취기준 연계

· 《2바01-02》 나를 이해하고 존중하며 생활하기

· 《2슬01-03》 가족과 주변 사람에게 관심을 갖고 함께 사는 모습 탐구

· 《2즐01-03》 가족이나 주변 사람과 소통하며 어울리기

· 《4도02-02》 친구 사이의 배려에 대한 올바른 이해를 바탕으로 일상생활에서 배려에 기반한 도덕적 관계를 맺는 방안 탐색하기

· 《4도02-03》 공감의 태도가 필요한 이유를 이해하고 도덕적 상상력을 바탕으로 대상과 상황에 따라 감정 나누는 방법 탐구하여 실천하기

줄거리

말룸은 인종 차별적인 사회의 관습과 담론이 제기하는 문제들과 마주하게 된 브라질의 흑인 소녀이다. 학교에서는 모두가 말룸의 이름을 듣고 웃는다. 그러나 말룸은 가족들의 도움으로 자신의 이름의 의미를 알게 되고 이름이 주던 슬픔은 어느새 자부심으로 바뀌게 된다.

우리나라를 대표하는 어린이 · 청소년 영화제 부산국제어린이청소년영화제(이하 '비키'). 서울에 살다 보니 딱 한 번 방문한 게 다지만 최근에는 영화제에서 상영했던 작품 중 매년 한두 편씩 네이버 시리즈온을 통해서 볼 수 있도록 통로를 마련해주고 있어서 온라인으로나마 자주 찾는 곳이 되었다.

비키에서는 그동안 장편 영화들을 온라인으로 배급해 왔는데, 2022년 처음으로 단편 영화 《내 이름은 말룸》이 업로드되었다. 영화교육연구회를 통해서 단편 영화를 꾸준히 발굴해 온 입장으로서 반갑고 고마운 일이었다. 더욱이 《내 이름은 말룸》은 학교 현장 특히 학기 초 학급 세우기 활동으로 여러 학년에 걸쳐서 두루 활용하기에 좋은 작품이기에 영화를 보자마자 교실에서 바로 학생들과 함께 시청했다.

앞서 다룬 《윙스》와 《What Would Christmas be without love》가 친구 사이의 관계(우정과 왕따)를 다룬 작품이라면, '내 이름은 말룸'은 자기 자신에 대한 이야기이다. 학기 초에 학교를 쭉 둘러보면 많은 교실 책상 위에 삼각형 이름표가 놓여 있는 것을 볼 수 있다(참고로 우리 반은 삼각형 이름표 대신 캐릭터 이름표를 만들어서 뒤쪽 게시판에 붙여 놓는다).

교사들이 반 아이들을 만나기 전에 처음 접하는 정보도 학생들의 이름이고, 교실에서 자기소개를 할 때에도 가장 먼저 소개하는 것도 보통 이름이고, 부모들도 자녀가 태어나기 전에 가장 고심해서 짓는 것도 이름일 것이다. 문화마다 조금씩 다르지만 이름에는 보통 가족, 민족, 국가, 인종 등의 정체성이 고스란히 담겨 있기도 하다. '내 이름은 말룸'은 브라질 출신 주인공 말룸이 자신의 이름에 담긴 의미를 알아가는 과정을 보여주고 있다.

영화 열기

"오늘 개학 이틀째인데, 어제 교실에 들어서면서 가장 기대했던 점은 무엇이었나요?"

"어떤 친구들이 있는지 궁금했고, 친한 친구가 생기길 기대했어요."
"담임 선생님이 안 무서웠으면 했어요."

"그치, 좋은 담임 선생님, 좋은 친구들 만나기를 가장 기대했겠지. 반대로 가장 걱정했던 점은 뭐였나요?"

"아는 친구가 하나도 없으면 어떡하자 걱정했어요. 선생님이 무서운 분이면 어떡하나 걱정했어요."

"맞아, 기대도 많았겠지만, 걱정도 많았겠지. 어제오늘 이틀 같이 지냈는데 여러분들의 기대와 걱정이 어떻게 변했는지 궁금하다.

오늘 짧은 단편 영화 한 편 같이 보고 이름표 만드는 활동할 건데, 영화에서 주인공이 자신의 이름에 담긴 의미를 어떤 과정을 통해서 알아가게 되는지 잘 살펴보자고."

 영화 속으로

"영화 잘 봤나요? 말룸에 어떤 뜻이 담겨 있었지?"

"특별하다는 뜻이 담겨 있었어요."

"맞아. 말룸은 어떤 언어로 지어진 이름이었지?"

"아프리카 언어인 스와힐리어요."

"그치. 주인공은 미국에서 사는 것 같은데, 왜 아프리카 이름으로 지었을까?"

"부모님께서 말룸 이름을 부르면서 아프리카에서 이주해 온 선조들을 기억하기 위해서요."

"맞아. 선생님도 궁금해서 찾아봤는데, 스와힐리어는 아프리카 동쪽 지역에 있는 나라에서 주로 쓰는 언어라고 하는데, 아프리카 전체를 놓고 봐도 가장 많이 쓰이는 언어라고 하더라고. 아프리카를 대표하는 언어라고 할 수 있겠지."

"아프리카 이야기가 나온 김에, 영화에 아프리카를 나타내는 다양한 모습들이 나오는데, 어떤 것들이 있었지?"

"코끼리도 나오고, 아프리카 전통 악기도 나오고 아프리카 전통 노래도 흘러나왔어요."

"그래. 짧은 영화였지만 눈과 귀를 통해 아프리카 문화를 흠뻑 느낄 수 있더라고."

"말롬 이야기로 넘어가 볼까? 입학식 첫 날, 말롬은 어떤 마음으로 학교에 갔지?"

"설레는 마음으로 학교에 갔어요."

"그렇지. 학교 가기 며칠 전부터 엄청 기대했었지. 그런데 입학식 첫날, 말룸은 왜 눈물을 흘렸을까?"

"친구들이 말룸 이름을 가지고 놀렸어요."
"맞아. 속상했겠지. 우울한 표정으로 집으로 돌아온 말룸에게 엄마와 아빠는 어떤 이야기를 들려주셨지?"

"이름의 뜻이랑 이름을 왜 말룸으로 지었는지 알려주셨어요."

"맞아. 다음날 학교에 간 말룸은 친구들이 뭐라 해도 주눅 들지 않고 자신감 있게 자신의 이름을 친구들에게 소개해 줬지."

이름 외에도 피부색, 외모, 인종 등 친구들과 다른 무언가가 있으면 괜히 주눅 들게 마련이다. 친구들과 다르다는 이유로 쉽게 놀림을 받는 경우도 많다. 사실 이름보다 피부나 외모에 부모의 모습 그리고 선조들의 모습이 더 많이 담겨 있는 경우가 많다.

이름이야 바꿀 수도 있고 한국 같은 경우는 성을 제외하고는 부모와 선조들과의 관련성도 낮고 말이다. 외모가 맘에 안 들 수도 있겠지만(특히 사춘기에는) 나는 부모의 사랑으로 만들어진 소중한 존재이고, 내 몸에는 선조들의 피와 땀이 고스란히 남겨져 있다는 것을 생각하며 자존감을 키워 가면 좋을 것 같다.

 영화 밖으로

"영화에서 이름이 중요하게 나오잖아. 다음 시간에 캐릭터 이름표 만들기를 할 건데, 이름표 만들기 전에 여러분, 각자 자신의 이름에 어떤 뜻이 담겨 있는지 아나요?"

"저요! 제 이름은 '크고 바르다'라는 뜻이에요."

"맞네. 클 태자에 바를 정자. '태정(太正)'."

"한국 사람의 이름은 대부분 한자로 지어져 있는데, 부모님이 여러분 이름 만들 때 정말 많이 고민하셨을 거야. 이름이 워낙 중요하고 나를 나타내는 대표적인 거니까. 자기 이름의 뜻은 기본적으로 알고 있어야 하겠지. 아직 잘 모르는 친구들은 집에 가서 부모님께 물어보고 자기 이름에는 어떤 뜻이 담겨 있는지 조사해 오고. 가족들 이름에는 또 어떤 담겨 있는지 같이 조사해 보자고. 가족들 이름 조사하다 보면 '말룸'처럼 우리 가족의 비밀에 대해서 알게 될 수도 있을 거야. 조사 마치고 나면 그것을 바탕으로 캐릭터 이름표를 만들자고."

개학 첫 주에 《내 이름은 말룸》을 보고 이름표 만들기 활동을 하는 가장 큰 이유는 새로 만난 친구들의 이름을 빨리 외우기 위해서이다. 사람 이름을 잘 못 외우는 편이라 교사가 되기 전에는 살짝 걱정이 있었는데, 매일 아이들이랑 교실에서 부딪히며 지내서 그런지 1주일이면 족히 아이들 이름은 다 외우게 된다. 개학 첫 주에 매년 빠지지 않고 하는 학급 세우기 놀이가 있다. 바로 반 친구들 이름 외우기. 놀이 대형으로 동그랗게 앉은 다음에 내 옆에 있는 친구부터 "김주원 옆에 장한나, 장한나 옆에 김세연, 김세연 옆에 임세경…"

이런 식으로 반의 모든 친구 이름을 외우는 활동을 하고 있다. 이름 외우기 놀이하기 전날에 미리 공지하고 '제일 먼저 누가 이름을 외우는지 보겠습니다.' 하면 교사보다 빨리 반 친구들 이름을 전부 외우는 학생이 꼭 한두 명씩 나온다. 이름 외우기 활동까지 하고 나면 나도 머릿속에 또렷이 학생들 이름이 박히게 되고, 아이들이 한 눈에 쫙 하고 들어오게 된다.

반에서 만나는 학생들의 이름을 보면 가끔 이름과 학생의 모습이 너무 잘 어울리는 경우가 종종 있다. 그런 친구들을 보면 '아! OO이는 이름대로 살아가고 있구나' 하는 생각을 한다.

나는 내 이름대로 살아가고 있을까? '내 이름에는, 우리 가족들의 이름에는, 우리 반 친구들의 이름에는 어떤 뜻이 담겨 있는 걸까?' 영화를 보며 나와 우리 반 친구들의 이름에 대해 자세히 알아보는 시간을 가져보자. 이름을 알면 다른 것들은 술술 따라 올 테니까.

내 이웃 이야기

Theme 01

토요일 다세대주택

전승배 감독 | 2018 | 한국 | 7분 | 전체관람가
한국영상자료원 회원가입 및 로그인 후 시청 가능
#단편 #애니메이션 #층간소음 #이웃 #갈등

성취기준 연계

· 《2바01-03》 가족이나 주변 사람을 배려하며 관계 맺기
· 《2슬01-03》 가족, 주변 사람에게 관심을 갖고 함께 사 모습 탐구하기
· 《2즐01-03》 가족이나 주변 사람과 소통하며 어울리기
· 《4도02-03》 공감의 태도가 필요한 이유를 이해하고 도덕적 상상력을 바탕으로 대상과 상황에 따라 감정 나누는 방법 탐구하여 실천하기
· 《4사01-02》 주변의 장소를 살펴보고, 우리가 사는 곳을 더 살기 좋은 곳으로 만드는 방안 탐색
· 《4사09-01》 생활 주변에서 찾을 수 있는 여러 가지 문제를 파악하고, 그 문제를 합리적으로 해결할 능력 기르기

줄거리

층간 소음으로 인해 고통받는 주민들. 하지만 생각해 보면 그들 역시 타인에게 피해를 주려는 의도보다는 그저 자신들의 일상을 살아가려 했을 것이다. 사회적 문제로 떠오른 층간 소음이라는 소재를 한 편의 우화처럼 풀

어낸 완성도 높은 스톱모션 애니메이션.

《토요일 다세대주택》은 최근 사회적 갈등으로 떠오른 층간 소음을 다룬 단편 애니메이션이다. 영화를 처음 접했을 때 무엇보다도 인상적이었던 건 동물 주인공들의 마치 살아 움직이는 듯한 따뜻한 질감이었다. 영화를 만든 전승배 감독은 양모 펠트 특유의 질감을 살리기 위해 인형 하나하나를 수작업으로 만들었다고 한다. 미술 시간에 입체 작품을 만들기 위해서 뼈대를 세우고 뼈대에 노끈이랑 찰흙을 붙이는 작업을 하면서 여러모로 손이 참 많이 갔었는데, 역시나 오랜 작업 시간과 노력이 들었다고 한다.

그림책으로 아동문학작품의 노벨상이라 불리는 '아스트리드 린드그렌상'을 수상한 백희나 작가도 이렇게 수작업으로 정성스럽게 그림책을 완성했다고 하는데, 전승배 감독이 한 땀 한 땀 수작업으로 제작한 애니메이션들도 더욱 많은 사랑을 받았으면 하는 바람이다.

《토요일 다세대주택》은 초등학교 저학년부터 고학년까지 두루 활용할 수 있는 영화이다. 세부적으로 교육과정(2015년 교육과정 기준)을 살펴보면 1학년 통합 교과 가을 '내 이웃 이야기' 단원 '이웃집에서 소리가 들려요' 차시에서 활용할 수 있고, 2학년 통합 교과 이웃 단원이나 4학년 지역 문제 해결하기 등의 수업 시간에도 활용할 수 있다. 초등학생을 자녀로 둔 집이라면 층간 소음은 피해 갈 수 없는 문제이기에(단독 주택이나 1층에 살면 예외겠지만), 1학년부터 6학년 창의적 체험활동 시간을 활용해서 수업하는 것도 좋다.

영화 열기

"오늘 같이 볼 《토요일 다세대주택》은 단편 애니메이션인데, 제목부터 살펴볼까? 토요일은 일주일 중 어떤 날이지?"

"학교 가지 않고 쉬는 날이요."
"친구들이랑 노는 날이요."

"맞아. 어른들도 주말에는 많이들 쉬는데, 특히 토요일은 별다른 약속이 없으면 조용히 집에서 쉬고 싶어 하는 분들이 많더라고. 장소도 살펴보자. 다세대 주택은 어떤 곳이지?"
"여러 집들이 함께 사는 곳이요."

"맞아. 우리가 흔히 아는, 아파트보다는 작고, 단독 주택보다는 조금 큰, 여러 세대가 모여 사는 곳을 다세대 주택이라고 해.
모두가 쉬고 싶은 토요일 그리고 여러 사람들이 함께 사는 다세대 주택. 합쳐서 토요일 다세대 주택에서는 왠지 조용하고 평화로운 이야기가 펼쳐질 것 같은데, 어떤 이야기가 펼쳐질지 같이 잘 살펴보자고."

영화 속으로

영화에는 아이들에게 친숙한 다양한 동물들이 주인공으로 등장한다. 다세대 주택 1층부터 5층까지 서로 다른 성별과 연령대의 인물들이 각각 다른 소음을 내는데 한 명씩 어떤 소음을 내는지 먼저 찾아보았다. 7분짜리 짧은 단편 애니메이션이지만 자세히 보지 않으면 인물, 사건, 배경 등 이야기의 중요한 요소들을 놓치고 지나갈 수 있기 때문에, 처음에는 끊지 않고 쭉 보고 두 번째에는 한 장면 한 장면 멈춰가면서 보는 것도 단편영화를 깊이 있게 볼 수 있는 방법이다.

토요일 오전. 여유롭게 기타를 치던 염소 뮤지션은 층간 소음에 한숨을 쉬며 집을 나선다. 2층에서는 청년 기린이 전동 드릴과 망치로 우다당탕 소리를 내며 액자를 걸고 있고, 3층에서는 아이 토끼의 울음소리와 놀이 소리가 그치지 않는다. 4층에서는 전승배 감독님을 꼭 빼닮은 코알라 할아버지가 시끄럽다며 위층과 아래층을 지팡이로 두드리고 있고, 5층 곰 아주머니도 이에 질 새라 청소기를 돌리고 러닝머신을 타며 소음을 보탠다.

"평화로운 토요일 아침에 위층 아래층에서 시끄럽게 해서 제대로 못 쉰다고 생각해 봐. 얼마나 짜증 나겠어. 그런 짜증 나는 상황에서 갑자기 정전 되자 다들 어디로 모였지?"

"옥상이요. 맛있는 냄새를 찾아서 옥상에 다 같이 모였어요."

"그래. 예전에는 마을에서 이웃들과 정을 나눌 수 있는 공간이 많았는데, 지금은 옆집에 누가 사는지도 잘 모르고 지내는 것 같아. 우리가 누군가와 정을 나눌 때는 항상 무언가를 함께 먹게 되는데, 이 영화에서도 같이 음식을 나눠 먹고 서로 도우면서 층간 소음으로 쌓인 갈등을 눈 녹듯이 녹여냈지."

"영화에서 층간 소음 문제를 어떻게 해결했을까? 영화 마지막 장면이 무척 인상적이더라."

"다세대 주택을 옆으로 눕혀서 층간 소음을 사라지게 했어요."
"맞아. 현실에서는 불가능한 방법이지만 애니메이션답게 상상력을 발휘해서 훈훈한 엔딩으로 끝이 났지."

 영화 밖으로

층간 소음은 이제 일상의 문제가 되었다. 영화에서 감독 자신의

모습을 닮은 코알라 할아버지를 포함해서 1층부터 5층까지 모든 동물 입주민이 다양한 소음을 내는 모습을 그린 것도 층간 소음 문제는 우리 모두가 가해자인 동시에 피해자라는 것을 보여주는 듯했다. 층간 소음으로 이웃과 갈등을 겪는 집들이 많을 것이다. 가해자든 피해자든 아니면 둘 다이든, 교사가 일방적으로 문제 해결을 위한 답을 제시해 주는 것보다 학생들의 이야기를 많이 들어보기로 했다. 다들 집마다 상황은 다르기에 각자만의 해결책을 제시해 줄 수 있을 것이다.

《토요일 다세대주택》을 처음 만난 2020년은 코로나가 전 세계를 덮은 때라 온라인으로 수업을 진행했었다. 첫해에는 이학습터(온라인)로 수업을 진행했었는데, 모든 것이 열악한 상황이었지만, 딱 하나 좋은 점이 있었다. 바로 내가 준비한 수업을 학년 전체 학생들에게 공유할 수 있었다는 것. 한 학년에 10반까지 있는 큰 학교에 다니던 때인데, 《토요일 다세대주택》을 다 같이 시청하고 전교생들로부터 층간 소음을 해결하기 위한 다양한 해결 방안을 온라인 과제로 받아보았다.

집단 지성의 힘으로 함께 풀어나간 층간 소음 해결법. 학생들은 주로 기술적인 해결책을 제시해 줬는데 조금 더 깊이 있는 이야기를 나누고 싶었다. 근본적으로 층간 소음을 해결하기 위해서는 애초부터 건물을 세심하게 짓는 것이 필요하겠지만, 이건 학생들이 해결할 수 없는 문제이고, 영화에서처럼 이웃들과 정을 나누고 살아가는 것이 꼭 필요하다고 이야기해 주었다. 아파트 등 공동 주택 생활이 일상화되었지만, 이웃 간의 관계는 오히려 예전보다 삭막해진 듯하다. 평상시에 이웃과 정을 나누고 산다면? 부득이하게 층간 소음이 발생할 일이 예정되어 있으면 미리 이웃들에게 선물이나 편지를 주며 양해를 구한다면? 해결 못 할 문제가 어디 있을까 생각이 든다.

《토요일 다세대주택》 영화를 처음 접했던 시기에 우리 집 역시 층간 소음으로 이웃과 갈등을 겪게 되었다.

어느 날 새로 이사 온 아래층에서 층간 소음으로 민원을 제기한 것이다. "아차" 하는 생각이 들었다. 그동안 같은 복도를 공유하는 옆 층 이웃들과는 인사도 하며 정을 나누며 살았는데... 아래층과 위층은 아무래도 서로 마주칠 일이 많지 않다 보니 신경을 쓰지 못한 것이었다. 중이 제 머리 못 깎는다고 교실에서 학생들한테 층간 소음에 주의하라고 교육했는데, 막상 이웃들에게 층간 소음으로 민폐를 끼친 것 같아서 미안한 마음이 컸다.

새로 이사 온 이웃에게는 코로나 시기에 귀했던 마스크와 편지를 전달하며 재발 방지를 약속했다.

최근에는 층간 소음을 주로 내는 어린이들이 아파트 엘리베이터

게시판 등에 사과 편지를 붙이며 이웃들에게 양해를 구하는 사례도 종종 뉴스를 통해서 접한다.

서로 조금씩 양보하고 배려하면 이웃 간에 해결하지 못할 것은 없을 것이다. 이웃을 만나면 활짝 웃으며 반갑게 인사부터 나눠보자. 층간 소음 갈등은 눈 녹듯 사라질 것이다.

내 이웃 이야기

Theme 02

콩나물

윤가은 감독 | 2013 | 한국 | 20분 | 전체관람가

#단편 #가족 #심부름 #제사 #마을 #동네 #안전
#할아버지 #2014 베를린국제영화제 수정곰상 수상

성취기준 연계

· 《2바01-03》 가족이나 주변 사람을 배려하며 관계 맺기
· 《2슬01-03》 가족, 주변 사람에게 관심을 갖고 함께 사는 모습 탐구하기
· 《2슬02-01》 우리가 살고 있는 마을과 사람들이 생활하는 모습 살펴보기
· 《2즐01-03》 가족이나 주변 사람과 소통하며 어울리기
· 《4도02-01》 효, 우애의 의미와 필요성을 명료하게 이해하고 가족의 행복을 위해 할 수 있는 일 탐색하여 실천 계획 세우기

줄거리

할아버지의 제삿날, 7살 소녀 보리는 바쁜 엄마를 대신해 콩나물을 사 오려 한다. 생애 처음, 집 밖으로 홀로 떠나는 여행! 과연 보리는 혼자서 무사히 콩나물을 사 올 수 있을까?

너무나도 사랑스러운 장편 《우리들》과 《우리집》으로 어린이 영화의 가치를 많은 이들에게 알린 윤가은 감독은 한국예술종합학교 재학 시절에 이미 어린아이를 주인공으로 한 단편 영화를 만들었다. 윤가은 감독의 작품에는 공통으로 어린이들이 뛰어노는 정겨운 골목길, 성장 배경이 되는 무더운 여름, 주변 사람들과 나누어 먹는 식사, 싸우며 갈등하는 가족의 모습이 빠지지 않고 등장한다.

이 책에서 추천하는 단편 영화들이 주로 애니메이션인 것에 반해, 《콩나물》은 꼬마 아이를 주인공으로 한 실사 영화라는 점, 짧은 이야기 속에서도 상징과 비유가 넘쳐난다는 점, 영화의 엔딩에 대해서도 다양한 해석을 할 수 있다는 점에서 저학년 학생 대상 '영화 읽기'를 시작하는 작품으로 가장 추천하는 영화이다.

영화 열기

영화는 6살~7살 정도의 주인공 보리가 할아버지 제삿날 처음으로 심부름하면서 겪게 되는 이야기를 담고 있다. 영화를 끝까지 보고 나면 마지막 장면에 등장하는 영정 사진 속 할아버지 모습에 많은 학생들이 '앗! 귀신이다.' 하며 놀랄 것이다. 영화 중간에 등장했었던 할아버지가 왜 마지막 영정 사진에서 다시 등장하는지 어른들은 별다른 설명 없이도 이해할 수 있겠지만 많은 아이들은 어리둥절해할 것이다. 다양한 이야기가 나올

수 있으니까 섣부르게 정답을 판단하지 말고 친구들과 이야기를 나누면서 고민해 보자.

"여러분 첫 심부름은 언제였는지 기억나나요? 집 안에서 하는 심부름 말고, 집 바깥으로 혼자 나가서 하고 오는 심부름"

"저는 집 앞에 있는 편의점에 가서 우유를 사 온 적 있어요."
"옆 동에 사는 친구 집에 심부름 다녀온 적 있어요."
"저는 아직 집 밖으로 나가는 심부름은 안 해 봤어요."

"선생님 집 애들도 집 바깥으로 나가는 심부름은 5~6학년 정도부터 했던 것 같아. 오늘은 '콩나물'이라는 제목의 단편 영화를 같이 볼 건데, 주인공 보리가 콩나물 심부름을 하면서 겪게 되는 이야기인데, 보리가 인생 첫 심부름에 무사히 성공했을지 잘 살펴보자고. 특히, 밀짚모자를 쓴 할아버지가 영화에서 중요하게 나오는데 눈을 크게 뜨고 살펴보자고."

영화 속으로

보리는 심부름을 위해 집을 나와 마을 곳곳을 누비면서 여러 이웃들을 만난다. 이웃집 아주머니부터 자신을 도와주는 할머니와 정체불명의 할아버지 등등 좋은 이웃들도 있었지만 위험에 처할 뻔한 적도 많았다.

"영화 잘 봤나요? 보리가 심부름하면서 다양한 일들을 겪었지. 위험에 빠질 뻔한 일들이 많았는데, 어떤 일들이 있었고 어떻게 위험에서 빠져나왔지?"

"오토바이에 치일 뻔했는데 잘 피해 갔어요."
"공사 중인 곳을 나와 돌아갔어요."
"무서운 개를 만났지만 먹을 것을 주며 관심을 돌렸어요."
"팔을 다친 이웃이 빨래를 주워 달라고 계속 요청했지만, 잘 빠져나왔어요."
"낯선 택배 아저씨를 만났지만 '엄마'를 외치며 빠져나왔어요."
"돈을 뺏으려는 여자아이를 만나서 맞서 싸웠어요."

"그래. 보리가 진짜 첫 심부름에서 호되게 고생했지. 위험만 있었던 것은 아니고 반대로 좋은 이웃들도 많이 만났지? 어떤 이웃들을 만났지?"

"임신한 아주머니께서 심부름 잘하라고 먹을 것을 주셨어요."
"할머니께서는 다친 보리를 말없이 치료해 주셨어요."
"할아버지는 시장가는 길을 알려 주셨어요."

심부름을 마치고 집으로 돌아가는 길. 보리가 걸어왔던 골목길 장면 하나하나가 저녁노을과 함께 다시 나타나고, 처음 영화가 시작되었던 보리의 집이 나온다. 윤가은 감독 영화의 또 다른 특징은 영화의 시작과 끝이 이렇게 반복된다는 것이다. 보리는 심부름을 무사히 성공했을까? 힘들었던 하루를 보내며 보리는 정작 가장 중요한 콩나물 사 오는 것을 깜빡하고 만다. 하지만, 보리가 심부름을 해오지 못한 것에 가족들과 친척 중 누구도 나무라지 않는다. 누구에게나 첫 경험은 언제나 힘든 일이라는 것을 모두 잘 알고 있기 때문이다.

영화는 이웃 외에도 가족의 의미에 대해서도 곰곰이 생각해 볼 여지를 주고 있다. 영화는 돌아가신 할아버지 제삿날 하루 동안 벌어지는 일들을 다루고 있다.

"여러분, 제사가 무엇인지 아나요?"
"돌아가신 할아버지, 할머니 등을 기억하는 날인에요."

"그렇지. 할아버지, 할머니가 돌아가신 날에도 제사를 드리고 설날이나 추석에도 조상님들을 위해서 제사를 드리는데, 제사나 명절 때 여러분들 집에서는 누가 주로 일을 많이 하나요?"

"저희 집은 할머니랑 엄마가 일을 많이 해요."
"저희 집에서는 아빠가 제사 준비를 많이 해요."

"집마다 조금씩 다르겠지만, 보통 집안의 여자 어른들이 주로 음식을 하면서 제사 준비를 많이 하시거든. 영화에서도 이런 모습들이 잘 나타나 있지."

"영화 초반에 제사 준비를 하는데 누구만 참여하고 있었지?"

"여자들만 참여하고 있었어요."

"맞아. 근데 영화 마지막에 제사를 지낼 때는 누가 제일 먼저 할아버지께 절을 올렸는지 기억나니?

"남자들이 먼저 했어요."

"맞아. 제사를 지내는 다른 집들도 비슷한 경우가 많을 거야. 꼭 제사가 아니더라도 설날이나 추석 같은 명절 때에 여자 어른들이 이런저런 준비를 더 많이 하는 경우가 여전히 많다더라고. 평상시 집안일에서도 엄마가 아빠보다 더 많은 일을 하는 집들이 많을 수도 있고. 점점 차례나 제사를 지내지 않거나 간편하게 지내는 경우가 많아지고 있지만, 오랜 세월 동안 전통적으로 여성분들이 이런 집안일들을 많이 담당해 왔었지."

영화 속에서 여성들은 여러 차별을 겪지만 어려운 상황 속에서도 서로를 도우며 가정 내에서의 전통적인 역할에 대해 관객들에게 문제를 제기하고 있다. 영화 속 보리가 먼 훗날 어른이 되었을 때 가족의 모습은 지금과 어떻게 달라져 있을까?

 영화 밖으로

"영화 마지막 장면에 나오는 할아버지의 정체는 도대체 뭘까? 여

러 가지 의견들이 있을 것 같은데."

"귀신인 것 같아요."
"잘 모르겠어요."

"선생님 생각에는 아마도 심부름하면서 보리가 먹은 막걸리 덕분에 술의 힘을 빌려서 할아버지를 만날 수 있었던 것이 아닐까 싶어. 돌아가신 할아버지가 위험에 처한 보리를 구하러 잠시 이 세상으로 내려온 것일 수도 있고. 영화에 등장하는 할머니도 보리를 도와준 것을 보면 돌아가신 보리의 진짜 할머니일 수도 있다는 생각이 들기도 하고. 영화니까 가능한 상상이겠지."

영화는 이렇게 현실에서는 불가능한 일들을 '영화적 상상' 또는 '영화적 허용'으로 보여주기도 한다. 어떤 영화에서는 사람들이 막 날아다니기도 하고, 신기한 마법을 부리기도 하고, 멋진 사람과 사랑에 빠지기도 하는 식으로 말이다. 보리가 성장하면서 앞으로도 위험에 빠질 일들은 또 일어날 것이다. 그럴 때마다 아마도 돌아가신 할아버지와 할머니가 '짠'하고 나타나 위험에 처한 보리를 또 도와주지 않을까 '상상'해 본다.

Theme 01

세 번째 소원

안동희&류정우 감독 | 2008 | 한국 | 13분 | 전체관람가
국가인권위원회 제작

#단편 #애니메이션 #시각장애 #인권
#유튜브영화 #차별과편견 #장애이해교육

성취기준 연계

- 《4도02-03》 공감의 태도가 필요한 이유를 이해하고 도덕적 상상력을 바탕으로 대상과 상황에 따라 감정 나누는 방법 탐구하여 실천하기
- 《6도03-01》 인권과 관련된 다양한 사례를 살펴보고 인권에 관한 감수성을 길러 이를 실천하려는 의지 함양하기
- 《6도02-02》 편견이 발생하는 이유를 탐색하여 해결 방안을 살펴보고, 다양성 존중을 바탕으로 다른 사람과 올바른 관계 맺기 위한 실천 방안 탐구하기
- 《6사03-02》 일상생활에서 인권이 침해되는 사례를 찾아 그 해결 방안을 탐색하고, 인권을 보호하는 활동에 참여하기

줄거리

"앞이 보이게 해주세요.

요정 맞아요? 소원이 이뤄지는 게 아무것도 없어!"

어느 날, 시각장애인인 명선에게 '소원실행위원회'의 요정이 세 가지 소원을 들어주겠다며 나타난다. 요정은 어서 소원을 이뤄주고 일찍 퇴근하고 싶은 욕심으로 명선에게 빨리 소원을 얘기하라고 다그치지만, 명선은 눈이 다시 보이게 되는 것 외의 다른 소원은 필요치 않다. 어쩔 수 없이 명선의 하루에 동행하게 되는 요정. 요정은 처음에는 눈이 보이지 않는 명선이 답답하기만 한데, 점점 마음의 문을 열게 되어 명선의 입장에서 생각하게 된다. 엉겁결에 두 가지 소원까지 날아가버리고, 이제 마지막 소원 하나만 남은 상황, 명선은 무슨 소원을 부탁할지 고민하며 밝은 길을 걸어간다.

시각 장애인 이야기를 다룬 단편 애니메이션 《세 번째 소원》은 이 책에서 다루고 있는 또 다른 애니메이션 《샤방샤방 샤랄라》와 함께 《별별이야기 2》 옴니버스 영화에 실린 작품이다. 2008년도에 제작된 다소 오래된 영화이지만, 애니메이션이다 보니 빛바랜 느낌 없이 지금도 학생들과 '장애이해교육'을 함께 하기에 좋은 영화이다.

영화 열기

장애인 인권, 특히 이동권은 예전이나 지금이나 장애인 단체에서 요구하는 가장 기본적인 권리이다. 저상 버스가 도입되고 지하철역마다 에스컬레이터가 설치되었지만, 장애인들의 이동권 요구는 예나 지금이나 크게 다른 것이 없다. 한참 시간이 흐른 뒤에도 장애인 이동권에 대한 요구는 쉽게 사라지지 않을 것이다. 그만큼 이동하는 것이 일상에 있어서 가장 기본적인 욕구이자 활동이기 때문이다. 내가 원하는 곳으로 편하게 이동할 수 있어야 학교도 다니고, 직장도 구하고, 가족들과 친구들도 만나면서 사회생활을 할 수 있기 때문이다.《세 번째 영화》는 시각 장애인 주인공이 겪는 여러 어려움을 보여주고 있다. 시각 장애인으로 겪는 온갖 차별과 편견, 무시 등 일상생활에서 겪어야만 하는 어려움에는 어떤 것들이 있는지 학생들과 함께 살펴보자.

 영화 속으로

영화는《세 번째 소원》제목의 점자와 '띠리리링' 전화벨 소리로 시작된다. 앞이 보이지 않는 시각장애인들에게 발달한 촉각(점자)과 청각(소리)으로 영화가 시작되는 것이다. 이어서 세 가지 소원을 들어주는 요정이 등장한다.

"얘들아, 영화에서 요정이 나오는데 반갑더라. 여러분들 아는지 모르겠지만, 피터 팬 이야기에 나오는 팅커벨 요정 같아 보이기도 하고. 세 가지 소원을 들어준다는 것을 보니 램프의 요정 지니가 떠오르기도 하고. 근데 요정이 등장하자마자 시각장애인 주인공을 차별하고 무시하는 말들을 쏟아내는데, 어떤 대사들이 있었지?"

이번에 장애인이야? 배정이 맨날 왜 이래?

오늘도 일찍 퇴근하긴 글렀네.

으이구, 답답해 죽겠네.

"요정이 주인공을 처음 만나자마자 반말을 했어요"

"맞아. 처음 만나자마자 대놓고 무시했지. 영화 내내 앞이 보이지 않는 주인공을 무시하기도 했고."

둘의 대화가 오가면서 카메라는 천천히 주인공이 사는 방 구석구석을 보여준다. 점자 종이, 시각장애인용 키보드, 인형, 화장품 등등. 국가인권위원회 교육센터의 영화 소개 자료에 따르면 감독은 여느 또래 친구들이 생활하는 공간과 비슷한 방의 모습을 보여주고 싶었다고 한다. 장애가 있다고 생활하는 모습이 크게 다르지 않다는 것을 보여주고 싶었다는 것이다. 이어서 주인공이 출근하러 가는 길에 주인공과 지팡이를 제외하고 모든 화면이 검게 변한다. 시각장애인 주인공의 입장에서 온 세상은 검게 보일 것이다. 지팡이를 두드리자 노란 점자 보도블록이 하나씩 나타나고, 이어서 길거리를 걸으며 들리는 소리가 화면에 하나씩 보이기 시작한다.

"주인공이 길거리를 걸으면서 어떤 소리가 들렸지?"

"지하철 소리, 발자국 소리, 자동차 소리, 아이 소리가 들렸어요."

"주인공이 천천히 길을 걸으니까, 요정이 답답한 나머지 주인공을 붙잡아 재촉하면서 지하철역으로 끌고 갔지. 갑자기 평소 다니던 길에서 벗어나게 되니깐, 화면이 어떻게 변했더라?"

"화면에 있던 보도블록이랑 지하철역 등이 무너져 내렸어요."

"맞아. 실제 보도블록이랑 지하철역이 무너져 내린 것은 아닐 테고, 시각장애인 주인공 머릿속에서 무너져 내린 거겠지. 매일 지나던 익숙한 길이 아닌 다른 곳으로 갑자기 끌려가니까 당황해서 그런 것 같아. 일상생활이 어려운 장애인분들한테는 이렇게 안전하면서도 익숙하고 예측할 수 있는 환경을 마련해주는 게 가장 중요할 텐데 말이지."

이어서 도착한 지하철역. 지하철이 오기를 기다리던 주인공한테 갑자기 공익 근무자가 다가와서 주인공을 끌고 출구로 데리고 간다. 지하철이 오기를 기다리고 있던 주인공을 지하철에서 막 내린 승객으로 오해한 것이다. 요정은 주인공한테 왜 아무 말도 안 하고 끌려갔는지 물으니까(요정도 직전에 주인공을 끌고 지하철역으로 데리고 왔으면서), 주인공은 이런 상황이 익숙한지 '전철 태워주는 줄 알았죠. 중간에 무안하게 하면 다음 사람 안 도와줄지 모른다는 생각도 들고'라며 답한다. 억울한 일을 당해도 참을 수밖에 없는 대다수의 장애인이 평소 주변 사람들로부터 어떤 취급을 당하며 사는지 고스란히 보여주고 있는 장면이다.

영화 초반 주인공에게 핀잔을 주던 요정은 주인공과 함께 지내면서 조금씩 마음을 열기 시작한다. 평소 주인공이 복잡해서 자주 가지 못했던 시장을 지나가면서, 시장 가게에 있는 물건들을 친절하게 설명해 주기도 한다. 하지만 요정이 시장 할인 물건에 잠시 한눈을 판 사이, 주인공은 시장 골목 한복판에서 짐을 나르던 일꾼과 부딪히게 되고, '길 좀 똑바로 보고 다녀. 아침부터 재수 없네.'라는 모욕적인 말을 듣게 된다. 무례한 말을 들었음에도 불구하고 주인공은 '죄송합니다.'를 연신 외치며 머리를 조아린다. 당황한 그녀는 사람들과 물건들과 계속 부딪히게 되고, 그때마다 시장 사람들로부터 한 소리를 듣게 된다.

"시장에서 주인공이 엄청 당황하고 속상했겠지? 주인공은 두 번째 소원으로 어떤 것을 빌었지?"

"예쁜 새 신발을 원했어요."

"요정의 말대로 주인공은 새 신발이 어떤 모습인지 보지도 못하는데, 왜 굳이 새 신발을 원했을까? 선생님 같으면 더 비싸고 좋은 것을 말했을 텐데 말이지."

"보지는 못해도, 다른 사람들이 자신을 어떻게 바라보는지 신경 써서 그런 것 같아요."

"맞아. 젊은 사람들은 보통 외모에 신경 많이 쓰잖아. 주인공도 비록 자기 모습을 보지는 못해도, 다른 사람들로부터 예쁘게 보이길 원했던 거지."

새 신발을 사고, 첫 발을 내밀자 주인공 앞에는 마법처럼 점자보도블록이 생겨났다. 실제로 생겨난 것은 아니고, 영화 속 판타지로 상상과 희망 사항을 표현한 것이다. 하루를 같이 보내면서 친해진 주인공과 요정은 세 번째 소원은 무엇으로 할지 고민하면서 영화는 막이 내린다.

아줌마, 그거 아세요? 저는 꿈속에서도 앞이 보이지 않아요. 그런데, 꿈속에서는 내 마음대로 걸어도 부딪히지 않아요. 심지어 저는 뛰어다니기도 해요. 그 기분, 아줌마는 혹시 이해하시겠어요?

"요정이 세 가지 소원을 들어주기는 하는데, 안 되는 소원들이 많네. 어떤 것들은 안 된다고 했지?"

"장애를 고쳐주는 것, 소원을 늘려주는 것, 세상이 깜깜해지는 것, 세상에 차가 사라지는 것, 다른 사람에게 영향을 끼치는 것은 안 된다고 해요."

"그러게. 시각 장애를 안고 있는 주인공이 진짜로 바라는 소원은 다 안 되는 것들뿐이네. 아쉽다. 주인공은 마지막 소원으로 무엇을 빌었을까? 고민하는 모습은 나오는데, 무엇을 빌었을지는 안 나왔잖아."

"큰 돈을 원할 것 같아요. 돈이 많으면 이것저것 필요한 것들을 살 수 있잖아요."

"마당이 있는 좋은 집을 원할 것 같아요. 앞이 안 보이니까 집이 너무 좁으면 여기저기 부딪히면서 답답할 것 같아요."

"시각장애인 안내견을 원할 것 같아요. 안내견이 주인공의 지팡이를 대신해 줄 수 있어요."

"주인공이 어떤 선택을 했을지 선생님도 궁금하네. 마지막으로 여러분들의 세 가지 소원도 궁금하고. 각자 잘 생각해 보고 활동지에 적어보겠습니다. 영화에서처럼 다른 사람들에게 영향을 끼치는 것은 말고, 나에게 도움이 되는 소원을 고민해 보자고."

영화 밖으로

신규 교사 때에는 장애이해교육 수업을 하면 꼭 장애체험활동을 했었다. 예를 들면, 시각장애 수업을 하고 나서는 안대 놀이를 하곤 했었다. 하지만, 학교에서 장애를 한두 번 '체험'하는 활동에 대한 비판을 접하고 나서는 최근에는 이런 수업을 더 이상 하고 있지는 않다. 어느 정도 수긍이 가는 비판이었다. 인기리에 방영했던 《이상한 변호사 우영우》의 주인공을 따라 하는 유튜브 영상에 대한 비판이나 드라마 속 천재 주인공 변호사의 모습이 현실에서는 보기 힘든 사례라는 비판을 바라보면서, 장애인의 삶을 체험해 본다는 것이 자칫 제대로 된 이해 없이 따라 하기에 급급한 활동이 될 수 있다는 생각이 들었다. 반면, 짧게라도 장애인들이 일상생활에서 겪는 어려움을 체험해 보는 활동이 과연 외부의 비판처럼 비교육적일까라는 의문이 들기도 하였다. 나와 다른 이들의 삶의 모습을 체험해보지 않고서는, 이해하지 못하는 것들도 분명 있기 때문일 것이다. 휠체어를 타고 세상에 나가보면 장애를 가진 분들이 요구하는 이동권이 얼마나 절실한 것인지 비로소 실감할 수 있기 때문이다.

학교에서 하는 많은 체험 교육이 사실은 간접적인 체험에 바탕을 두고 있다. 법조인이 되어서 모의재판을 해본다든지, 모의 과학실험을 통해서 꼬마 과학자가 되어 보는 활동들이 일반적인 수업으로 진행되고 있다.

두 가지 입장이 다 이해가 되는 주장이지만 중요한 것은 사회적 약자를 대상으로 하는 수업은 분명 더 조심하고 섬세하게 준비해야 한다는 것이다. 영화《세 가지 소원》을 보고 학생들과 함께 시각장애를 체험하는 활동을 충분히 구상할 수 있을 것이다. 하지만 이런 체험 활동이 일회성으로 그치거나 자칫 장애를 가진 상황을 장난으로 여기거나 웃은 거리로 여긴다면 수업을 안 하느니만 못한 것이 될 것이다. 어느 수업보다도 교사의 고민과 진정성이 담긴 활동과 발문이 필요할 것이다.

Theme 02

샤방샤방 샤랄라

권미정 감독 | 2007년 | 한국 | 17분 | 전체관람가 | 국가인권위원회 제작
#단편 #애니메이션 #다문화 #이주배경
#세계시민교육 #인권 #차별 #편견 #학교폭력예방

성취기준 연계

- 《2슬01-03》 가족, 주변 사람에게 관심 갖고 함께 사는 모습 탐구하기
- 《2바02-03》 차이와 다양성을 존중하면서 생활하기
- 《4도02-02》 친구의 배려에 대한 올바른 이해를 바탕으로 일상생활에서 배려에 기반한 도덕적 관계를 맺을 수 있는 방안 탐색하기
- 《6도02-02》 편견이 발생하는 이유를 탐색하여 해결 방안을 살펴보고, 다양성 존중을 바탕으로 타인과 올바른 관계 맺기 위한 실천 방안 탐구
- 《4사03-0》 우리 사회에 다양한 문화가 확산되면서 나타나는 긍정 효과와 문제를 분석, 나와 다른 사람, 집단의 문화를 존중하는 태도 기르기
- 《6사03-02》 일상생활에서 인권이 침해되는 사례를 찾아 해결 방안을 탐색하고, 인권을 보호하는 활동 참여하기

줄거리

필리핀 어머니를 둔 은진은 야무지고 명랑한 초등학생이다. 하지만 학교에서 놀림을 받을까 두려워, 어머니의 국적을 숨기고 곱슬머리를 늘 양 갈

래로 딸아 다닌다. 불의를 보고 참지 못하는 그녀는 어느 날 반 장난꾸러기 남자와 싸우다가 어머니의 정체가 들어나게 되는데...

국가인권위원회에서 제작한《샤방 샤방 샤랄라》는 앞에서 소개한《세 번째 소원》과 같이《별별이야기 2》에 수록된 단편 애니메이션으로 이주배경 교육(다문화 교육), 학교폭력예방교육, 인권 교육, 차별과 편견 등 다양한 주제로 학생들과 이야기 나눌 수 있는 영화이다. 인권 교육을 목적으로 만들어진 영화라 교육적인 의도가 깊게 나타나 있기는 하지만, 그렇다고 해서 지나치게 교훈적이지 않고 오히려 발랄한 주인공의 모습을 보는 재미와 혐오와 차별적 표현에 대해 고민해 볼 수 있는 의미가 함께 담긴 작품이다.

영화 열기

영화는 필리핀 엄마를 둔 주인공 은진이(2학년)가 학교와 가정에서 겪는 일을 다루고 있다. 저학년에서는 나와 다른 친구를 이해하는 학교폭력예방교육으로, 중학년에서는 사회/도덕 교과 편견과 차별 단원 수업 자료로, 고학년에서는 사회/도덕 인권 단원 수업 자료로 활용할 수 있다.

"오늘은《샤방샤방 샤랄라》단편 애니메이션을 같이 보겠습니다, 제목부터 심상치 않죠? 먼저 '샤방샤방 샤랄라'에서 샤방은 무슨 뜻일까?"

"예쁘다는 뜻 같아요."
"귀엽다는 뜻 같아요."

"맞아. 샤방은 눈부시다는 말로 정말 눈에 띄게 예쁘고 화려해서 반짝반짝 거릴 때 쓰는 말이라고 해. 그럼 '샤랄라'는 무슨 뜻일까?"

"샤방과 비슷할 것 같아요."
"잘 모르겠어요."

"'샤랄라'는 '샤방'보다는 덜 흔한 표현인데, 마찬가지로 사람 또는 물건이 화려하고 예쁘장한 모양을 나타낸다고 하네. '샤방샤방샤랄라' 제목만 보면 엄청 예쁘고 화려한 주인공이 등장할 것 같은데 어떤 인물이 나오는지 같이 살펴보자고."

영화 속으로

"영화 잘 봤나요? 은진이는 어떤 아이였지?

"곱슬곱슬한 머리를 한 여자아이였어요."

"맞아. 곱슬머리를 엄청 신경 쓰기도 하고, 엄마가 필리핀에서 온 아이이기도 하지."

"은진이가 엄마한테 학부모회 참가 가정통신문을 보여주지 않았는데, 그 이유는 뭘까?"

"친구들에게 엄마를 창피해해서 그래요."

"맞아, 은진이는 필리핀에서 온 엄마의 존재를 부끄러워했지. 엄마와 함께 간 약수터에서 반 친구 기철이를 만나자 엄청 당황해 하잖아."

"엄마는 왜 버스 정류장에서 첫 번째 버스를 그냥 보냈을까?"

"은진이가 자신을 부끄러워한다는 것을 눈치채고, 학교에 가야 되는지 말아야 하는지 고민한 것 같았어요."

"맞아. 엄마는 학교에 가야 하나 말아야 하나 고민하다가 결국 학교에 갔지."

《샤방샤방 샤랄라》로 학생들과 수업을 해보면 '은진이가 왜 엄마에게 가정통신문을 보여주지 않았는지?', '은진이 엄마는 왜 학교에 가기를 주저했는지?' 이해를 잘 못하는 학생들도 더러 있었다. 아이가 부모의 존재를 창피해하고 부모는 자녀의 눈치를 보는 영화 속 상황이 낯설게 느껴질 수도 있을 것이다.

영화 속 곳곳에서 드러나는 은진이와 은진이 가족을 향한 차별과 편견을 구체적으로 하나씩 찾아보자.

"얘들아, 은진이와 은진이 가족을 차별하고 무시하는 말들에는 어떤 것들이 있었더라? 먼저, 은진이 엄마가 시장에서 겪었던 일부터 이야기해 볼까?"

"생선 가게 주인이 은진이 엄마가 시장 보는 것을 아직도 어려워한다며 갈치를 마음대로 포장해 주셨어요."

"맞아, 은진이 엄마도 이제 한국에서 생활한 지 오래되어서 기본적인 장보기는 알아서 잘할 텐데 말이야. 손님이 왕이라는 말도 있는데 고객을 이렇게 무시하다니 말이야."

"이어서 은진이 동생이 친구들과 소꿉놀이하는 장면에서는 어떤 일이 있었지?"

"친구들이 은진이 남동생한테 엄마 역할을 시켰어요."
"맞아. 은진이 동생은 남자아이인데, 왜 엄마 역할을 시켰을까?"

"글쎄요."

"한국에 있는 필리핀 분 중에는 은진이네 엄마처럼 국제결혼을 위해서 한국으로 온 여성분들이 많거든. 그러다 보니 '필리핀 사람은 대부분이 여자이다'라는 편견을 은진이 동생 친구들이 가지게 된 거지."

"이어서 이웃집 할머니들과 은진이네 가족과의 만남 장면도 살펴볼까? 어떤 차별과 편견이 있었지?"

"필리핀에서 왔다고 하니 필리핀은 바다가 많아서 물고기만 먹는지 물어봤어요."
"엄마가 한국 사람도 아닌데 어떻게 은진이가 공부를 잘하는지 물어봤어요."
"은진이는 피부가 하얘서 다행이라고 했어요."

"그렇지. 대놓고 무시하는 말들이 연이어서 나왔는데, 영화니까 다행이지 실제로 다른 사람 앞에서 이런 말을 꺼내는 건 정말 실례이지. 예를 들면 외국 사람이 한국 사람한테 김치만 먹고 사는지 물어보면 우리나라 사람들 입장에서는 외국 사람이 한국 문화를 너무 모른다고 생각하겠지. 은진이는 한국에서 태어났으니 엄마가 필리핀에서 왔다 하더라도 충분히 공부를 잘할 수 있는 환경이었을 테고, 피부색에 대해서 이야기하는 것도 예의가 아니고. 차별과 편견의 대화를 존중과 배려가 담긴 대화로 바꾸면 좋을 것 같은데, 어떤 식으로 대화하면 좋았을까?"

"필리핀에서는 어떤 음식을 주로 먹는지 물어보면 돼요."

"엄마 이야기는 하지 않고 은진이가 공부를 잘한다고 칭찬해 주면 돼요."
"피부색에 대해서는 이야기하지 않는 게 좋아요."

"맞아. 우리나라 사람들이 유독 외모에 대한 이야기를 많이 한다고 하더라고. 성형이나 화장 기술이 많이 발전되어 있어서 그런가. 외국에서는 우리나라만큼 외모에 대해서 이야기를 많이 하지 않는다고 하는데. 외모는 특히 쉽게 차별과 편견으로 이어질 수 있거든. 겉으로 드러나는 게 다가 아닌데 말이야. 외면의 아름다움이 아니라 내면의 아름다움을 더 많이 이야기할 수 있는 사회가 되면 좋을 것 같아."

이어서 은진이와 기철이가 다투는 장면도 살펴볼까? 여기에서는 더 심하게 차별과 혐오 가득한 표현들이 마구마구 등장하지. 기철이가 은진이한테 어떤 차별적인 말을 했지?"

"잡종이라고 했어요."
"너는 한국 사람이 아니라고 했어요."
"은진이 엄마가 이상하고 가난한 나라에서 왔다고 했어요."

"맞아. 잡종이라는 표현은 동물한테 쓰는 표현이라 사람한테는 절대로 사용해서는 안 되거든. 은진이도 엄마가 외국에서 오시긴 했지만 한국에서 태어났으니 한국 사람이 아니라고 한 것도 잘못된 표현이고. 필리핀은 한국 사람들이 관광으로 많이 찾는 아름다운 나라인데, 이상한 나라라 표현한 것은 필리핀 엄마를 둔 은진이 입장에서는 당연히 기분이 나빴겠지."

은진이와 기철이의 아이들 싸움은 은진이 엄마와 기철이 엄마의 어른들 싸움으로 번져나갔다. 기철이 엄마 역시 은진이 엄마한테 해서는 안 될 말을 퍼부으며 차별과 편견을 드러내는데, 이때까지 쭉 참고만 지냈던 은진이 엄마는 결국 기철이 엄마한테 폭발하고 만다.

 영화 밖으로

영화를 두 번 세 번 다시 보니 처음 봤을 때는 보이지 않았던 것들이 눈에 들어오기 시작했다. 은진이네 가족들이 차를 타고 놀러 가는 길에 걸려 있는 '국제 결혼 중매 업체' 현수막. 은진이네 엄마가 현수막을 본다면 어떤 생각이 들었을까? 더 나은 환경에서 좋은 삶을 살기 위해 국제결혼을 선택했을 텐데, '국제결혼=매매혼'으로 바라보는 많은 사람들의 시선 속에서 수많은 이주배경(다문화) 가족들은 어떤 삶을 살고 있을지 궁금증이 들기도 한다.

영화는 붉은 악마 티셔츠를 입고 있는 아이와 태극기 그리는 수업 장면을 보여주면서 단일 민족의 자부심이 유독 강한 우리 사회에 다른 문화를 가진 사람들이 적응하며 살아가는 것이 결코 쉽지 않으리라는 것을 간접적으로 보여주고 있기도 하다.

한국의 인구는 빠른 속도로 줄고 있고 다양한 문화를 가진 사람들의 유입은 점점 늘어나고 있다. 그러면서 우리 사회는 단일 민족 국가에서 다문화 국가로 빠르게 변해가는 모습을 띤다. 하지만 우리 사회가 과연 나와 다른 문화를 가진 사람들을 포용하고 존중하고 있는지, 아니면 '샤방샤방 샤랄라'처럼 차별과 편견으로 대하고 있는지 걱정이 들 때가 있다.

《샤방샤방 샤랄라》 영화 수업을 계기로 학생들의 삶에 편견과 차별이 아닌 존중과 배려가 조금이나마 자리 잡을 수 있기를 바란다.

《추천 활동》 영화 속 편견과 차별 대화 바꾸어보기

편견과 차별이 드러난 대화		어떻게 바꾸면 좋을까요?
필리핀은 물고기만 먹냐?	▷	
엄마가 한국 사람도 아닌데 공부를 잘 하네	▷	
얘는 피부가 하여서 다행이야	▷	
너 잡종이지?	▷	
신세 고치려고 왔으면 조용히 살지	▷	

《Tip》 이주배경 학생이라는 말을 들어보았나요?

이주배경 학생이란 다문화 학생보다 포괄적인 개념으로 학생 본인 또는 부모가 외국 국적이거나 외국 국적을 가졌던 적이 있는 학생을 의미한다. 교육부에서는 다문화에 대한 부정적인 선입견을 제거하고 포용과 통합 강조를 위해 기존의 '다문화 학생'에서 '이주배경 학생'으로 용어를 변경하였다. 이 책에서도 다문화 용어와 함께 이주배경 용어를 같이 사용하고 있다.

2023년 기준, 초·중·고교에 재학 중인 이주배경 학생은 18만여 명으로 전체 학생의 3.5%를 차지하고 있고, 이는 2014년 6만 7천여 명에 비해 3배 가까이 증가한 것을 알 수 있다.

하지만 이주배경학생 중 많은 이들이 우리말이 서툴러 학업에서 어려움을 겪거나 문화 차이에서 비롯된 소외감 등으로 어려움을 겪고 있다고 한다. 이를 해결하기 위해 교육부에서는 '이주배경 학생 인재양성 지원방안(23.9.26.)'을 발표하였고, 초·중등교육법 개정(23.10.24.) 등 이주배경 학생의 적응을 돕는 일에 앞장서고 있다.

-《출처》 이주배경 학생을 지원하는 교육사업을 소개합니다!(교육부 블로그)

《Tip》 국가인권위원회에서 영화를 제작한다고요?

국가인권위원회에서 영화를 만든다고? 그동안 만든 영화가 한 두 편이 아니라고? 인권위는 2002년부터 총 52편(장편 및 단편)의 영화를 기획 · 제작하며 자칫 딱딱하게 느껴질 수 있는 인권을 말랑말랑하게 사람들 마음속에 자리 잡게 해주었다(지금도 1년에 한 편 정도씩 인권위에서 제작한 영화가 개봉하고 있다). 인권위 첫 번째 영화 '여섯 개의 시선' 감독들(박찬욱, 임순례, 정재은, 박광수, 박진표, 여균동)의 이력을 보면 알 수 있듯이, 초창기 인권위 영화를 만들었던 많은 분들이 영화계 대가로 성장한 경우도 많다.

영화와 인권, 둘 다 어렸을 적부터 관심을 두었던 분야이기에 초창기부터 인권위에서 영화가 개봉하면 빠뜨리지 않고 살펴보고 있다. 인권 교육 자료로도 훌륭하기에(인권위에서 제작했다고 해서 지나치게 교육적이지 않고 대중적인 작품들이 많다.) 대학생 때부터 인권위 영화를 보고 토론을 하며 생각을 키워가기도 했다. 영화뿐만 아니라 인권위에서 책도 내고 있는데, 인권을 소재로 한 영화들을 다룬 《불편해도 괜찮아(영화보다 재미있는 인권이야기)》로 책 모임을 진행하기도 했었다.

교사가 된 이후에도 사회 · 도덕 인권 수업 시간과 이주배경(다문화) 교육, 장애이해교육 등의 시간에 인권위 단편 영화들을 활용해서 학생들과 이야기를 나누고 있다. 국가인권위원회 인권교육센터 홈페이지에서 학습 지도안도 무료로 다운 받아서 볼 수 있다. 오랫동안 인권위 영화들을 가까이 둔 인연으로 2023년도에 인권위랑 인터뷰를 진행했었다. 인터뷰에서 학교 인권 교육의 성장과 한계에 대해 생각을 밝히고, 인권 영화가 인권 교육의 아쉬운 부분을 보완해 주는 역할을 잘하고 있어서 앞으로도 좋은 영화들을 기대한다고 했다. 인터뷰 전문은 인권위 웹진에서 볼 수 있다.

지태민 | 학교 교육과정에서 인권이 차지하는 비중이 작지 않아요. 10년 전에는 인권이 하나의 소단원으로 들어가 있었던 반면 지금은 대단원으로 들어가 있어요. 사회나 도덕 교과서에도 인권이 들어가 있고요. 그만큼 비중이 커진 거죠. 하지만 혐오적 표현이 늘어나는 걸 보면 인권 교육이 효과가 있는 걸까, 싶은 생각이 들기도 해요. 여러 과목에서 다루니 형식적으로만 접하게 되는 것도 문제고

요. 그럼에도 불구하고 인권 영화는 사람들 마음속에 인권을 자리 잡게 해주는 중요한 매개체라고 생각해요. 앞으로도 인권위가 많이 만들어 주면 좋겠어요.

번호	제목	유형	파일	다운로드	등록일자
299	군인권교관을 위한 옐로우북	인권교육자료	PDF,JPG,PPTX	가능	2024-03-06
298	『놀이로 배우는 인권』 놀이활동 운영 사례 공유집	인권교육자료	ZIP,PDF	가능	2024-01-16
297	인권을 지키는 인공지능	전체	PNG,MP4	가능	2023-12-28
296	인권을 지키는 인공지능 (쇼츠)	인권교육동영상	PNG,MP4	가능	2023-12-20
295	제24차 한국인권교육포럼 자료집	인권교육자료	PDF	가능	2023-12-14
294	노동인권(직장 내 괴롭힘) 보조교재	인권교육자료	PDF	가능	2023-10-12
293	인권경영 국내외 동향 보조교재	인권교육자료	PDF	가능	2023-10-12
292	돌봄노동과 인권 보조교재	인권교육자료	PDF	가능	2023-10-12

국가인권위원회 인권교육센터 홈페이지: 국가인권위원회에서 제작한 영화들 학습지도안을 다운 받을 수 있다(일부 영화).

2부

주제별 영화 읽기

어린이 영화란? 어린이가 주인공, 어린이들을 위한 영화!

어린이들이 보는 영화를 떠올려보자. 어릴 적에는 뽀로로 같은 만화 영화를, 학교에 갈 나이가 되면 디즈니나 픽사 같은 애니메이션을, 좀 더 크면 일본 애니메이션이나 슈퍼히어로 같은 영화를 즐겨 보는 듯하다. 아이들이 즐겨 읽는 어린이책의 주인공이 대부분 어린이인 것에 반해, 영화는 동물이 주인공이거나 슈퍼 히어로처럼 어른이 주인공인 경우가 많다. 책에 비해 영화는 제작비가 많이 들기 때문에 수요가 확실한 만화 영화나 슈퍼 히어로물은 꾸준히 만들어지지만, 수요가 많지 않은 어린이들이 주인공인 영화를 접하기는 쉽지 않은 듯하다. 어린이들이 주인공인 어린이 영화, 어린이들을 대상으로 한 어린이 영화. 많지는 않지만 이번 장에서는 어린이들을 위한 어린이 영화를 주제별로 소개한다.

어린이를 위한 영화제가 있다고?
부산국제어린이청소년영화제, 서울국제어린이영화제

영화제 하면 우리나라 3대 영화제인 부산국제영화제, 전주국제영화제, 부천판타스틱영화제를 떠올리는 분들이 많을 거다. 오랫동안 영화를 좋아하다 보니 큰 영화제들은 여러 번씩 다녀왔고, 작은 규모의 영화제들도 찾아다니고 있다. 또한 어린이 · 청소년을 위한 영화제도 적지 않게 열리고 있다. 대표적인 영화제로는 가장 큰 규모인 부산국제어린이청소년영화제(이하 '비키') 그리고 서울에서 열리는 서울국제어린이영화제(이하 '시크프')가 있다. 비키는 부산에서 열리다 보니 한 번 밖에 가보지 못했지만, 이 책에서도 소개하고 있는 《수네vs수네》와 《내 이름은 말룸》처럼 온라인으로 영화를 볼 수 있도록 통로를 마련해주고 있어서 많은 도움을 주는 영화제이다. 최근 몇 년간 빠지지 않고 참석하고 있는 시크프 역시 어린이들을 위한 좋은 영화와 교육 프로그램들을 선보이고 있다.

두 영화제 모두 적지 않은 규모로 열리는 어린이들을 위한 축제이지만, 매년 정부나 기업으로부터 받는 지원이 넉넉지 않다고 한다. 2024년 영화진흥위원회 영화제 지원 사업 예산이 대폭 삭감되면서 두 영화제 모두 영진위로부터 받던 지원금이 전액 삭감되었다. 우리 사회가 어린이 · 청소년 문화를 얼마나 홀대하고 있는지 여실히 보여주는 사건이다.

힘든 때일수록 많은 관객분이 영화제를 찾아 응원해 주면 좋겠다. 관객들이 늘어나면 자연스럽게 정부와 기업으로부터의 지원도 증가할 것이다. 비키는 매년 7월 부산에서, 시크프는 매년 9월 서울에서 열린다. 평소 보기 힘든 다양한 나라의 어린이 영화들, 다양한 주제의 어린이 영화들이 관객들을 기다리고 있다. 자녀들과 학생들과 함께 어린이영화제를 방문해서 영화의 세계에 풍덩 빠져보기를 바란다.

Theme 01

우리들

윤가은 감독 | 2016 | 한국 | 94분 | 전체관람가

#장편 #실사 #4학년 #우정 #왕따 #학교폭력 #가족 #친구 #전학

성취기준 연계

- 《6국02-02》 글에서 생략된 내용이나 함축된 표현을 문맥을 고려하여 추론하기
- 《6국05-04》 인상적인 부분을 중심으로 작품에 대한 의견 나누기
- 《6국05-06》 작품을 읽고 자신의 삶과 연관 지어 성찰하는 태도 갖기
- 《4도01-01》 자신의 감정을 소중히 여기며 존중하는 태도를 바탕으로 내가 누구인가를 탐구하기
- 《4도02-02》 친구 사이의 배려에 대한 올바른 이해를 바탕으로 일상생활에서 배려에 기반한 도덕적 관계를 맺을 수 있는 방안 탐색하기

줄거리

그 여름, 나에게도 친구가 생겼다… "내 마음이 들리니" 언제나 혼자인 외톨이 선은 모두가 떠나고 홀로 교실에 남아있던 방학식 날, 전학생 지아를 만난다. 서로의 비밀을 나누며 순식간에 세상 누구보다 친한 사이가 된 선과 지아는 생애 가장 반짝이는 여름을 보내는데, 개학 후 학교에서 만난

지아는 어쩐 일인지 선에게 차가운 얼굴을 하고 있다. 선을 따돌리는 보라의 편에 서서 선을 외면하는 지아와 다시 혼자가 되고 싶지 않은 선. 어떻게든 관계를 회복해보려 노력하던 선은 결국 지아의 비밀을 폭로해버리고 마는데... 선과 지아. 우리는 다시 '우리'가 될 수 있을까?

윤가은 감독의 영화 《우리들》은 초등학교 4학년 여자아이들 간의 관계를 다룬 이야기이다. 초등학교 4학년 국어 교과서에 실려 있어서(2015 교육과정 기준) 많은 학생이 본 영화이지만, 아이들 간의 미묘한 심리 관계를 섬세하게 잘 다룬 작품이라 5~6학년 학생들하고 또 봐도 좋다. 중학교에서도 도덕 수업이나 학교 폭력 예방 자료로도 많이 활용하고 있다고 하고, 교사들이나 어른들끼리도 함께 보면서 이야기를 나눌 거리가 참 많은 영화이기도 하다.

좋은 영화일수록 '볼매'이다. 여러 번 보면 볼수록 안 보이던 것들이 눈과 귀로 들어오게 된다. '우리들'도 여러 번 보면서 처음 봤을 때 놓쳤던 것들이 하나씩 들어왔다. 세 명의 주인공을 둘러싼 복잡하면서도 변화되어 가는 관계, 가족 안에서 겪는 갈등, 피구를 하면서 반 친구들과 선생님이 무심코 건네는 한마디, 주인공들의 미묘한 표정과 몸짓과 말투가 하나씩 보이기 시작했다. 윤가은 감독의 영화에 빠지지 않고 등장하는 골목길 곳곳의 정겨운 풍경과 소리, 힘겨운 성장통을 겪는 아이들을 지켜주는 듯한 한여름의 뜨거운 태양 빛까지, 영화 장면 장면의 행간을 읽는 재미가 뛰어난 작품이기도 하다.

영화 열기

극장에서 《우리들》을 처음 보면서 궁금한 것이 있었다. 4학년보다는 고학년 학생들을 주인공으로 했을 때 조금 더 설득력이 있을 것 같은데, 왜 살짝 어린 4학년을 주인공으로 했을지 의문이 들었다. 윤가은 감독과 두 차례 관객과의 대화를 진행했었는데, 이 궁금증은 감독님과 이야기를 나누며 해결되었다. 영화는 감독 본인의 자전적인 이야기를 많이 담고 있는데, 많은 아이들, 특히 여학생들은 어렸을 적부터 친구 간의 관계로 고민이 많고, 5~6학년 고학년의 경우 아무래도 이성 간의 관계를 배제할 수 없다 보니 순수하게 여자 친구들 사이에서 일어나는 이야기를 펼치고 싶어서 4학년으로 설정하였다고 한다.

"4학년 국어 시간에 영화 《우리들》 봤었던 기억 나나요? 영화 전체를 다 본 반도 있었을 것 같고 부분적으로 본 반도 있었을 것 같은데, 기억나는 부분 이야기해 볼 사람?"

"여학생이 전학 오면서 새로운 친구를 사귀면서 겪게 되는 이야기였어요."
"반에 왕따당하는 친구가 있었어요."
"영화 마지막에 두 친구가 교실에서 서로 치고받고 싸우는 장면이 기억나요."
"피구하는 모습이 많이 나왔어요."
"음식 먹는 장면도 많이 있었어요."
"주인공 동생이 엄청 귀여웠어요."

"잘 기억하고 있네. 4학년 국어 시간에는 '이어질 장면을 생각해요' 단원에서 이 영화를 보고 영화의 인물, 사건, 배경 등을 살펴봤었을 텐데, 여러분도 봐서 알겠지만 이 영화는 학교폭력예방 교육 자료로도 참 좋거든. 영화를 다시 보면서 우리 반 친구들이 1년간 어떻게 지내면 좋을지 같이 이야기 해보자고."

영화 속으로

학생들 간의 다툼을 이야기하려면 먼저 폭력적인 행동을 하는 아이들의 문제 행동 원인부터 살펴봐야 할 것이다. 물론 교사가 정신과 의사나 상담사처럼 학생들의 마음 깊숙이 파고드는 것은 쉽지 않은 일이다. 요새는 학생들의 가정환경이나 개인 일상을 예전처럼 꼬치꼬치 캐 묻기도 조심스러운 상황이기도 하다. 그렇다고 해서 학교폭력이 일어났을 때 판사처럼 판결만 내리고 있을 수는 없는 법이다. 학생들의 문제 행동은 대부분 아이의 상처나 결핍에서 기인하는 경우가 많다. 영화 속 주인공 선, 지아, 보라도 각각 남들에게 보여주고 싶지 않은 상처로 가득한 아이들이다.

"영화 잘 봤나요? 선생님은 영화 처음 보면서 영화가 학교 교실 모습을 너무 생생하게 잘 나타내고 있어서 깜짝 놀랐거든. 아역 배우들의 연기도 너무 리얼해서 선생님이 그동안 가르쳤었던 몇몇 학생들의 얼굴이 떠오르기도 하더라고. 영화에서 주인공 인물의 마음이 제일 중요한 것 같은데, 특히 선, 지아, 보라는 각각 마음속 상처를 가지고 있는 아이들인데, 어떤 상처를 가지고 있는지 이야기해 볼까?"

"선은 학교에서 왕따를 당하고 있고, 아빠는 알코올 중독자이고, 가정 형편이 그리 넉넉하지 않은 것 같아요."
"지아는 이전 학교에서 왕따를 당해서 새로 전학을 왔고, 아빠가 이혼해서 새엄마랑 살고 있고, 할머니는 지아를 학원에만 보내려고 해요."
"보라는 지아가 전학 오면서 반에서 1등을 뺏겼고, 성적에 대한 스트레스가 많은 것 같아요."

"맞아. 영화 다들 잘 본 것 같네. 선은 집에서나 학교에서나 상처가 가득한 아이지만 그래도 밝은 편이지? 가정환경이 살짝 어려운 것 같지만 그렇다고 아주 가난한 건 아니고. 엄마가 하는 김밥 집 일을 도우면서 가족들끼리 알콩달콩 화목하게 지내는 것 같더라고."

《우리들》은 한 편의 문학 작품처럼 영화 곳곳에 상징과 은유가 넘쳐나는 작품이다. 주인공 선과 지아의 관계를 나타내는 봉숭아 물과 팔찌. 부모의 이혼과 이전 학교에서의 왕따로 상처를 안고 있는 지아가 항상 쓰고 다니는 헤드셋. 영화 속 음식들도 결코 허투루 쓰이지 않고 하나하나가 모두 상징적이다.

지아는 사랑이 결핍된 인스턴트 과자를 즐겨 먹지만, 반대로 가정에서 사랑을 받고 자란 선은 엄마표 김밥을 즐겨 먹는다. 친구와 싸우다 상처가 나 누나로부터 그 친구와 그만 놀라는 충고를 듣지만 '그럼 언제 놀아?'라며 관객들의 정곡을 찌른 동생은 김치볶음밥을 항상 주변 사람들과 '나눠' 먹는다.

학교에서 왕따를 당하던 선은 새로 전학 온 지아와 여름 방학 동안 친구가 되어 여기저기 동네를 누비며 즐거운 시간을 보낸다. 2학기가 시작되고 지아는 학교에서 따돌림을 당하는 선을 애써 외면하고, 왕따를 주도하는 보라와 보라 친구들과 어울리기 시작한다. 다시 홀로 된 선. 보라와 보라 친구들과 친해지게 된 지아는 하지만 보라에게 밉보이며 선과 같은 처지에 놓이게 된다.

"영화에서 친구들의 관계가 참 다양하게 변하더라고. 뜨거운 여름을 보냈던 선과 지아는 어떤 일로 멀어지게 되었지? 둘이 갑자기 확 멀어지게 된 것이 아니라 조금씩 멀어졌잖아."
"선이 엄마가 차려준 음식을 먹는 장면을 보고 지아가 선을 질투하기 시작했어요."

"그렇지. 선의 집은 경제적으로 풍족하지는 않지만 평범하고 화목한 가족의 모습인데, 지아네 집은 반대로 경제적으로는 여유 있지만 엄마와 아빠가 이혼해서 화목하다고는 할 수 없는 모습이었고. 지아는 선이 엄마로부터 사랑을 받는 모습을 보고 질투를 하게 된 거고."

"지아와 보라는 왜 멀어지게 되었을까? 이건 조금 더 분명하게 영화에서 나오는데."

"보라가 반에서 1등이었는데, 새로 전학 온 지아가 1등을 차지하자 보라가 지아를 따돌리기 시작했어요."

"그렇지. 보라는 성적에 대한 스트레스를 받는 것 같은데, 영화에서 나오지는 않지만 아마도 부모님으로부터 성적에 대한 압박을 받는 것이 아닐까 싶어."

94분이라는 짧은 러닝 타임에도 불구하고 영화는 선과 지아 보라 세 명의 관계만 집중적으로 보여주고 있지 않다. 매일 치고받고 싸워도 다음 날이면 언제 싸웠냐는 듯이 다시 친하게 지내는 선의 동생과 동생 친구의 모습. 아버지를 이해하지 못하고 아버지가 돌아가실 때까지 관계를 회복하지 못하는 선의 아빠의 모습을 통해 나이가 들수록 어려워지는 사람들 사이의 관계에 대해서도 영화는 시선을 감추지 않고 있다.

"우리 이번에는 왕따에 대한 이야기를 해보자. 영화 시작하자마자 선이 학교에서 따돌림을 당하는 장면들이 나왔지. 선은 학교에서 어떻게 소외되고 있었지?

"피구 시합에서 마지막까지 뽑히지 않았어요."
"여름 방학식 날 친구들이 선에게 교실 청소를 시켰어요."
"선한테서 냄새가 난다고 놀렸어요."

"그래. 영화를 보면서 선생님은 뭐 하고 계신 건지 답답하더라고. 선생님이 알았다 하더라도 친구들 사이에서 눈에 띄지 않게 미묘하게 따돌리는 것들까지 잡아내기는 쉽지 않았겠지만 말이야. 영화 중반 이후에는 선이 아니라 지아가 타깃이 되어서 따돌림을 당했는데. 지아는 반에서 어떻게 소외되었지?"

"선이랑 비슷하게 냄새가 난다고 놀림을 받았어요."
"지아가 물건을 훔쳤다고 도둑으로 몰아 세웠어요."

"맞아. 지아는 전에 학교에서도 왕따를 당했는데 새 학교에서도 왕따를 당하는 것을 보니 속상하더라고. 반대로 지아가 보라와 보라 친구들 사이에 끼기 위해서 여름 방학에 친했던 선을 멀리하는 모습을 보며 지아의 행동이 이해되면서도 안타깝기도 했고. 영화에서 피구가 여러 번 나오잖아. 선생님도 영화를 보기 전에는 잘 못 느꼈는데 피구가 상당히 잔인한 종목 같더라고. 공격을 당하던 사람이 죽고 난 다음에는 공격하는 입장이 되어서 누군가를 죽여야 하는 모습이 영화의 전체 모습과도 닮아 있기도 하고."

"영화에서 아이들 사이의 굉장히 많은 일이 일어나지만, 주변 어른 중에 그 누구도 세 아이 사이에서 일어나는 일을 제대로 파악한 어른은 없었지. 영화에서 어른들은 아이들의 마음을 제대로 헤아리지 못하는 모습으로 나오는데 어른들의 모습은 어땠는지 이야기해 볼까?"

"선의 엄마는 김밥집을 운영하시느라 선이 학교에서 왕따를 당하는 사실을 몰랐어요."
"선의 아빠는 선한테 무관심하고 학생이 고민할 게 뭐가 있냐고 물었어요."
"지아 할머니는 지아가 원하지 않는 학원 공부만 시켰어요."
"선생님도 선과 지아 사이의 갈등을 눈치채지 못했어요. 말해야 할지 알고 하셨어요."

"맞아. 선생님도 어렸을 적을 돌아보면 어느 순간부터는 부모님이나 주변 어른들에게 말 못 할 고민이 생겨났고, 지금 생각해 보면 별일 아닌 것 같은데 그때에는 그런 고민이 엄청나게 크게 다가왔었던 것 같아. 여러분들도 커가면서 특히 사춘기가 되면 고민다운 고민을 진지하게 하기 시작할 텐데. 꼭 어른들한테 모든 것을 다 말할 필요는 없지만, 반대로 어른들한테 꼭꼭 숨길 필요도 없을 것 같아. 영화에서는 어른들이 무관심하게 나오긴 했지만, 그래도 여러분들 주변에는 여러분들의 고민을 들어줄 어른들이 많이 있다는 거, 잊지 마."

영화 밖으로

교실에서 왕따는 교사, 학생, 학부모 모두가 가장 피하고 싶은 상황이다. 공부는 열심히 하다 보면 어느 정도 따라잡을 수 있는 부분이 있다. 하지만, 교우 관계는 나 혼자 아무리 열심히 하더라도 내 뜻대로 안 되는 경우가 더 많다. 친구 관계란 결국 사람과 사람 사이의 문제이기 때문이다. 저학년 때면 몰라도 학년이 올라갈수록 부모나 교사가 아이들의 친구를 대신 만들어 줄 수도 없는 노릇이고 말이다.

교실에서 왕따가 발생하면 이것만큼 괴로운 일이 없다. 교사 생활을 하면서 딱 한 번 왕따로 심하게 학급이 붕괴되는 것을 힘없이 바라본 적이 있다.

5학년 어느 순간부터 A라는 친구가 왕따를 당하게 되었는데, 이미 몇몇 학생들을 중심으로 A를 멀리하는 분위기가 생기게 되었다. 학급 회장 친구들을 따로 불러 A와 친하게 지내면 좋을 것 같다고 이야기를 했지만, 다들 눈치만 보았다. 5학년이면 이미 어느 정도 큰 아이들이라 1~2학년 아이들처럼 어제 싸웠다가 내일 화해하는 관계도 아니고, 반 아이들도 A를 둘러싼 묘한 분위기를 알다 보니 누가 먼저 나서지 못하는 상황이 된 것이다.

A 부모님과도 몇 차례 상담하였지만, 서로 이 상황을 안타까워할 뿐 뾰족한 해결책을 내세우지는 못하였다. 다행히 6학년이 되면서 A는 원래 예정되어 있었던 곳으로 이사를 가며 자연스럽게 학교를 옮기게 되었다.

그 해는 참 힘든 한 해였다. 왕따 문제 말고도 학교 폭력 등 여러 가지 일들이 복합적으로 발생하면서 교직 생활의 회의를 크게 느꼈던 시기였다. 그때 반 아이들을 생각하면 지금도 미안한 마음이 많이 든다. 지지고 볶고 하면서 한 해 동안 힘들었던 것을 학생들도 알았는지 얼마 전에 중학교에 진학한 한 학생이 갑자기 '선생님 사랑합니다'라는 반가운 메시지를 반 카페에 남겨주기도 하였다.

2018년에 맡았던 5학년 이였는데, 사실, 이때 학급에서 영화《우리들》을 함께 시청하긴 했었다. 하지만 이미 반 아이들 사이에 보이지 않는 금이 발생하였던지라 영화 한 편이 반의 분위기를 크게 바꿔놓지는 못했다.

영화 《우리들》을 보고 많은 교사들이 학교 교실의 모습을 너무나도 현실감 있게 재현해 냈다고 놀라워했는데, 어떤 면에서 보면 영화는 현실만큼 치열했고, 현실의 교실은 영화만큼 살벌했다. 힘든 한 해를 보내고 그해 겨울 방학에 '평화로운 교실 만들기' 연수를 들으며 생활 지도에 대해 철저하게 준비하였다. 다행히, 그 이후에 심한 학교 폭력과 왕따가 다시 발생하지는 않았지만, 여전히 학급에 적응하지 못하고 친구들과 어울리지 못하는 아이들, 친구들 사이의 크고 작은 다툼은 매년 반복된다. 교사라면 교직을 물러날 때까지 숙명처럼 안고 가야 하는 숙제이기도 하다.

영화 《우리들》은 4학년 2학기 국어 첫 단원에 제시되어 있다(2015 교육과정 기준). 이 영화를 활용하여 학교 폭력 및 왕따 예방, 친구들 사이의 관계에 대한 고민을 반 학생들과 함께 나누고자 한다면 다시 봐도 참 좋다. 이왕이면 3월~4월 학년 초에 함께 시청하는 것을 추천한다.

지구를 지켜라

Theme 01

거북, 소녀의 꿈

강경욱 감독 | 2019 | 한국 | 7분 | 전체관람가

#유튜브 #환경영화 #쓰레기 #재활용 #단편 #학교영화 #학생&교사제작

성취기준 연계

- 《4도04-02》 인간과 자연이 함께 살아야 할 이유를 이해하고 공생을 위한 구체적인 실천 계획을 세우며 생태 감수성 기르기
- 《6도04-01》 지구의 환경 위기 상황을 이해하고, 이를 극복하기 위한 다양한 방안을 찾아 자신의 일상에서 실천하기
- 《6실02-03》 생활자원의 올바른 사용이 가정과 환경에 도움이 됨을 이해하고 재활용, 재사용 등 환경을 고려한 관리 방법 실천하기
- 《6실02-11》 생태 지향적 삶을 위해 자신의 의식주 생활에서 할 수 있는 구체적인 행동 계획 실천하기

줄거리

매번 푸른 바다의 꿈을 꾸던 소녀, 항상 꿈속에는 자유로이 해양을 헤엄치는 거북이의 모습이 보인다. 하지만 소녀는 샌드위치조차도 비닐을 써서 잡고, 그 쓰레기도 함부로 버리며, 환경오염에 큰 관심을 가지지 않는다. 하지만 어느 날부터 자신이 버린 쓰레기가 나에게 되돌아오는데...

영화 읽기 연구회를 꾸준히 하며 교실에서 학생들과 함께 보면 좋을 영화들을 많이 발굴하고 있지만, 막상 영화를 주제로 학교에서 동아리를 운영해 보지는 않았다. 첫 학교에서는 여러 가지 주제를 달리하며 동아리를 운영했고, 지금 근무하는 학교에서는 줄곧 환경동아리를 꾸려 나가고 있다. 환경 교육을 본격적으로 해야겠다고 마음먹은 해는 2020년, 코로나가 전 세계를 뒤엎은 바로 그해였다. 학생들이 없는 학교에 출근은 했지만 어디를 나갈 수도 없는 상황에서 먹을 수 있는 건 배달 음식뿐이었다. 쌓여가는 배달 용기와 마스크를 보면서 늘어나는 쓰레기로 아파하는 지구를 더 이상 외면해서는 안 되겠다고 다짐했다.

환경부에서 지원하는 환경동아리를 2년 반 운영하였고, 2023년부터는 서울시교육청 생태전환교육 실천지원단으로 활동하면서 학생들과 지구를 지키는 일에 앞장서고 있다. 환경 교육을 하면서 우리 반에서 하는 다양한 활동들이 진짜로 지구에 도움이 되는 일들인지, 아니면 '그린워싱'처럼 겉으로만 지구를 위하는 척하는 활동들인지 스스로도 헷갈릴 때가 많다. 교실에서 열심히 재활용 분리수거를 하지만, 막상 학교나 지역의 분리수거장에서 쓰레기들이 뒤섞이는 모습을 보면서 힘이 빠지는 경우도 많았다. 코딱지만 한 교실에서 열심히 환경 교육을 해봤자 인구 수가 많은 옆 나라나 땅덩어리가 넓은 먼 나라들에서 마구잡이로 지구를 파괴하고 있는 모습을 보면서 헛짓을 하고 있는 것은 아닌지 막막하기도 했다. 그럼에도 불구하고 앞으로 살아갈 날보다 훨씬 많은 시간을 살아갈 우리의 자녀들을 위해 자그마한 일이라도 실천에 옮겨야겠다는 생각에 올해도 열심히 환경동아리를 운영하고 있다.

 영화 열기

"이번 달에는 환경 동아리 미션으로 새활용 프로젝트를 진행해 보겠습니다. 가정에서 투명 페트병, 종이팩 · 멸균팩, 폐전선 등을 가지고 오면 선생님이 모아서 친환경 가게(제로웨이스트숍)에 제출할 거고, 친환경 가게에서는 모여진 폐제품들을 새활용하는 곳에 맡겨서 새로운 제품으로 다시 탄생시킨다고 해.
예를 들면, 투명 페트병은 옷이나 가방 같은 걸로 새활용 되고, 종이팩 · 멸균팩은 휴지로 만들어지는 거지. 새활용 프로젝트를 시작하기에 앞서서 환경을 주제로 한 단편 영화를 같이 보겠습니다. 이 영화는 특별히 초등학생들이 선생님하고 같이 만든 영화인데, 영화에서 쓰레기, 특히 플라스틱 쓰레기가 어떤 역할을 하는지 자세히 살펴보자고."

"영화 보기 전에 질문! 어제 또는 오늘 내가 버린 쓰레기, 특히 플라스틱 쓰레기. 기억나는 거 있는 사람?"

"학교 마치고 편의점에서 음료수를 샀는데, 플라스틱 용기에 담겨 있었어요."
"학교 앞 분식집에서 떡볶이를 포장해서 먹었는데, 플라스틱 용기에 담겨 있었어요."
"OOO에서 음료수를 마셨는데, 플라스틱 빨대를 사용했어요."

"선생님도 플라스틱 사용을 많이 안 하려고 노력하고 있거든. 커피숍에서는 항상 텀블러를 사용하고, 편의점이나 마트에서도 가능하면 플라스틱 용기에 담겨 있는 물건은 잘 안 사려고 하는데, 워낙 우리 주변에 많은 물건들이 플라스틱에 담겨 있다 보니까 플라스틱 없이 생활 하는 건 불가능한 것 같기는 하더라고. 영화를 보면서 플라스틱 쓰레기 문제에 대해서 같이 더 고민해 보자고."

영화 속으로

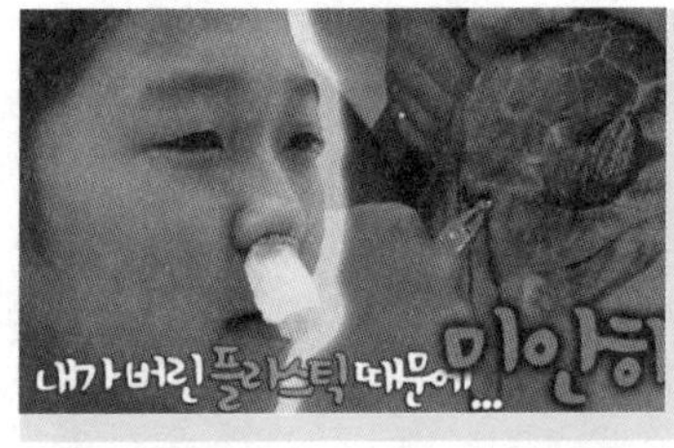

"영화! 짧지만 인상 깊지? 거북이 코에서 빨대를 빼내는 장면에서 다들 '와!' 환호성을 외치던데, 선생님도 너무 시원하더라고. 말 못 하는 거북이가 얼마나 답답했을까? 선생님은 영화를 보면서 크게 2가지가 무척 인상 깊더라고. 첫 번째는 영화에서 주하의 삶과 주하의 꿈이 서로 연결되어 있더라고. 어떻게 연결되어 있었지?"

"주하가 길거리에 비닐을 아무렇게 버렸더니, 꿈에서 바다에서 비닐이 둥둥 떠다녔어요."
"음료수 통과 빨대를 아무렇게나 버렸더니, 꿈에서 바다에서 빨대가 나타났어요."

"맞아. 신기하더라고. 주하는 처음에는 환경에 관심이 없었잖아. 근데 꿈에 자꾸 내가 꿈 바깥에서 버렸던 쓰레기들이 나오니까 조금씩 마음이 바뀌기 시작했지. 두 번째로 인상 깊었던 점은 쓰레기의 역습이었어. 주하가 버린 쓰레기가 다시 주하한테로 돌아오는 장면이 있었는데, 어떤 장면들이었지?"

"주하가 버린 주스 통이 주하에게 다시 날아와 주하가 넘어졌어요."
"주하가 빨대를 버렸는데, 주하 코에 빨대가 박히고 코피를 흘렸어요."

"맞아. 원래 거북이 코에 빨대가 박혔었는데, 주하 코에도 빨대가 박히고 피를 흘리는 모습을 보면서 지구 환경이 파괴되면 처음에는 말 못 하는 동물들부터 고통을 받고 멸종하겠지만, 결국에는 그 피해가 인간들한테까지 온다는 것을 영화가 보여주는 것 같더라고. 사람이 버린 쓰레기가 결국은 사람들에게 피해를 주는 식으로 되돌아오고 있는 모습을 보여주고 있는 거지."

"여러분들도 영화 초반의 주하랑 비슷하게 아마도 '나 하나쯤이야.' 하고 생각하는 친구들이 많을 것 같아. 우리 반 교실도 보면 종이랑 플라스틱이랑 일반 쓰레기랑 분리해서 버리게 되어 있는데 종종 섞여 있는 경우들이 많더라고. 아직 습관이 잘 안 잡혀서 그럴 수도 있고, 환경오염의 심각성에 대해서 잘 못 느껴서 그럴 수도 있을 텐데. 선생님이 살아갈 날보다 여러분들이 이 지구에서 살아갈 날들이 훨씬 많거든. 아름다운 우리 지구가 쓰레기로 뒤덮이도록 내버려둬서는 안 되겠지."

영화 밖으로

학교나 가정 일상생활에서 물건들을 분리 배출해서 버리다 보면 헷갈리는 경우들이 종종 있다. 택배 상자에 있는 테이프를 완전히 제거하기 어려운 경우 그냥 상자 버리는 곳에 버려도 되는 걸까? 코팅된 종이는 재활용이 안 된다는데 코팅이 되어 있는 건지 확인하기 어려운 경우도 있고, 스티커는 재활용이 안 된다는 데 스티커가 일부 있는 교재는 그럼 일반 쓰레기로 버려야 하는 걸까? 쓰레기의 세상도 자세하게 들어가면 너무 복잡한 경우가 많다. 세부적인 것까지 초등학생들한테 안내하기는 어려울 수 있어서, 분리 배출 4단계를 강조해서 이야기를 나누고 있다.

"재활용 쓰레기도 참 종류가 많은데, 내가 버리는 쓰레기가 소각

되거나 매립되지 않고 재활용되기 위해서는 4단계(4원칙)을 잘 지켜야 하는데, 첫 번째 단계는 뭘까? 플라스틱병에 든 음료수를 마시고 분리 배출한다고 생각을 해보자고."

"병을 깨끗이 비워야 해요."
"병을 깨끗이 씻어야 해요."
"올바른 장소에 분리 배출해요"
"다른 쓰레기들이랑 섞이지 않게 해야 되요."

"맞아. 4단계 잘 기억해 두자고"

1단계(비운다) - 2단계(헹군다) - 3단계(분리한다) - 4단계(섞지 않는다)

"영화에 나온 쓰레기들은 어떤 곳에 분리 배출하면 좋을까. 분리수거장 가면 버리는 곳이 여러 곳 있잖아. 투명페트병 버리는 곳도 있고, 플라스틱 버리는 곳도 있고."

"주하가 마신 플라스틱 주스 병은 플라스틱류에 버려요."
"샌드위치 먹고 남은 플라스틱 상자도 플라스틱류에 버려요."
"비닐봉지는 비닐류에 버려요."
"빨대는 일반 쓰레기로 버려요."

"맞아. 빨대는 플라스틱이긴 한데 작은 플라스틱은 재활용이 어려워서 그냥 일반 쓰레기로 버리면 된다고 하네. 어렵지? 선생님도 헷갈리는 것들이 많은데 하나하나 배워나가고 있어. 더 중요한 건 앞에서 배운 분리배출 4단계, 그리고 지구를 지키려는 따뜻한 마음이고."

가정이나 학교에서 배출되는 쓰레기의 양만해도 어마어마하다. 미술 시간 등에 조잡한 만들기 활동으로 완성된 작품들은 가정에서 쓰레기통으로 직행하는 경우가 많다. 어린이날 선물 등으로 학교에서 나눠주는 단체티셔츠, 에코백 등도 학생들이 잘 사용하면 다행이지만, 한두 번 사용하고 버려지는 경우라면, 처음부터 나눠주지 않는 게 나을 수도 있다. 생수병을 배송받아서 마시는 주변 사람들을 보면 속상해진다. 생수에서 미세 플라스틱도 많이 배출된다고 하는데 정수기로 마시는 게 쓰레기도 줄일 겸 건강에 더 좋지 않을까?

지구를 지키는 일이 꼭 거창할 필요는 없다. 거북이의 코에 빨대가 더 이상 꽂히지 않도록, 소녀의 꿈이 더 이상 쓰레기로 넘쳐나지 않도록 작은 쓰레기라도 줄여나가자.

어떻게 하면 쓰레기를 줄일 수 있을까? 정부도 노력해야 하고, 기업도 노력해야 하고, 전 세계가 함께 노력해야겠지만, 일단 나라도 덜 사고, 덜 먹고, 덜 돌아다니자. 사람의 활동은 자연스럽게 쓰레기와 함께 할 수 밖에 없으니까.

Theme 02

찌우의 2050, 뜨거운 가을_log

오이필름 I 2022 I 한국 I 3분 I 전체관람가

#유튜브 #기후위기 #가상미래 #초단편 #학교영화 #학생&교사제작

성취기준 연계

· 《4과16-01》 기후변화 현상의 예를 알고, 기후변화가 인간의 활동과 관련되어 있음을 토의하기

· 《4과16-02》 기후변화의 심각성에 관심을 가지고, 기후변화가 우리 생활과 환경에 미치는 영향 설명하기

· 《4과16-03》 기후변화 대응 방법을 조사하고, 생활 속에서 기후변화 대응 방법 실천하기

· 《6도04-01》 지구 환경 위기 상황을 이해하고, 이를 극복하기 위한 다양한 방안을 찾아 자신의 일상에서 실천하기

줄거리

2050년, 인류는 식량 부족, 대기 오염, 지구 온난화에 직면하게 되는데. 기후 변화를 넘어 기후 위기가 현실이 된 미래에서 학생들과 학교는 어떤 모습일까? 2050년 가을, 영화는 초등학생 찌우의 브이로그를 통해 디스토피아적인 미래의 모습을 그려내고 있다.

환경 동아리를 운영하면서 다양한 세부 주제로 나누어서 수업을 진행하고 있다. 자원(쓰레기·재활용), 에너지(전기), 생태계(동물 및 식물), 지구(기후 변화) 이렇게 크게 네 가지 주제로 동아리를 꾸려 가고 있다.

자원 순환에 관심이 많아서 주로 쓰레기를 가지고 수업하고 있지만, 학생들이 살아갈 미래의 모습을 떠올려보면, 가장 큰 걱정거리로 다가오는 건 기후 변화이다. 결혼하고 신혼집에 에어컨을 들여놨지만, 10년 가까이 7말 8초 한여름을 제외하고는 거의 에어컨을 켜지 않고 지냈었다. 하지만 최근 몇 년 사이에 에어컨을 켜고 지내는 날이 조금씩 늘어나고 있다.

기상청에 따르면 2022년부터 6월에도 열대야가 나타나기 시작했다고 한다. 우리나라는 그래도 피해가 조금 덜한 것 같지만, 가뭄과 홍수 등으로 전 세계가 이상 기후 현상으로 시름을 앓고 있다.

지구가 계속 아프도록 그냥 내버려둬도 되는 걸까? 2050년 미래의 학교는 어떤 모습일까? 《거북, 소녀의 꿈》에 이어 청소년들이 만든 단편 환경 영화를 보며 학생들과 함께 이야기를 나누어 보았다.

영화 열기

"작년 여름에 참 더웠는데 기억나나요? 선생님 초등학생 때에는 에어컨이 없었거든. 그때도 더웠지만, 그래도 참으면서 지낼 만

했었는데. 점점 더워지고, 비도 집중해서 많이 오는 것 같아. 인터넷이나 뉴스를 통해서 기후 위기 이야기를 많이 들어봤을 것 같은데, 구체적으로 어떤 기후 변화 현상들이 전 세계적으로 발생하고 있는지 이야기해 볼 사람?"

"홍수로 많은 사람들이 죽었다는 뉴스를 본 적 있어요."
"100년 만의 가뭄으로 큰 피해를 입었다는 기사를 본 적 있어요."
"미세먼지나 황사가 예전보다 많아졌어요."

"맞아. 우리나라에서도 기후 변화 현상을 많이 볼 수 있는데, 막상 기후 위기 · 기후 변화에 크게 실감하지 않는 것 같아. 짧은 단편 영화 '찌우의 2050 뜨거운 가을 log' 같이 보고, 미래의 날씨는 어떨지, 미래의 학교 모습은 어떨지, 같이 이야기 나누어 보자."

 영화 속으로

"영화 잘 봤나요? 이 작품도 지난번에 봤던 '거북, 소녀의 꿈'처럼 학생들이 선생님과 만든 영화인데, 이건 방송반 학생들이 만들었다고 하더라고. 3분밖에 안 되는 정말 짧은 영화(브이로그)인데 많은 생각이 들더라고. 영화 소감부터 들어볼까?"

"코로나 때 마스크 쓰면서 답답했었는데, 미래에는 에코 우비를 착용하고 다녀야 한다니, 너무 답답할 것 같아요."
"2050년 가을 온도가 40도라니, 여름에는 얼마나 더 더울까요? 지금도 더운데, 무서울 것 같아요."

"맞아. 선생님도 코로나 때 모든 사람이 마스크 쓰는 모습을 보면서 몇 년 전만 해도 상상도 할 수 없었던 일이다 보니까 새로운 세계에 살고 있는 듯한 느낌이었는데, 기후 변화로 영화에 나오는 것처럼 살아가야 한다면, 정말 슬플 것 같아. 찌우와 친구들이 2050년 가을을 보내기 위해서 어떤 도구들을 착용하고 있었지?"

"눈 보호용으로 선글라스를 쓰고 있었어요."
"미세먼지 방지용으로 마스크를 썼어요."
"먼지랑 자외선 차단용으로 에코 우비를 입고 있었어요."

"맞아. 비가 올 때 우비만 입어도 답답한데, 마스크에 선글라스까지. 2050년에 정말 이렇게 지내야 한다면, 너무 슬플 것 같아."
"찌우가 어렵게 밀 과자를 먹는 장면이 나왔는데, 밀은 왜 구하기 어렵게 되었을까? 영화에서 명확한 이유가 나오지 않았는데."

"밀 농사를 짓기 어려워져서 그랬을 것 같아요."

"그런 것 같아. 기후가 변화하면 동물들과 식물들한테도 영향이 가거든. 북극곰이 점점 살 곳이 없어지는 것처럼 말이지. 우리나라는 사과가 맛있는 걸로 유명한데, 이상 고온 현상이 계속되면 언젠가 우리나라에서 수확한 사과를 맛보지 못하는 날이 올 수도 있겠지. 영화에서도 기후가 바뀌면서 밀을 재배하기 어렵게 된 걸 테고."
"찌우가 온라인 수업을 많이 들었잖아, 그 이유는 뭐였지?"

"날씨가 너무 덥고, 먼지도 많고, 햇볕이 강해져서요."

"맞아. 선글라스, 마스크, 에코 우비를 착용하고 학교에 가야 되는 상황이면 집에서 온라인으로 수업을 듣는 게 나을 것 같아. 2050년 뜨거운 가을의 특징을 알 수 있는 영화 속 장면들에는 또 뭐가 있었지?"

"온도가 40도까지 올라갔어요."
"전기가 쉽게 바닥났어요."

"너무 걱정스러운 미래 모습이다. 선생님은 2050년이면 70살이라 그래도 괜찮은데, 여러분들은 40살 정도라 한참 열심히 일한 나이일 텐데 말이지, 2050년, 정말 이런 모습일까?"

"지금처럼 계속 더워진다면 정말 그럴 것 같아요."

"사람들이 그렇게 내버려두지는 않을 것 같아요. 전 세계 사람들이 힘을 합하고, 기술도 발전할 테니까 이렇게까지 지구가 아프지는 않을 것 같아요."

"어떤 모습일지는 아무도 모르겠지만, 뜨거운 미래가 다가올지, 시원한 미래가 다가올지는 우리가 어떻게 지내느냐에 달려있겠지."

영화 밖으로

기후 변화는 왜 발생하는 걸까? 자연적인 요인과 인위적 요인으로 나뉘는데, 인위적 요인 중 화석 연료 등 온실가스 증가가 대표적인 원인으로 지목받고 있다. 화석 연료는 어떻게 줄일 수 있을까? 환경동아리를 운영하면서 매년 첫 활동으로 함께하는 3월 '지구촌 불 끄기' 프로젝트 이야기를 소개해 본다.

"이번 주 미술 시간에 다음 주 토요일 저녁에 전 세계가 함께 진행하는 '지구촌 불끄기' 홍보 포스터를 만들어서 5학년 복도 곳곳에 전시하겠습니다. '지구촌 불끄기', 매년 3월 마지막 주 토요일에 전 세계가 동참하고 있는데, 도대체 불은 왜 끄자고 하는 걸까?"

"전기를 아끼기 위해서요."

"맞아. 그런데 전기는 왜 굳이 아껴야 할까? 선생님 어렸을 적에는 정전이 많이 발생 해서 '전기가 부족하구나' 생각했었는데. 지금은 전기가 부족하지는 않은 것 같거든. 전기를 아껴서 북극곰이 잘 살 수 있도록 하자는데, 전기랑 북극곰은 무슨 상관일까?"

"글쎄요."
"에너지를 절약하기 위해서요."

"맞아. 전기도 에너지니까, 똑같은 질문인데, 에너지는 왜 굳이 줄여야 할까?"

"잘 모르겠어요."

매년 학생들과 '지구촌 불끄기'로 에너지 수업을 해보면, 학생들의 생각은 대부분 여기에 멈춰 있었다. 전기를 아끼고, 에너지를 아껴야 하는 건 다 아는 사실인데, 아껴야 하는 이유는 무얼까? '지구촌 불끄기' 프로젝트를 처음 시작한 해에 나 자신도 이 질문에 대해 명확한 답을 내놓지 못했었다. 몇 가지 자료를 찾아보고 나서야 학생들한테 명쾌한 답을 들려줄 수 있었다.

"전기를 얻는 방법에는 여러 가지가 있어. 여러분도 들어봤을 원자력 에너지 그리고 태양이나 풍력 에너지 같은 친환경 에너지 그리고 수력 발전소나 화력 발전소에서 전기를 얻는데, 우리나라는 아직도 전기 상당분을 화력 발전소에서 얻고 있더라고. 화력 발전소는 뭔가를 태워서 전기를 얻는 건데, 뭘 태우는 걸까?"

"잘 모르겠어요."

"주로 석탄을 태워서 에너지를 얻는 건데, 이 과정에서 이산화탄소가 많이 배출된다고 해. 즉 전기를 아끼면 석탄을 태우는 화력 발전소의 사용이 조금이나마 줄어들고, 그러면 자연스럽게 이산화탄소 배출도 줄어들게 되는 거지. 그런데 우리 집 전등 하나 끈다고 이산화탄소 배출량이 눈에 띄게 확 줄어들까?

"글쎄요."
"아닐 것 같아요."

"그렇게 생각할 수도 있겠지만, 지구촌 불 끄기 행사는 전 세계가 동참하고 있거든. 우리나라에서는 63빌딩이나 남산 서울타워, 외국에서는 에펠탑 같은 전 세계 랜드마크들이 함께 불을 끄니깐 효과가 결코 적지 않을 거야. 요새는 지구촌 불 끄기를 3월에만 하지 않고 4월 지구의 날 등 여러 번 하더라고. 1년 내내 불을 끄며 전기를 아껴 쓰면 좋겠지. 선생님도 매년 동참하고 있는데, 불을 끄고 촛불을 켜고 1시간 정도 생활하면 바쁜 일상에서 벗어나 힐링도 되고 좋더라고."

꼬리에 꼬리를 무는 질문. 환경 수업도 당위적으로 하는 것보다 지구를 지키기 위한 프로젝트는 왜 해야 하는지? 정말로 효과가 있는 건지? 질문을 던지며 학생들 스스로 길을 찾아가며 진행해 보자. 2020년부터 매년 지구촌 불끄기에 참여하면서 에너지를 왜 절약해야 하는지 질문을 던지며 프로젝트를 시작했다. 올해는 프로젝트를 마치고 반 학생들한테 또 다른 질문을 던졌다.

"지구촌 불끄기, 다들 열심히 잘 참여해 주었는데, 토요일 저녁 한 시간 동안 불을 끄는 건 얼마나 효과가 있는 걸까? 궁금하더라고. 선생님도 인터넷에서 자료를 찾다가 원하는 자료를 찾지 못했는데, 요새는 궁금한 게 있으면 인공지능이 대신 자료를 잘 찾아주거든. 선생님도 chatGPT에 관련해서 물어보니까 답을 해 주더라고. 어떤 결과가 나왔을지 궁금하지? chatGPT 사용하는 거 어렵지 않더라고. 질문을 잘 던지면 원하는 답을 잘 얻을 수 있더라고. 각자 집에 가서 지난주 토요일 지구촌 불끄기 행사를 통해서 얼마만큼 전기를 아꼈는지 인공지능에 질문해 보라고."

다시 영화 이야기로 돌아가 보자. 2050년, '찌우의 뜨거운 가을 log'가 아닌 '시원한 가을 log'가 되기 위해서 우리는 어떤 일을 해야 할까?

가장 쉬운 방법은 내 주변에 끌 수 있는 전기 제품을 하나라도 끄는 거다. 학교에서도 전기를 아낄 방법은 많다. 빈 교실에 아무도 없는데 교실에 불이 켜져 있으면? 방과후에 학생들이 없는데 티비 모니터가 켜져 있으면? 끄면 된다. 아침에 아내와 내가 먼저 출근한 후에 오후에 일찍 집에 오면 종종 집 전체에 불이 켜져 있는 것을 보고 아이들한테 화를 낸 적이 많다. 우리 집에서 아이들은 여기저기 방을 옮기며 불을 켜고 다니고, 나는 열심히 불을 끄고 다니고 있다.

전기를 아끼는 것은 누구를 위한 일일까? 2050년, 열심히 미래를 살아갈 우리 집 아이들과 우리 반 학생들을 위해서이다. 미래의 아이들이 조금이나마 시원한 곳에서 살기를 바라며 나는 오늘도 열심히 끈다.

꿈 키우기

Theme 01

라따뚜이

브래드버드 감독 | 2007 | 한국 | 115분 | 전체관람가

#애니메이션 #픽사 #미국 #요리사 #꿈 #비평가 #프랑스파리

성취기준 연계

- 《2슬01-02》 나를 탐색하여 나에 대해 설명하기
- 《6도02-02》 편견이 발생하는 이유를 찾아 해결 방안을 살펴보고, 다양성 존중을 바탕으로 타인과 올바른 관계 맺기 위한 실천 방안 탐구하기
- 《6실01-07》 직업의 필요성을 이해하고 적성, 흥미, 성격에 따라 진로 발달 계획을 세우고 주도적으로 탐색하기
- 《6실02-04》 식재료 생산과 선택의 중요성을 인식하고 여러 식재료의 고유하고 다양한 맛을 경험하여 자신의 식사에 적용하기
- 《6실02-05》 음식 조리과정을 체험하여 자기 간식이나 식사를 스스로 마련하는 식생활 실천하기

줄거리

절대미각, 빠른 손놀림, 끓어 넘치는 열정의 소유자 '레미'. 프랑스 최고의 요리사를 꿈꾸는 그에게 단 한가지 약점이 있었으니, 바로 주방 퇴치대상 1호인 '생쥐'라는 것! 그러던 어느 날, 하수구에서 길을 잃은 레미는 운명

처럼 파리의 별 다섯개짜리 최고급 레스토랑에 떨어진다. 그러나 생쥐의 신분으로 주방이란 그저 그림의 떡. 보글거리는 수프, 둑닥둑닥 도마소리, 향긋한 허브 내음에 식욕이 아닌 '요리욕'이 북받친 레미의 작은 심장은 콩닥콩닥 뛰기 시작하는데!

꿈을 다룬 영화들은 넘쳐난다. 픽사와 디즈니를 포함한 대부분의 애니메이션은 직접적이든 간접적이든 꿈을 소재로 삼고 있다. 꿈을 이루기까지의 고통과 시련, 그 과정에서 만나게 되는 방해자나 조력자, 꿈을 이루고 나서의 행복감과 성취감까지.

영화 《라따뚜이》 역시 꿈을 다룬 수많은 영화가 거친 공식을 고스란히 따르고 있다. 하지만, '라따뚜이'가 꿈을 다루는 방식에는 특별한 점이 있다. 주인공 '레미'가 요리사와는 전혀 어울리지 않는 쥐라는 점이다. 이건 단순히 성별이나 장애를 뛰어넘는 수준의 문제가 아니다. 아무리 맛있는 요리라고 해도 쥐가 만든 요리를 먹고 싶어 할 사람은 아무도 없기 때문이다. 영화는 애초부터 불가능한 꿈을 안고 시작된다.

 영화 열기

"오늘은 진로 활동으로 영화 《라따뚜이》를 같이 보겠습니다. 워낙 유명한 영화라 이미 본 학생들도 있겠지만 선생님도 여러 차례 다시 봐도 참 좋더라고. 먼저 영화 제목부터 살펴볼까? 라따뚜이는 무슨 뜻일까?"

"주인공 이름 같아요."
"영화의 배경이 되는 장소 이름 같아요."

"이 영화는 요리사가 나오는 음식 영화이고, '라따뚜이'는 프랑스를 대표하는 음식인데. 가지, 호박, 피망, 토마토 등에 허브와 올리브 오일을 넣고 뭉근히 끓여 만든 채소 스튜라고 하네. 라따뚜이가 영화 마지막에도 등장하는데, 어떤 의미로 등장하는지 잘 살펴보자고."

"라따뚜이는 꿈에 대한 영화이기도 한데, 꿈을 이루기 위한 과정에서 꼭 필요한 것이 있다면, 어떤 것들이 있을까?"

"꾸준한 노력이요."
"포기하지 않는 마음이요."
"롤모델이요."

"맞아. 꿈을 이룬 사람들을 보면 끝없는 노력으로 자신이 원하는 바를 얻은 분들이 많지. 그런데 꿈을 이루는 과정에서 내 꿈을 도와주는 조력자도 필요하거든. 영화 《라따뚜이》에서 주인공이 요리사라는 꿈을 이루기 위한 과정에서 누구로부터 어떤 도움을 받았는지 같이 살펴보자고."

 영화 속으로

"영화 잘 봤나요? 다시 봐도 참 재밌더라고. 중간중간 나오는 쫓고 쫓기는 장면은 긴장감 넘치고. 마지막에는 감동적이어서 찔끔 눈물이 났고. 레미와 꼴레트 간의 러브라인에서는 가슴이 콩콩 뛰기도 하더라고. 어떻게 보면 뻔한 이야기인데 말이지. 레미가 꿈을 이루어 가는 과정에서 반대하는 인물도 등장했고, 반대로 레미를 도와주는 인물도 나왔지. 어떤 인물들이 나왔지?"

"아빠와 스키너 주방장이 레미의 꿈을 방해했어요."
"링귀니는 레미를 도와줬어요."

"먼저 레미의 꿈을 방해했던 인물부터 살펴볼까? 스키너야 빌런의 역할을 열심히 한 것이니 넘어가고, 레미의 아빠를 살펴보면, 아빠라면 보통 아들의 꿈을 응원해 줄 만도 한데, 왜 레미가 하는 일을 못 하게 막았던 거지?"

"쥐가 사람들과 어울리는 것이 너무 위험해서 그랬어요."

"그렇지. 영화니까 레미가 링귀니와 힘을 합쳐서 세계 최고의 요리사로 성장한 것이지, 실제로는 불가능한 일이잖아. 아빠 입장에서는 아들의 안전을 위해서 반대하는 게 당연했겠지.

영화《니모를 찾아서》혹시 본 친구들 있는지 모르겠는데, 그 영화에서도 아빠가 먼 바다로 나가고 싶어 하는 아들을 극구 반대하거든. 바다에서 아내를 잃어서 자식만큼은 안전하게 키우고 싶었던 거지.《라따뚜이》에서 레미 엄마도 인간에 의해서 죽은 걸로 나오잖아."

최근에는 자녀가 원하는 것이면 뭐든 지지해 주는 부모의 모습이 많아졌지만, 예전에는 보통의 아이들과 다른 꿈을 꾸는 아이가 있으면 말리는 부모들이 많았었다. 지금도 마찬가지지만 부모가 자녀를 독립적인 존재로 보지 못하고 자신의 소유로 보는 인식이 강했기 때문일 것이다.

또한 영화에서처럼 바깥세상이 안정적이지 못하고 불안한 곳이라면 부모 입장에서는 자녀를 선뜻 험한 사회로 내보내고 싶어 하지 않을 것이다. 그래도 최근에는 다양한 직업들이 등장하면서 꼭 공부가 아니더라도 자기 소질을 개발하면서 꿈을 이룰 수 있는 환경이 예전보다는 나아진 듯하다.

"이번에는 주인공 레미에 대해서 살펴볼까? 레미는 장점과 단점이 뚜렷한 캐릭터였지. 요리사로서 어떤 장점과 단점을 가지고 있었지?"

"냄새만 맡아도 어떤 음식인지 어떤 재료가 들어가 있는지 알 수 있어요."
"사람들이 싫어하는 쥐이다 보니 사람들 앞에 나서서 요리할 수 없었어요."

"맞아. 레미는 타고난 미식가이지. 여러분들도 잘 아는 백종원 요리사 같은 캐릭터라고 할까? 백종원 요리사도 음식을 먹으면 어떤 재료가 들어있는지 바로 알아차리더라고. 미묘한 맛의 차이를 느낄 수 있는 절대 식감을 가지다 보니 자연스럽게 더 맛있고 더 신선한 음식을 만들어 낼 수 있는 능력을 갖추게 된 거지."
"절대로 요리사가 될 수 없는 쥐로 태어났지만, 그런 레미에게도 기회가 찾아오지. 반대로 위기가 찾아오기도 하고. 어떤 기회와 위기가 찾아왔을까?"

"가족들과 헤어졌는데 우연히 세계 최고의 식당인 구스토에 도착했어요."
"링귀니를 만나 요리를 맘껏 할 수 있게 되었어요."
"주방장인 스키너로부터 쫓겨날 뻔했어요."
"사람들한테 잡혀서 죽을 뻔한 위기도 많았어요."

"맞아. 레미가 여러 가지 일들을 겪으면서 결국 자신의 꿈을 이루게 되지. 가장 큰 도움을 준 건 링귀니였지. 그렇다고 해서 레미가 일방적으로 도움을 받기만 한 건 아니고, 서로 도움을 주고받았는데, 둘은 서로 어떻게 도움을 주고받았지?"

"레미는 링귀니가 요리를 잘할 수 있도록 도와줬어요."
"링귀니는 레미가 자신의 꿈을 펼칠 수 있도록 도와줬어요. 일할 수 있는 공간과 잘 수 있는 공간을 마련해줬어요."

"맞아. 꿈은 결코 혼자서 이룰 수 없거든. 혼자서 일을 할 것 같은 예술가들도 자신의 예술 작품을 사주거나 도와주거나 하는 조력자들이 반드시 있는데, 보통 꿈을 이룬 유명인들이 나오는 영화를 보면 주인공 혼자 북 치고 장구 치고 하면서 꿈을 이루어가는 모습을 보여주는 경우가 많은데, 이 영화에서는 레미가 꿈을 이루는 과정에서 주변 사람들의 도움을 받는 모습을 보여줘서 참 좋더라고.

"마지막으로 영화에서 또 중요한 인물로 등장하는 평론간 안톤 이고에 대해 살펴볼까? 레미는 안톤 이고가 방문했을 때 왜 평범한 라따뚜이 음식을 대접했을까? 진수성찬으로 대접했을 수도 있었을 텐데."

"레미 본인이 작고 하찮은 존재이니 음식도 화려한 음식이 아니라 평범한 음식으로 승부수를 던진 것 같아요."

"맞아. 선생님도 그런 생각이 들더라고. 정말 최고의 요리사라면 평범한 음식도 맛있게 만들 수 있어야 하겠지. 《식객》이라는 우리나라에서 개봉한 음식 영화가 있는데, 그 영화에서도 주인공이 마지막 요리 경연 대회에서 어떤 음식을 선보일지 고민하다가 서민들이 즐겨 먹는 육개장으로 승부를 봐서 우승하거든.
이 영화에서 반복되는 주제가 '누구나 요리사가 될 수 있다'잖아.
그런 의미에서 보면 비싸고 화려한 음식이 아닌 대중적인 음식으로 누구나 맛있는 음식을 먹을 수 있도록 해야 했겠지."

"레미가 정성 들여서 준비한 라따뚜이를 먹고 안톤 이고는 큰 감동을 받게 되는데, 안톤 이고가 반한 이유는 뭐였지?"

"어렸을 적에 엄마가 해줬던 음식이 떠올라서였어요."

"맞아. 세상에서 가장 맛있는 음식의 수는 엄마의 수와 같다는 말도 있는데. 나이가 들어서 독립하면 어렸을 적에 집에서 먹었던 음식이 그리워지는 때가 있더라고. 안톤 이고는 음식 평론가이니 얼마나 맛있는 음식들을 많이 먹었겠어. 그럼에도 불구하고 어렸을 적에 엄마가 해줬던 그 맛을 평생 잊지 못하고 있었던 거야."

영화 밖으로

《라따뚜이》는 꿈과 관련해서 다양한 이야기를 나눌 수 있는 영화이다. 저학년에서는 영화 속 모토인 '누구나 요리가가 될 수 있다'를 강조하며 아직 어린 학생들의 꿈을 키워보는 활동에 초점을 맞출 수 있을 것이다. 자신들처럼 조그마한 생쥐가 식당을 마구 휘젓고 다니며 멋진 요리를 만들어내는 장면은 저학년 아이들에게 '할 수 있다'는 자신감을 마구마구 불러일으켜줄 것이다.

고학년에서는 실과 수업과 연계해서 요리를 직접 만들어보는 활동으로도 이어질 수 있다. 음식 만들기는 영화에서처럼 창의력과 협동심을 요구하는 활동이다. 친구들과 함께 색다른 메뉴도 개발해보고, 힘을 합쳐서 요리하다 보면 어느새 영화 속 장면들이 고스란히 교실로까지 이어지게 될 것이다.

꿈을 다룬 많은 영화 중에 이 영화를 추천하는 진짜 이유는 꿈을 이루기 위해 주변에 어떤 사람들이 필요한지 영화를 보고 생각해볼 수 있기 때문이다.

이 세상의 모든 꿈은 나 혼자 열심히 노력한다고 해서 절대로 이루어지지 않는다. 내 곁에서 알게 모르게 수많은 사람들이 함께해줄 때, 결국 꿈에 한 걸음 다가갈 수 있게 되는 것이다. 가까운 가족과 친구들은 말할 것도 없거니와, 선생님, 직장 동료 등등 내 꿈을 함께 응원해 줄 사람이 누구인지 살펴보는 것이 필요한 것이다.

"영화에서 요리사를 관련된 직업으로는 어떤 직업들이 나왔더라?

"평론가랑 동료 요리사들, 그리고 검역관도 있었어요"

"그치. 안톤 이고 같은 평론가는 레미의 꿈에 도움을 주었을까? 아니면 방해가 되었을까?"

"도움을 주었어요."

"방해가 된 것 같기도 해요."

"요리뿐만 아니라 영화도 그렇고 평론가의 역할이 아주 중요하거든. 세상에 음식점들이 참 많잖아. 그런데 일반인들은 음식을 먹어도 이게 신선한 재료로 건강하게 만들어진 음식인지 잘 모르는 경우도 많거든. 그런데 평론가가 남긴 멋진 평 하나에 손님들이 우르르 몰리기도 하고, 반대로 평론가의 악평 때문에 손님이 뚝 끊기는 경우도 생기거든. 레미도 결국은 안톤 이고로부터 인정을 받으면서 최고의 요리사로 발돋움하는 계기가 되었고."

"여러분들의 꿈으로 이야기를 해볼까? 우리 반에 축구부 선수가 두 명이나 있잖아. 두 친구는 어떤 선수처럼 되고 싶지?"

"손흥민 선수요."

"그래. 손흥민 선수는 혼자 힘으로 우리나라 최고의 축구 선수가 되었을까? 누구로부터 어떤 도움을 받았을까?"

"어렸을 적에는 부모님이나 감독님 코치님들이 도와주셨어요."

"지금은 동료 선수, 트레이너, 소속사 등에서 도움을 주고 있어요."

"맞아. 손흥민 선수는 워낙 중요한 인물이라 주변에서 많은 관리를 해주고 있지. 평범한 꿈들도 마찬가지야. 꼭 거창한 꿈이 아니더라도 여러분들 부모님들이 일하시는 모습만 봐도 혼자서 일하시는 분들은 안 계시거든.
선생님도 초등학교 교사라는 꿈을 이루어서 지금 여러분들 앞에서 이렇게 수업하고 있는데, 선생님도 학교에서 여러 사람들로부터 많은 도움을 받고 있기도 하고."

《라따뚜이》가 겉으로 드러내는 주제는 '누구나 요리사가 될 수 있다' 있지만, 영화를 자세히 들여다보면 꿈을 이루는 과정에서 주변 사람들의 도움이 꼭 필요하다는 것을 알려주고 있기도 하다.

레미와 링귀니가 서로의 꿈을 위해 힘을 합쳤듯이, 우리 모두의 꿈을 위해 주변 사람들에게 살며시 손을 내밀어보기도 하고, 힘껏 손을 잡아주기도 하자. 모두의 꿈은 서로 연결되어 있으니.

꿈 키우기

Theme 02

주토피아

바이론 하워드 감독 | 2016 | 미국 | 108분 | 전체관람가

#애니메이션 #디즈니 #동물 #꿈 #진로 #편견 #차별 #유토피아

성취기준 연계

· 《2슬01-02》 나를 탐색하여 나에 대해 설명하기
· 《4사03-02》 사회에 다양한 문화가 확산되면서 나타나는 긍정 효과와 문제를 분석하고, 나와 다른 이나 집단의 문화를 존중하는 태도 기르기
· 《6도02-02》 편견이 발생하는 이유를 찾아 해결 방안을 살펴보고, 다양성 존중을 바탕으로 타인과 올바른 관계 맺기 위한 실천 방안 탐구하기
· 《6실01-07》 직업의 필요성을 이해하고 적성, 흥미, 성격에 따라 진로 발달 계획을 세우고 주도적으로 탐색하기

줄거리

누구나 살고 싶은 도시 1위, 주토피아 연쇄 실종 사건 발생! “미치도록 잡고 싶었다!” 교양 있고 세련된 라이프 스타일을 주도하는 도시 주토피아. 이곳을 단숨에 혼란에 빠트린 연쇄 실종사건이 발생한다! 주토피아 최초의 토끼 경찰관 주디 홉스는 48시간 안에 사건 해결을 지시 받자 뻔뻔한 사기꾼 여우 닉 와일드에게 협동 수사를 제안하는데… 스릴 넘치는 추격전의 신세

계가 열린다!

픽사만큼이나, 아니 픽사보다 훨씬 오래전부터 전 세계 어린이들의 마음을 사로잡은 애니메이션 제작사는 디즈니이다. 픽사가 어린이들보다는 어른들을 위한 애니메이션에 조금 더 가깝다면, 디즈니는 처음부터 지금까지 줄곧 어린이들을 위한 영화 제작에 쉼표를 두지 않고 있다. 100년 가까운 역사를 자랑하는 만큼 많은 작품을 세상에 내놓았는데 최근 디즈니 작품들에는 명확한 특징이 보인다. 바로 인종적 · 문화적 다양성이 두드러지게 보인다는 것이다.

2017년 디즈니와 픽사와 함께 제작한 《코코》는 미국이 아닌 멕시코를 배경으로 멕시코의 명절, 유명 화가와 음악 등을 전 세계에 널리 알리는 역할을 하였다. 이어서 동남아시아를 배경으로 한 《라야와 마지막 드래곤》, 콜롬비아를 배경으로 한 《엘칸토》, 그리고 2016년에 제작된 《모아나》에 이르기까지 디즈니는 더 이상 미국이라는 나라에 머무르지 않고 전 세계의 다양한 문화를 발판으로 삼고 있다.

문화적 다양성뿐만 아니라 최근에는 인종적 · 성적 다양성까지 포용하며 2022년에 개봉한 《스트레인지 월드》에서는 디즈니 최초로 게이 캐릭터가 등장해 논란이 되기도 했다. 최근에는 인어공주 실사 영화에 백인이 아닌 흑인을 주인공으로 캐스팅하면서 전 세계 디즈니 팬들로부터 비난의 대상이 되기도 했다.

디즈니는 왜 이런 비판을 감수하면서까지 다양성을 추구하고 있는 걸까? 문화계 전반적으로 오랜 시간 동안 서양 · 남성 · 백인 문화가 전 세계를 이끌고 있다 보니, 이제는 디즈니가 나서서 지난 시간을 반성하며 인종적, 문화적, 성적 다양성을 전면에 내세우고 있는 것이다. 물론 이면에는 전 세계를 상대로 사업을 확장하려는 상업적인 의도도 적지 않을 것이다.

디즈니의 문화적 다양성 추구로 시작된 영화 중 하나가 바로 《주토피아》이다. 주토피아는 이제껏 소외되어 왔던 작고 약한 캐릭터(토끼)를 주인공 삼아서 크고 강한 캐릭터들을 하나하나 물리쳐가는 이야기를 담고 있다. 편견과 고정 관념을 파헤치는 반전 캐릭터들과 꿈을 이뤄가는 주인공의 성공담까지 주토피아에는 학생들과 함께 나눌 이야깃거리들이 넘쳐난다.

영화 열기

"주토피아는 워낙 유명한 영화라 많이들 봤을 것 같은데, 이 영화는 주제곡(OST)이 아주 유명하거든. 아마 한 번쯤 들어봤을 것 같기도 하고, 처음 들어보는 친구들도 한 번만 들어도 신나서 금세 따라 부르고 있을 거야. 영어 노래이긴 한데 주제곡 들으면서 활동지에 있는 가사를 잘 살펴보고 영화가 어떤 내용일지 같이 이야기해 보자고."

Try Everything (1절)

오늘 밤도 망쳤어. 나는 또 다른 싸움에서도 졌어.
난 여전히 엉망 투성이지만, 난 다시 시작할거야.
난 계속 넘어지고 자꾸 바닥을 치지만
하지만 난 항상 다음에 어떤 일이 생길지 알기 위해 일어나
새들도 그냥 날진 않아.
떨어졌다가 다시 일어서지.
실수가 있어야 배우는 것도 있기 마련이야.
난 포기하지 않아. 끝을 볼때까진, 난 절대 포기하지 않을거야.
그리고 난 다시 시작할거야. 그냥 떠나진 않을거야.
난 모든 걸 다 해볼거야. 설령 내가 실패를 겪게 되더라도 말이야.

"노래 잘 들었나요? 영화 어떤 내용이 펼쳐질까?"

"주인공이 실패하고 좌절하면서 겪는 이야기일 것 같아요."

"맞아. 이 영화는 토끼가 주인공인데 주변 가족들과 동료들로부

터 무시와 반대를 많이 당하지만 결국 자신의 꿈을 이루게 되지."

"제목도 살펴볼까? 주토피아는 무슨 뜻일까? 두 가지 영어 단어가 합쳐져서 새로운 뜻을 나타내고 있는데."

"동물원과 관련된 뜻인 것 같아요."

"맞아. 주토피아의 '주(Zoo)'는 동물원을 뜻하고 '토피아(Topia)'는 유토피아(Utopia)에서 따온 건데, 유토피아는 이상적인 곳을 뜻하거든. 말 그대로 동물들의 천국을 뜻하는데. 동물들의 천국이라면 어떤 곳을 말하는 걸까?"

"동물들끼리 서로 잡아먹고 잡아먹히지 않는 그런 곳을 뜻할 것 같아요."
"동물들을 잡아먹는 사람이 없는 곳을 말하는 것 같아요."

"그래. 동물들의 세계는 아주 치열한 약육강식, 즉 약한 자는 살아남지 못하고 오직 강한 자만이 살아남는 그런 치열한 곳이잖아. 이 영화도 동물들 세계에서 피할 수 없는 생존의 법칙을 다루고 있기는 해. 그렇지만 이 영화가 동물에 대해서 이야기하는 것은 아니고, 동물을 통해서 사람들에게 전달하고 있는 주제가 있는데, 어떤 이야기가 펼쳐질지 같이 살펴보자고."

영화 속으로

불가능에 도전하는 꿈꾸는 주디

영화는 주인공 토끼 주디의 학창 시절 연극 장면으로부터 시작된다. 쫓고 쫓기던 초식 동물과 맹수가 친구가 되는 이야기에 이어 주디는 '누구나 무엇이든지 될 수 있다'를 외치고 자신은 경찰이 될 거라는 것을 부모님과 마을 사람들 앞에서 큰 소리로 선포한다. 수많은 동물 중에서 토끼가 경찰이라니? 연극을 보러 온 관객들뿐만 아니라 영화를 보는 관객들까지 모두 어리둥절해진다.

"영화 잘 봤나요? 많고 많은 동물 중에서 토끼를 경찰로 내세운 영화지. 정말 특별한 설정인데, 토끼는 무슨 동물이지?"

"초식 동물이요."

"맞아. 선생님은 토끼를 잠깐이지만 키워본 적 있거든. 당근도 잘 먹고 이것저것 채소를 잘 먹더라고. 펜스 안에 갇혀 있는 토끼만 봐서 잘 몰랐는데 순간 속도도 엄청 빠르더라고. 그리고 겁이 엄청 많아서 사람을 잘 따르지 않고 경계하더라고. 왜 그런 걸까?"

"잡아먹히지 않으려고요."

"맞아. 토끼는 몸집이 작으니 육식 동물의 좋은 먹잇감이겠지. 그래서 아주 오랜 시간 동안 잘 도망칠 수 있도록 발전한 거겠지. 그리고 조금이라도 무서운 포식자로부터 잘 피해야 하니까 경계심도 커진 걸 테고. 그런 토끼가 경찰이라니! 아무리 영화라 해도 사실 말이 안 되는 설정인 것 같기는 해. 근데 영화에서 결국 주인공 주디가 주변의 반대에도 불구하고 멋진 경찰이 되어서 성공하잖아. 불가능을 가능으로 바꾼 토끼라고나 할까?"

초등학생들이 좋아하는 동물 중에서 빠지지 않는 동물이 바로 토끼일 것이다. 자신들과 비슷하게 몸집이 작은 토끼 주디가 큰 동물들 틈 사이에서 주눅 들지 않고 꿈을 펼쳐 나가는 모습을 보면서 아이들은 대리 만족을 느꼈을 것이다. 조금 큰 청소년들도 주디가 부모와 주변 사람들의 반대와 비웃음을 극복하고 멋진 경찰로 성공하는 모습을 보면서 '나도 할 수 있어'라는 자신감을 얻었을 테고 말이다.

편견과 고정 관념을 뒤집는 동물 캐릭터들!

영화 《주토피아》에는 유독 편견과 고정관념을 뒤집는 캐릭터들이 많이 등장한다. 토끼인 주디가 경찰이 되고 싶어 하는 것부터 시작해서 말이다. 워낙 오랜 시간 동안 대중 매체에서 '여자는 예쁜 몸매를 가져야하고, 남자는 힘이 세야 해' 같은 메시지를 대중들에게 전달해왔기에, 디즈니가 나서서 이런 편견들을 하나씩 깨부수고 있는 것이다.

"주인공 주디도 주변 사람들의 반대와 편견을 물리치고 멋진 경찰이 되잖아. 영화를 보면 우리가 흔히 생각하고 있는 고정관념을 깨는 동물 캐릭터들이 많이 나오더라고. 어떤 동물들이 있었지?"

"여우인 닉 와일드는 처음에는 나쁜 사기꾼으로 나오지만 주디와 같이 범죄를 해결하면서 결국에는 주디처럼 멋진 형사가 돼요."

"그렇지. 여우 하면 교활한 이미지가 있거든. 처음에는 그런 캐릭터로 나왔잖아. 주디와 같이 일을 하게 된 것도 자신이 저지른 범죄 때문에 마지못해하게 된 거고. 그런데 닉이 태어났을 때부터 교활한 성격을 지니고 태어난 것은 아니었지?
어렸을 적에는 친구들하고 잘 지내려고 했는데 오히려 친구들로부터 맹수라고 괴롭힘을 당했고. 그 사건 이후로 닉은 세상 사람들이 바라보는 대로 교활한 이미지로 살아가기로 결심하게 된 거지."
"그래서 고정관념이나 편견이 무서운 게 '여자는 축구를 잘 못해, 남자아이가 무슨 발레야' 같은 편견과 고정관념이 계속되면 축구를 정말 잘하는 여자아이나 발레를 정말 잘 수 있는 남자아이가 자신의 재능을 펼치지 못하는 안타까운 일들이 생겨난다는 거지.
닉도 오랜 시간 동안 자신의 진짜 모습이 아닌 세상이 원하는 모습대로 살아왔던 것이고, 다행히 주디를 만나면서 경찰로서 자신의 재능을 발견하고 새로운 길로 들어설 수 있게 되었지."
"또 어떤 반전 캐릭터가 있었지?"

"느림보 나무늘보가 마지막에 스포츠카를 모는 장면이 있었어요."

"맞아. 완전 대박! 더 웃긴 건 나무늘보 이름이 플래시였다는 거. 플래시는 빠르게 쓱 지나가는 것을 나타내기도 하거든. 나무늘보가 영화에서 진짜 느리고 답답한 캐릭터로 나오잖아. 그래서 스포츠카를 좋아할 거라고는 상상도 못 했는데, 스포츠카 타는 나무늘보 모습을 보면서 선생님도 고정관념에 빠져 있었구나 생각이 들더라."
"또 어떤 캐릭터가 있었지?"

"마피아 조직의 보스로 나오는 쥐 미스터 빅이요."

"맞아. 주디와 닉이 사건을 파헤치면서 무시무시한 미스터 빅이 이 사건과 관련이 있다는 것을 알게 되었잖아. 미스터 빅은 북극곰 부하를 둔 거대한 조직의 우두머리로 나오는데, 그래서 처음에는 어마 무시한 맹수가 미스터 빅일 줄 알았는데, 알고 보니 아주 조그마한 쥐더라고. 재미있는 반전이지.
이름도 덩치와 안 어울리게 빅이고 말이야. 이것도 마찬가지로 작은 사람들은 연약할 거라는 편견을 깨부수고 있는 거지. 작은 사람 중에 나쁜 사람들도 많을 거 아냐. 외모가 사람의 성격을 결정하지 않는다는 것을 보여주는 설정이었어."
"또 어떤 반전 캐릭터가 있었지?"

"착한 캐릭터인 줄 알았던 부시장 벨웨더 양이 모든 범죄 사건을 뒤에서 조종한 장본인이었어요."

"맞아. 영화가 맹수와 초식 동물의 대립 관계를 보여주고 있잖아. 맹수는 초식 동물을 괴롭히는 나쁜 존재, 반대로 초식 동물은 괴롭힘을 당하는 착한 존재로 그려지는 줄 알았는데, 결국 연쇄 실종 사건의 진짜 범인은 양인 벨웨더였던 거지. 영화에는 인간이 전혀 등장하지 않지만 그 어떤 영화들보다도 인간 세상을 비판적으로 바라보고 있더라고.
인간 세상에서도 사회적으로 약자인 존재들이 항상 착하거나 정의롭지 않다는 것을 보여주는 것 같더라고. 정의로운 줄 알았던 라이언 시장도 결국은 범죄를 숨겨왔었고 말이지. 사람의 진짜 모습은 겉모습이나 직업을 통해서 파악할 수는 없다는 것을 보여주는 듯 해."

혐오와 차별을 없애라!

영화《주토피아》는 반전 캐릭터들을 앞세워 고정 관념을 뒤집는 것을 넘어서서 그릇된 편견으로 인한 혐오와 차별이 우리 사회를 어떻게 분열시켜 가는지 적나라하게 보여주고 있다.

"주디와 닉이 라이언하트 시장님을 체포하면서 범죄 사건이 마무리되는 줄 알았는데, 시장이 진짜 범인은 아니었지? 시장은 실종된 동물이 어떤 이유에서인지 흉악한 야수로 변하니까 다른 동물들이 자신 같은 맹수들을 두려워할 것으로 생각하고 그렇게 되면 더 이상 자신도 시장을 할 수 없게 될지도 모르니까 실종자들을 외부에 공개하지 않고 꽁꽁 숨긴 죄 밖에 없었던 거지. 어쨌든 주디와 닉이 라이언하트 시장의 범죄를 밝혀냈고 기자회견까지 열게 되는데 여기서 큰 사건이 발생하게 되었지. 어떤 일이 있었지?"

"주디가 기자회견을 하면서 맹수들이 흉악한 야수로 변신할 수 있다고 말했어요."

"맞아. 그래서 사람들이 주디의 말을 듣고 맹수들을 두려워하고 피하게 되었지. 원래 진짜 동물의 세계에서는 맹수와 초식 동물들은 서로 먹고 먹히는 관계인데, 주토피아에서는 서로 어울려서 함께 지냈잖아. 근데 주디의 기자회견 이후로 맹수와 초식 동물 사이에 금이 가기 시작한 거지. 닉도 믿었던 주디의 기자회견을 보고 주디에게서 등을 돌렸고."

주디의 기자 회견 이후 초식 동물들이 맹수 집단을 두려워하고 멀리하는 모습은 인간 사회 곳곳에 뿌리 깊게 자리 잡고 있는 혐오와 차별의 모습을 보여주고 있는 듯했다. 모든 인간이 평등하다는 사실은 대부분의 나라에서 법적으로 보장하고 있는 사실이지만, 인종·민족·국적·젠더 등에서 혐오와 차별은 쉽게 사라지지 않고 있다. 손흥민 같은 유명 선수도 축구장에서 인종 차별적 구호를 들었다고 했고, 동양인을 비하하며 눈을 찢는 모습들도 여전히 뉴스에 등장하고 있다. 출신 지역이나 성별에 따라서 상대방을 혐오하는 표현들이 익명성을 보장받는 인터넷 공간에서 특히 넘쳐나는 모습은 영화에서 초식 동물들과 맹수들이 서로를 믿지 못하고 비난하는 모습과 닮아 있다.

영화 밖으로

앞에서 다룬 영화 《라따뚜이》가 개인의 꿈에 관한 이야기라면, 《주토피아》는 우리 사회가 꿈꾸는 세상에 대한 이야기를 다루고 있다. 개개인이 모여서 사회를 이루지만, 서로 다른 사람들의 꿈을 하나로 모으는 것은 결코 쉬운 일이 아니다.

"영화는 동물들의 이야기로 시작해서 동물들의 이야기로 끝이 나지만, 이 영화는 사실 우리 사람에 대해 이야기하고 있거든. 초식 동물과 맹수들이 서로 비난하고 분열하는 모습도 서로 비난하고 분열하는 우리 사회의 모습을 비판적으로 보여주고 있고. 영화에서 갈등이 심해지자 누가 나서서 해결하려고 했지?"

"유명 가수인 가젤이 나서서 평화 집회를 개최했어요."

"그렇지. 하지만 평화 집회에서도 맹수와 초식 동물 간의 갈등이 발생했고, 가젤이 아름다웠던 주토피아를 돌려달라고 티브이를 통해 많은 동물에게 호소했지. 영화에 나오는 여러 대사가 우리 사회에 주는 메시지를 담고 있더라고. 같이 읽어보면서 오늘 수업 마무리 하자고."

(가젤) 주토피아는 특별한 곳이에요.
활기차고 아름답고 여러 동물이 한데 어울려 사는 도시죠.
하지만 지금은 완전히 달라요. 제가 알던 예전의 주토피아는 무작정 남들을 헐뜯지 않았죠.

(주디) 전 어렸을 때 주토피아가 완벽한 곳이라고 생각했죠.
모두가 사이좋게 지내고 꿈을 이룰 수 있는 곳이라고요.
하지만 현실은 달랐죠. 영화 속 해피엔딩과는 거리가 멀어요.

삶은 복잡한 거예요. 우리 모두 단점이 있고, 우리 모두 실수를 하죠. 그러니 긍정적으로 봐요. 우린 공통점이 많으니까요.

서로를 이해하려고 노력할수록 서로의 차이를 더 포용하게 될 거에요. 하지만 노력해야 하죠. 여러분이 어떤 동물이든 거대한 코끼리든 최초의 여우 경찰이든.

최선을 다해 노력해주세요. 지금보다 더 좋은 세상을 만들 수 있게요. 자신의 내면을 보세요. 변화의 시작은 바로 여러분이며 제 자신이며 우리 모두니까요.

분열과 갈등은 언제 어느 곳에서나 존재해 왔다. 그렇다고 우리가 사는 세상을 다툼의 공간이 되도록 내버려둬서는 안 될 것이다. 영화에서 가젤이 평화를 노래하였듯이, 주디가 작은 몸집에도 불구하고 경찰로서 최선을 다했듯이, 더 나은 세상을 만들기 위한 노력은 힘들더라도 계속해야 할 일이다.

세계시민교육

Theme 01

루카

엔리코 카사로사 감독 I 2021 I 미국 I 95분 I 전체관람가
#애니메이션 #픽사 #이탈리아 #편견 #가족 #괴물 #인권

성취기준 연계

· 《4사03-02》 사회에 다양한 문화가 확산되면서 나타나는 긍정 효과와 문제를 분석하고, 나와 다른 이나 집단 문화를 존중하는 태도 기르기
· 《6도02-02》 편견이 발생하는 이유를 찾아 해결 방안을 살펴보고, 다양성 존중을 바탕으로 타인과 올바른 관계 맺기 위한 실천 방안 탐구하기
· 《6사10-01》 세계 여러 지역의 지형 경관을 살펴보고, 다양한 삶의 모습 이해하기

줄거리

바다 밖은 위험해?! 아니, 궁금해! 이탈리아 리비에라의 아름다운 해변 마을, 바다 밖 세상이 궁금하지만, 두렵기도 한 호기심 많은 소년 `루카` 자칭 인간세상 전문가 `알베르토`와 함께 모험을 감행하지만, 물만 닿으면 바다 괴물로 변신하는 비밀 때문에 아슬아슬하기만 하다. 새로운 친구 `줄리아`와 함께 젤라또와 파스타를 실컷 먹고 스쿠터 여행을 꿈꾸는 여름은 그저 즐겁기만 한데… 과연 이들은 언제까지 비밀을 감출 수 있을까? 함께라

서 행복한 여름, 우리들의 잊지 못할 모험이 시작된다.

픽사의 24번째 장편 애니메이션 《루카》. 어린이들만이 아닌 어른들도 즐기는 애니메이션이라는 새로운 시장을 개척해 나간 픽사이지만, 그렇다고 해서 모든 픽사 작품이 어른들을 위해서 어렵거나 철학적으로 만들어진 것은 아니다. 픽사의 23번째 장편 영화 《소울》 같이 대놓고 어른들을 위한 애니메이션들도 있지만(그렇다고 해서 어린이들이 즐기지 못하는 작품은 전혀 아니지만), '루카'처럼 어린이들이 더 즐겁게 볼 수 있는 영화들도 넘쳐 난다.

《루카》는 초등학교 전체 학년에서 두루 감상할 수 있는 영화이다. 괴물에 대한 편견을 다루고 있는 영화인만큼 4학년 사회&도덕 교과와 연계한 이주배경(다문화) 수업에 가장 잘 어울리지만, 5학년 인권 수업이나 6학년 세계 문화 수업 시간에 함께 봐도 좋다. 내용도 어렵지 않고 어린이들이 주인공인 성장 영화이기도 하고 상영 시간도 길지 않아서 1~2학년 학생들과도 충분히 즐길 수 있는 작품이기도 하다.

영화 열기

"오늘은 괴물이 나오는《루카》라는 영화를 볼 건데, 이 세상 어딘가에 진짜로 괴물이 있을까?"
"없을 것 같아요. 귀신도 없잖아요."
"뉴스에 나오는 나쁜 사람들이 괴물인 것 같아요."

"지금이야 과학이 발전하면서 괴물은 동화 속에서나 등장하는 존재로 여겨지지만, 예전에는 많은 사람이 괴물을 믿었거든. 우리나라 전래 동화에도 도깨비가 많이 나오잖아. 실제로도 도깨비를 믿었을 테고. 외국에도 전해져 내려오는 괴물 이야기가 참 많거든.
여러분들도 들어봤을 깊은 숲속에 사는 빅풋이나 깊은 호수에 사는 네시 같은 괴물들 말이야. 괴물이 실제로 있는지 없는지는 오늘 볼 영화에서는 크게 중요하지는 않아. 여러분들 마음속에서 '괴물' 하면 어떤 이미지가 떠오르지?"

"뿔이 달린 괴물이요."
"무시무시하게 생겼어요."
"사람들을 마구 잡아먹어요."

"그렇지. 실제로 괴물이 존재하지는 않지만, 동화책 등에서 괴물 이야기나 그림을 많이 봐서 '괴물' 하면 떠오르는 공통적인 이미지들이 있잖아. 지금이야 곳곳에 CCTV가 설치되어 있고 휴대폰으로 언제, 어디서나 녹화도 가능하고, 기술의 발달로 지구 곳곳 사람의 발길이 닿지 않는 곳이 거의 없지만, 예전에는 사람들이 잘 모르는 미지의 장소나 공간들이 많았잖아. 다른 나라나 문화와의 교류도 많지 않았었고. 그래서 평생 외국인을 보지 못한 옛날 조상 중에는 서양 사람만 봐도 '서양 괴물이다'라고 생각했었다고 하더라고.

자, 이제 영화를 볼 건데 영화에서 어떤 괴물이 등장하는지 잘 살펴보고, 그 괴물이 진짜로 괴물인지, 아니면 가짜인 건지 영화 끝나고 같이 이야기해 보자."

영화 속으로

바다에서 육지로! 성장하는 루카

영화는 이탈리아의 아름다운 해변 마을 '리비에라'를 배경으로 펼쳐진다. 시대적으로는 1950년대~60년대를 배경으로 삼고 있다. 학생들은 알아차리기 어려울 테지만, 어른들이라면 어렵지 않게 이탈리아가 주 무대인 것을 알아차릴 수 있을 것이다. 루카와 알베르토 두 주인공 이름만 봐도 이탈리아 사람인 것을 알 수 있으며, 영화를 연출한 엔리코 카사로사 감독도 이탈리아 출신으로 영화 속 배경인 제노바에서 유년 시절을 보냈다고 한다. 영화에서는 실제 지명 대신 붉은 항구라는 '포르토 로쏘'라는 마을이 등장하는데, 이는 미야자키 하야오 감독의 애니메이션 《붉은 돼지》를 오마주한 것이기도 하다.

"영화 잘 봤나요? 영화는 이탈리아를 배경으로 삼고 있는데, 영화는 어디에서 시작하지?"

"바다에서 시작해요."

"맞아. 바다에서 시작해서 어디로 이어지지?"
"육지로 이어져요."

"조금 더 구체적으로 살펴볼까? 루카네 가족들은 바다에 사는데, 루카가 부모님이 가지 말라고 한 육지에 자꾸 가면서 문제를 일으키니까, 큰아버지 집으로 보내려고 하잖아. 큰아버지는 어디에서 오셨지?"

"깊은 바다요."

"맞아. 실제로 루카는 깊은 바다로 끌려갈 것이 두려워서 결국은 가출해서 물 위로 도망치잖아. 이 영화는 결국 루카와 루카의 가족들이 물 아래에서 물 위로 나오는 과정을 그리고 있는데, 이 과정 자체가 루카네 가족들이 두려움을 떨쳐내고 성장해 가는 모습을 나타내고 있지. 육지도 조금 더 구체적으로 나눠 볼까? 육지에서 가장 먼저 루카가 자리 잡은 곳은 어디였지?"
"돌로 만들어진 작은 성이요."

"그렇지. 알베르토가 아빠와 헤어진 이후에 홀로 지내온 공간인데, 루카가 처음 물에서 나와 사람들이 사는 마을에 들어가기 전에 육지 생활에 적응하는 공간이자 둘만의 아지트로 나오는 곳이었지. 루카가 물 밖에서 살아가기 위해서 알베르토에게 배운 생존 전략에는 어떤 것들이 있었지?"

"숨 쉬는 거랑 걸음을 걷는 것, 자전거를 타는 법 등을 배웠어요."

"맞아. 물속에서 살았으니 걷는 게 제일 힘들었겠지. 루카가 걷는 것을 익히는 모습을 보니까 아기가 첫걸음을 떼는 모습이 떠오르더라고. 아지트에서 지내던 루카와 알베르토는 결국 사람들이 모여 사는 마을로 가게 되는데, 마을에서 여러 가지 일을 겪으면서 루카는 또 한 단계 성장을 하게 되지. 특히 루카는 새로운 것들을 배우는 데 관심을 가지게 되잖아. 어떤 것들에 관심을 보였지?"

"망원경으로 밤하늘을 보면서 별과 지구 같은 천문학에 관심을 보였어요."

"그렇지. 알베르토로부터 육지에서 살아가는 방법에 대해서 배웠다면, 마을에서 만난 다니엘라로부터는 더 넓은 세상에 대해 배우게 되지. 알베르토로부터 잘못 배운 것을 다니엘라가 새롭게 알려주기도 했고. 알베르토가 루카한테 부모 같은 역할을 해 주었다면, 다니엘라는 루카에게 선생님 같은 역할을 해 준 거지.

다니엘라로부터 새로운 지식을 습득하게 된 루카는 어떤 것에 더 관심을 가지게 되었지?"

"책을 읽고 싶어 했고, 다니엘라가 다니는 학교에 가고 싶어 했어요."

"맞아. 영화 전체적으로 보면 '깊은 바다–루카네 가족이 사는 바다–아지트가 있는 바닷가–사람들이 모여 사는 마을–학교가 있는 제노바' 이렇게 바다에서 육지로 공간을 거치면서 루카가 점점 성장하게 되더라고. 루카가 부모님들과 알베르토와 달리 한 단계 한 단계 성장할 수 있었던 이유는 무엇이었을까?"

"호기심과 용기요."

"맞아. 물속에서 편안하게 가족들과 지낼 수 있었을 텐데, 위험을 무릅쓰고 물 밖으로 나갔지. 물 밖에서도 위험을 감수하고 사람들이 있는 마을로까지 갔고, 거기서도 모자라 학교가 있는 더 큰 도시로 옮겨가게 되었고."

대부분의 성장 영화가 그러하듯이 이 영화도 뜨거운 여름을 배경으로 삼고 있다. 만물이 쑥쑥 자라나는 여름처럼 영화에서 루카는 그 누구보다도 빠른 속도로 성장해 간다. 잊지 말자. 두려움과 어둠에 갇혀 있으면 한 발짝도 앞으로 나아갈 수 없다는 것을.

괴물은 없다!

영화는 한 편으로는 루카 개인의 성장을 다루고 있으면서, 다른 한편으로는 마을 사람들이 성장해 가는 모습을 보여주고 있기도 하다. 영화는 물고기를 잡으러 바다로 나간 두 뱃사공이 배에서 괴물에 대한 이야기를 나누는 것으로 시작된다. 설마 괴물이 있을까 걱정하던 두 사람 앞에 바다 괴물이 당당히 등장한다.

"영화에서 두 종류의 괴물이 나오지? 상대방에 대해서 괴물이라고 말하고 있는데, 어떤 괴물들이 나오지?"

"바다에 사는 루카네 가족들은 육지 사람들을 육지 괴물이라 하고, 육지에 사는 마을 사람들은 바다에 사는 루카네 가족들을 보고 바다 괴물이라고 불렀어요."

"맞아. 서로를 보고 괴물이라고 불렀지. 바다에 사는 루카 가족들 입장에서 보면 육지 사람들이 바다 생물들을 낚시질하니까 괴물로 보일 수 있을 것 같기는 해. 생명이 달린 문제라 집안 어른들이 루카에게 물 밖으로 나가지 말라고 주의를 주는 것도 이해가 되고. 반대로 육지 사람들 입장에서는 얼굴은 사람 모습을 하면서 몸은 물고기인 생명체가 보이니까 당연히 괴물이라고 생각했을 테고."

서로 괴물이라고 여기는 장면들은 우리에게는 낯설지 않은 모습이다. 6.25 전쟁 이후 남한과 북한으로 갈라지면서 남한과 북한 사람들은 서로를 괴물이라고 불렀다. 반공 교육을 제대로 받았던 윗세대 선배들은 어렸을 적에 정말로 북한 사람들(특히 김일성) 머리에 뿔이 달려 있을 거라고 믿었다고 한다.

냉전 시대 미국과 소련을 양극으로 한 서양과 동유럽 사람들 역시 서로를 괴물처럼 적대시했었다. 영화의 배경이 되는 이탈리아는 제2차 세계대전 참전국으로 수많은 젊은이가 전쟁터에서 괴물처럼 싸우다 목숨을 잃은 나라이기도 하다.

"영화에서 바다 사람들과 육지 사람들은 왜 서로를 괴물이라고 불렀을까? 영화 마지막 부분에서 서로 같이 있을 때 상대방을 잡아먹거나 괴롭히지 않았잖아."

"서로 잘 모르고 두려움이 있어서 그런 것 같아요."
"서로 생긴 게 다르다 보니까 무서워서 괴물이라고 부르는 것 같아요."

"맞아. 실제로 과거에 서로 싸웠거나, 일방적으로 공격을 당한 일이 있었을 수도 있었겠지. 그런데 '영원한 적도, 영원한 친구도 없다'라는 말이 있듯이, 나라와 나라, 사람들과 사람들 사이는 안 좋을 때도 있고, 좋을 때도 있을 텐데, 과거의 안 좋았던 일 때문에 서로 완전히 등을 돌리는 것은 좋은 모습은 아닌 것 같아. 외모가 다르다고 해서 상대방을 무서워하거나 적대시하는 것은 더욱이나 옳지 않은 모습이고."

만남의 광장

서로에 대한 불신과 편견은 왜 생겨나는 걸까? 바다에 사는 루카네 가족과 육지에 사는 마을 사람들은 서로에게는 위협적인 존재일 수 있지만, 각각을 놓고 보면 각자의 삶의 터전에서 가족들과 오손도손 사는 평범한 이웃들일 텐데 말이다.

반대로 물어보자. 서로에 대한 불신과 편견은 어떻게 영화에서 해결되었을까? 바로 만남이다. 루카가 바다에 머물러 있었으면(심지어 루카네 부모님은 루카를 큰아버지가 사는 깊은 바다로 내려보내려고 했었는데 말이다) 세상도 알지 못하고 학교도 가지 못하고 성장하지 못했을 것이다. 마찬가지로 루카네 가족들과 바다 마을 사람들이 광장에서 만나지 않았으면 서로에 대한 오해와 불신은 사라지지 않았을 것이다. 루카와 알베르토가 줄리아를 만나서 우정을 쌓지 않았더라면, 줄리아의 아버지가 루카와 알베르토의 정체를 알았을 때 그냥 두지 않았을 것이다. 만나야 한다. 독일과 서독이 통일을 이룰 수 있었던 이유는 남한과 북한과 달리 두 나라 사이에 어느 정도 왕래가 가능했었고, 티브이나 전화를 통해서 교류도 있었기 때문이다.

집단 간의 만남을 두려워하는 사람들도 있다. 얼마 전까지도 미국에서는 흑인과 백인이 함께 버스에 타거나 같은 학교에 다니지도 못했었다. 팔레스타인과 이스라엘, 미국과 멕시코에는 사람들 간의 교류를 막는 장벽이 만들어지고 했다. 서로 간의 만남이 사라지면 어떤 일이 일어날까? 영화 속에서 일어났던 일처럼 서로에 대한 불신과 오해로 편견이 쌓여만 갈 것이다.

"영화에서 루카와 알베르토의 정체가 드러났지만, 마을 사람들이 한데 모여서 바다와 육지 주인공들 간의 갈등이 해결되는 장소는 어디였지?"

"마을 광장이요."

"그렇지. 광장은 만남의 장소잖아. 서로 떨어져서 상대방을 괴물이라고 불렀던 주인공들이 광장에서 서로에 대한 오해를 풀고 친구가 되잖아. 결국은 만나야 하거든. 조금 다른 이야기일 수 있지만, 선생님이 어렸을 적에는 역사를 배우면서 일본 사람들에 대한 막연한 적대심 같은 게 있었는데, 외국에 나가서 지내다 보니까 같은 동양 사람이라 그런지 만나면 반갑고 서로 통하는 게 많더라고."

 영화 밖으로

만남을 통한 갈등 해결 이야기를 하다 보니 장기하가 부른 〈우리 지금 만나〉라는 노래가 떠올랐다. 직접 만나지 않고 해결할 수 있는 갈등은 그리 많지 않다. 루카네 가족들이 바다에만 머물러 있었다면? 서로를 이해하지 못하고 상대방에 대한 두려움으로 한 뼘도 성장하지 못했을 것이다.

두려움을 극복하고 성장하는 것도 마찬가지이다. 어렸을 적 아이들 마음은 두려움투성이다. 엄마 아빠와 떨어져 자는 것도 무섭고, 집에 혼자 있는 것도, 처음 자전거를 타는 것도, 처음 운전을 배우는 것도 무섭고 떨리는 일들의 연속이다. 하지만 막상 해보면 별거 아닌 것들이 참 많다. 대부분의 두려움은 내 마음 바깥에 있는 것이 아니라 내 마음 안에 있기 때문이다.

내 안의 두려움을 떨쳐버리지 못하면 어린아이로 머무를 수밖에 없다. 두려움이 가득한 아이를 어른으로 성장할 수 있도록 돕는 것이 부모의 역할이고 교사의 역할이다. 『루카』는 그 어떤 영화들보다도 학생들의 성장을 돕는 훌륭한 자극제이다. 영화를 보며 내 안의 두려움을 조금이나마 떨쳐내고 한 뼘 성장하는 시간이 되기를 바란다.

세계시민교육

Theme 02

바람을 길들인 풍차소년

추이텔 에지오포 감독 | 2019 | 미국 | 113분 | 12세 관람가

#넷플릭스 #드라마 #말라위 #세계시민교육 #기후위기
#가족 #과학 #실과 #풍차

성취기준 연계

- 《6도03-01》 인권과 관련한 다양한 사례를 살펴보고 인권에 관한 감수성을 길러 이를 실천하려는 의지 함양하기
- 《6도03-04》 다른 나라 사람들이 처한 여러 상황을 종합적으로 이해하고 해결 방안을 탐구하며 인류애 기르기
- 《6도04-02》 지속가능한 삶의 의미를 탐구하고 미래 세대에 대한 책임을 강화하여 자연의 다양성 존중과 생산성 유지를 위한 실천 방안 찾기
- 《6사08-01》 민주주의에서 선거 의미와 역할을 파악하고, 시민의 주권 행사를 위해 선거에 참여하는 태도 기르기
- 《6사12-02》 지구촌을 위협하는 다양한 문제들을 파악하고, 지속가능한 미래를 위한 해결 방안 탐색하기
- 《6과08-02》 재생에너지의 종류를 조사하고, 에너지를 지속가능하게 이용할 방법에 관심 갖기
- 《6실03-02》 발명사고기법과 기술적 문제 해결 과정을 이해, 다양한 재료를 활용하여 생활 속 문제를 해결할 창의적인 제품 구상하기

줄거리

오랜 가뭄으로 식량난에 시달리는 말라위. 열세 살 소년 윌리엄은 과학 책에서 배운 내용을 토대로 쓰레기와 고철을 이용해 풍차를 만들어 위기를 극복한다.

넷플릭스 영화 《바람을 길들인 풍차소년》은 세계시민교육, 기후 위기, 가족 공동체, 민주주의 등 여러 주제와 연계해서 보기에 좋은 영화이다. 13살 소년이 주인공으로 나오며, 학교 · 가정 · 마을을 배경으로 삼고 있고 무엇보다도 실화를 바탕으로 만들어졌다는 점에서 호기심을 가지고 이야기에 집중하게 된다. 영화는 이름도 생소한 아프리카 나라 말라위를 배경으로 삼고 있다.

말라위는 이번 영화를 통해 자세히 알게 된 나라인데, 알고 보니 학생들과 종종 참여했던 굿네이버스 희망편지 쓰기대회에 등장했던 핫산과 라멕이 살고 있는 나라였다. 말라위는 2022년 GDP 기준 세계 134위로 아프리카에서도 가난한 나라이다. 정치적으로는 안정적이지만 국민 대부분이 농사를 지으며 1차 산업에 머무르고 있

어서 경제적으로 크게 발전하지 못하고 있다고 한다. 영화에서 주인공들이 영어를 사용하고 기도를 드리는 모습이 나와서 궁금했는데, 실제로 말라위는 영어가 공용어이며 국민 대부분이 기독교를 믿고 있다고 한다.

세계시민교육을 하면서 학생들에게 가장 강조하는 점은 연결점이다. 다른 세상에 살고 있는 것 같지만 우리는 모두 연결되어 있다고. 《바람을 길들인 풍차소년》에는 학생들이 평소 접하지 못했던 낯선 모습들이 자주 등장하지만, 사람 사는 곳이라면 어디서든 볼 수 있는 보편의 정서가 담겨 있다. 영화를 보며 차이점에 눈이 많이 가겠지만 삶의 공통점을 많이 찾아볼 수 있으면 좋겠다.

영화 열기

"오늘은 세계시민교육으로 영화 《바람을 길들인 풍차소년》을 같이 보겠습니다. 영화 포스터 먼저 살펴볼까? 아프리카에 있는 말라위라는 나라에 사는 윌리엄이 주인공으로 나오는데, 포스터에는 어떤 것들이 보이지?"

"풍차가 있어요."
"흑인 주인공이 있어요."

"맞아. 풍차가 마지막에 중요한 역할을 하는 것으로 나오고. 사실 선생님도 '말라위'라는 나라를 이 영화를 통해 자세히 알게 되었는데, 나라 이름도 생소하고, 흑인이 주인공으로 나오는 영화를 여러분들이 많이 보지는 않았을 것 같지만, 주인공 윌리엄이 여러분들하고 비슷한 나이거든. 지구 반대편에서 살고 있는 주인공이 어떤 고민을 하고 어떻게 살아가고 있는지 여러분들의 삶과 비교해 보면 좋을 것 같아."

"이 영화는 6학년 친구들이 그동안 여러 교과에서 배운 내용들과 연결되어 있는데, 1학기 사회 시간에 뭐 배웠더라?"

"우리나라의 정치 발전과 경제 발전에 대해 배웠어요."

"그래. 영화에 '민주주의' 단어가 여러 번 나오거든, 경제적으로 어려운 모습도 나오고. 한 나라가 정치적 · 경제적으로 발전하려면 어떤 것들이 필요한지 생각해 보자고."

"6학년 2학기 사회 시간에는 뭘 배우고 있지?"

"세계 여러 나라들이요."

"맞아. 말라위는 아프리카에 있는 나라인데, 영화를 보면 말라위 문화 그리고 아프리카 문화도 중간중간 눈에 들어오는데, 문화는 사람들이 살아가는 생활 모습이잖아. 우리 문화와 어떤 점에서 비슷하고 어떤 점에서 다른지 살펴보자고."

"이 영화는 또 과학과 실과 수업 시간에 배운 내용들하고도 연결점이 있는데, 6학년 2학기 과학 시간에 배운 단원 중에서 전기와 에너지 관련 단원 있지?"

"네! 전기의 이용이랑 에너지와 생활 배우고 있어요."

"영화에서 과학과 실과 시간에 배운 내용들이 어떻게 나오는지 잘 찾아보자고."

"마지막으로 환경동아리 시간에 선생님과 많이 이야기 나누었던 기후 위기에 대해서도 영화가 잘 보여주고 있거든. 전 세계적으로 가뭄과 홍수가 예전보다 더 세게, 더 자주 일어나고 있잖아. 말라위에도 홍수에 이어 기나긴 가뭄이 닥치는데, 어떻게 위기를 극복했는지 눈여겨보자고."

영화 속으로

"영화 잘 봤나요? 마지막에 주인공 윌리엄의 실물 모습 보면서 선생님은 완전 감동이었거든. 실화를 바탕으로 한 영화들은 이렇게 마지막에 진짜 주인공 모습을 보여주는 경우가 많은데, 윌리엄은 아직 젊은 친구잖아. 선생님보다도 어릴 텐데, 벌써 이렇게 영화로 만들어졌다니 대단하지."

"선생님도 마찬가지지만 여러분들 인생에서 한 번도 경험해 보지 않았고, 앞으로도 경험해 보지 못할 많은 위기가 윌리엄과 마을 사람들한테 연속해서 닥치잖아. 마지막에 어린 윌리엄의 재능으로 위기를 잘 극복하긴 했지만 견디기 쉽지 않았을 위기였는데, 어떤 위기가 있었는지 하나씩 이야기해 볼까?"

"먼저 이웃 국가와 말라위에 기후 위기가 연이어 닥치지. 이웃 국가에 어떤 일이 발생했지?"

"큰 홍수가 일어났어요."

"맞아. 말라위에도 큰비가 내리는데 나무들이 홍수 피해를 막아주는 역할을 하는데, 나무를 어떻게 했지?"

"마을 사람들이 담배 회사에 싼값에 팔면서 담배 회사에서 나무를 다 베었어요."

"맞아. 마을 사람들 대부분이 먹고 살기 힘든 가난한 사람들이다 보니 싼 가격에 나무를 팔아서 작은 돈이라도 얻고 싶어 했지. 일단 당장 입에 풀칠은 해야 하니까. 하지만 비가 많이 올 때에 나무가 빗물을 흡수해서 홍수를 막아주는 역할을 해주고 이외에도 나무의 기능이 많은데, 당장의 이익 때문에 큰 그림을 보지 못했던 거지. 큰 홍수 뒤에는 어떤 기후 위기가 다가왔지?"

"가뭄이 닥쳤어요."

"그렇지. 엎친 데 덮친 격이지. 말라위 사람들 대부분이 농사를 짓고 사는데 홍수도 문제지만 가뭄은 더 큰 문제지. 식량을 키우려면 물이 많이 필요한데 비가 안 오면 답이 없잖아. 가뭄은 결국 어떤 위기로 이어졌지?"

"식량 위기요. 윌리엄 가족이 재배하는 옥수수 수확량이 대폭 줄어들었어요."
"시장에서 파는 곡물 가격이 오르기 시작했어요."

"맞아. 마을 전체가 텅텅 비게 되었지. 윌리엄이랑 가족한테도 바로 위기가 이어지는데, 먼저 윌리엄부터 보면, 윌리엄한테는 어떤 위기가 발생했지?"

"등록금을 내지 못해서 다니던 학교에서 쫓겨났어요."

"맞아. 여러분들은 지금 돈을 내고 학교에 다니나요?"

"아니요."

"윌리엄이 처음으로 학교 갔을 때 온 가족들이 너무 좋아했잖아. 등록금을 못 내서 결국에는 쫓겨났지만 학교 교장 선생님도 어쩔 수 없이 윌리엄을 내쫓을 수밖에 없었고. 도서관에서 몰래 공부하는 모습을 보니 안타깝더라고. 여러분들은 공부가 지겨울 수도 있겠지만, 윌리엄 같은 상황에 처하면 학교와 공부의 소중함을 알게 될 수도 있을 거야."

"이번에는 민주주의 위기에 대해 이야기해 보자. 나라에 가뭄이 들고 식량 가격이 오르면서 굶는 사람이 생겨나자, 사람들은 정치인들에게 위기를 해결해달라고 요청하지. 마침, 마을에 대통령이 방문해서 족장이 대통령 앞에서 연설할 기회가 있었는데, 대통령은 족장의 말을 어떻게 했지?"

"귀담아듣지 않고 무시했어요."

"무시만 한 게 아니라 오히려 족장을 두들겨 팼지. 민주주의 국가에서 대통령은 누가 뽑지?"

"국민들이요."

"맞아. 그러면 대통령은 누구의 말을 귀담아들어야 할까?"

"국민들이요!"

"그렇지. 국민들이 뽑은 대통령이 국민을 위해 일하지 않는다면, 민주주의가 올바로 작동하지 않는다는 거겠지."

"마지막으로 윌리엄 가족 이야기를 해볼까? 윌리엄 가족의 모습은 우리나라의 일반적인 가족 모습과 비슷한 점이 많은 것 같더라고. 부모님들이 자녀의 교육과 성장을 위해 고민하고, 변변치 않은 살림살이로 어렵게 살아가지만 알콩달콩 서로 믿고 의지하면서 살아가는 점 같은 것들 말이지. 하지만 먹고 사는 문제가 심각해지자 결국 윌리엄 가족에게도 큰 위기가 닥치지. 어떤 일이 발생했지?"

"윌리엄의 누나가 남자 친구와 함께 가출했어요."

"맞아. 누나 입장에서는 가난이 지긋지긋했겠지. 힘들더라도 남자 친구와 함께 새로운 출발을 하고 싶었겠지. 물론 부모 입장에서는 갑자기 떠난 딸이 원망스러웠겠지만. 하지만 자식들은 언젠가 독립을 해야 하잖아. 평생 부모와 함께 살 수는 없는 노릇이니. 갑작스러웠겠지만 받아들일 수밖에 없었겠지."

윌리엄이 손수 만든 풍차로 마을 사람들은 우물에서 물을 퍼올릴 수 있게 되었고, 가뭄을 포함한 여러 위기를 극복할 수 있게 되었다. 하지만, 윌림엄이 풍차를 만드는 과정은 결코 쉽지 않았다. 학교에서 쫓겨난 윌리엄은 풍차를 만드는 데 필요한 지식을 습득할 방법이 없었다. 어렵게 도서관에서 책을 빌려 해결했지만, 이번에는 풍차를 만드는 데 꼭 필요한 바퀴가 문제였다. 바퀴를 구하기 위해서는 아빠가 타던 자전거가 필요했지만, 아빠의 반대로 자전거를 얻는 데에는 오랜 시간이 걸렸다. 그럼에도 불구하고 윌리엄은 포기하지 않고 주변 사람들의 의심을 놀라움으로 바꾸어 냈다.

영화는 전통을 지키려는 아빠와 새로운 기술을 받아들이는 아들 윌리엄과의 갈등을 보여주고 있기도 하다. 가난한 나라에 필요한 것은 최첨단 과학 기술이 아닐 것이다. 깨끗한 물을 만들어내는 정수 기술, 안정적인 전기를 공급해 주는 태양광 기술, 세상을 연결해 주는 방송 · 통신 기술 같은 기술들이 하루하루 힘들게 살아가는 사람들의 무게를 조금이나마 가볍게 해줄 수 있을 것이다. 영화에서도 위기에 빠진 마을 사람들을 구해준 건 대통령이 아닌 새로운 기술을 받아들인 윌리엄이었다.

 영화 밖으로

유엔은 전 세계 빈곤 문제를 해결하고 지속가능한 발전을 실현하기 위해 2016년부터 2030년까지 유엔과 국제사회가 달성해야 할 목표를 정했다. 영화를 보고 말라위에 국한해서 이야기를 끝내지 않고, 더 넓게 전 세계적으로 빈곤으로 고통받는 나라들이 어떤 어려움을 겪고 있는지 함께 이야기 나누어 보았다.

"선생님 대학교 다닐 때 인상 깊게 읽었던 책이 있거든. 『왜 세상의 절반은 아직도 굶주리는가?』라는 책인데, 대학 졸업한 지 20년이 다 되어 가는데 아직도 이 질문에 해결책을 누구도 쉽게 내지 못하고 있더라고. 안타까운 일이지. 유엔에서도 더 이상 안 되겠다 싶었는지 2016년부터 2030년까지 전 세계 빈곤 문제를 해결하기 위해 17가지 구체적인 세부 목표를 세웠거든. 활동지에 있는 17가지 목표를 보고, 영화에서 윌리엄과 마을 사람들에게 필요했던 것들은 어떤 것들이었는지 찾아보자고."

1. 빈곤 퇴치
2. 기아 퇴치와 식량 확보
3. 건강과 웰빙
4. 양질의 교육
5. 성평등
6. 물과 위생
7. 지속가능한 에너지
8. 좋은 일자리와 경제 성장
9. 지속가능한 산업, 혁신, 인프라
10. 불평등 해소
11. 지속가능한 도시, 커뮤니티
12. 지속가능한 소비 생산
13. 기후변화와 대응
14. 해양생태계 보존
15. 육상생태계 보존
16. 정의, 평화를 위한 제도
17. 글로벌 파트너쉽

안타깝게도 영화 속 말라위에는 17가지 목표 대부분이 필요한 상황이었다. 가난하다는 것은 결국 경제적 · 정치적으로 나라가 여러 면에서 취약하다는 것을 의미한다. 어디서부터 손을 봐야 해결이 될까? 영화는 해피엔딩으로 끝이 났지만, 세상에는 여전히 많은 윌리엄과 윌리엄 가족들이 고통받으며 지내고 있는 것을 잘 알기에 영화를 보고 나서도 마음이 편치만은 않았다.

초등학교 6학년 2학기 사회 '지속 가능한 지구촌' 단원에서 학생들은 전 세계 빈곤과 기아를 퇴치할 방법들을 알아보고 해결 방법을 직접 실천에 옮기는 활동에 참여하게 된다.

국제 구호 기구에 후원금을 보내고, 신생아용 모자를 만들기 위해 뜨개질을 하고, 유튜브 영상을 만들어 많은 사람들에게 호소하지만, 대부분이 계란으로 바위 치기라는 것을 가르치는 교사도 배우는 학생들도 잘 알고 있다.

영화 《바람을 길들인 풍차소년》이 가난과 빈곤 문제에 직접적이거나 근본적인 해결책을 제시해 주지는 못할 것이다.

바라는 점이 있다면 학생들이 이런 영화들을 통해서 다른 나라 상황에 조금이나마 관심을 가질 수 있으면 좋겠다는 것이다. 더 나아가 지구촌 문제를 해결하는 데에 앞장서는 어른으로 성장할 수 있으면 좋겠다. 한국에서 뿌린 씨앗이 저 멀리 말라위에서 꽃을 피우는 날이 오기를 바란다.

장애이해교육

Theme 01

나는보리

김진유 감독 | 2020 | 한국 | 110분 | 전체관람가

#장편 #청각장애 #장애이해교육 #코다 #가족 #강릉 #초등학교 #소원

성취 기준 연계

· 《2바01-03》 가족이나 주변 사람을 배려하며 관계 맺기

· 《4도01-01》 자기 감정을 소중히 여기며 존중하는 태도로 내가 누구인가 탐구하기

· 《4도02-01》 효, 우애의 의미와 필요성을 명료하게 이해하고 가족의 행복을 위해 할 수 있는 일을 탐색하여 실천 계획 세우기

· 《4도02-02》 친구 사이의 배려에 대한 올바른 이해와 일상생활에서 배려에 기반한 도덕적 관계를 맺을 수 있는 방안 탐색하기

· 《6도03-01》 인권과 관련한 다양한 사례를 살펴보고 인권 감수성을 길러 이를 실천하려는 의지 함양하기

· 《4사03-02》 사회에 다양한 문화가 확산되면서 나타나는 긍정 효과와 문제를 분석하고, 나와 다른 이나 집단 문화를 존중하는 태도 기르기

줄거리

바닷마을에 사는 열한 살 소녀, 보리는 가족 중 유일하게 들을 수 있다.

초등학생이 된 보리는 말로 하는 대화가 점점 더 익숙해지고 수어로 소통하는 가족들 사이에서 외로움을 느끼게 되는데… 소리를 잃고 싶은 아이, 보리의 특별한 소원이 시작된다.

2020년 개봉한 《나는보리》는 오랜만에 어린이를 주인공으로 한 따뜻한 가족 영화이자 청각 장애를 가진 가족들의 이야기를 다룬 장애이해교육 영화이다. 이 영화를 통해서 '코다'라는 용어를 처음 알게 되었는데, 코다는 청각 장애인 부모 밑에서 태어난 비장애인 자녀를 일컫는다. 코다는 보통 음성 언어보다 수어를 먼저 익히며 어렸을 때부터 수어를 통해 부모와 의사소통한다고 한다.

영화를 관통하는 가장 큰 설정은 가정에서 홀로 건청(청각 기능이 정상인 것)인 보리가 가족 안에서 소외감을 느끼고 소리를 잃고 싶어 하는 소원을 갖게 된다는 것이다. 얼핏 들으면 말도 안 되는 소원이라고 생각할 수 있다. 보리의 부모 역시 보리가 태어날 때 '보리가 자신들과 다르게 건청이면 소통의 어려움이 있지 않을까?' 걱정했었다는 데, '어떻게 자녀가 장애를 가지고 태어나길 바랄 수 있지?' 생각이 들었다. 영화를 다 보고 나서 코다 가족들의 이야기를 찾아보니, 장애를 가졌다고 해서 비장애인들과 크게 다른 삶을 살아간다고 여기는 것 역시 편견일 수 있다는 생각이 들었다. 오히려 영화 속 보리네 가족은 보리를 제외하고 모두 듣지도, 말하지도 못하지만, 그 어느 가족들보다도 소통이 잘 되고 행복한 모습이었다.

영화 열기

"오늘 볼 영화 제목은《나는보리》인데, '나는'과 '보리'는 원래는 띄어 써야 하는데 띄어쓰기를 하고 있지 않거든. 제목에 여러 가지 뜻이 담겨 있는데, 어떤 의미일 것 같니?"

"주인공 이름일 것 같아요."

"맞아, 'I am 보리'처럼, 보리라는 주인공이 나오는 영화이고. 또 어떤 의미가 있을까?"

"음, '날아가는 보리'로도 읽을 수 있어요."

"맞아, 영화에서 주인공 보리가 성장하는 모습을 보여주고 있는데, 이것을 '날아가는 보리'라는 제목으로 표현하고 있기도 하지."

"'나는 본다 또는 나는 보다'로도 읽을 수 있어요."

"맞아. 포스터에 나와 있는 보리네 가족에서 보리만 유일하게 말하고 들을 수 있거든. 그 상황을 '나는 본다/나는 보다/나는 보리'로 표현하고 있기도 해. 영화를 보면서 영화 제목의 의미를 구체적으로 살펴보자고."

영화 속으로

《나는보리》는 강릉에서 만들어진 지역 영화이다. 강릉 출신인 감독이 연출한 영화라(김진유 감독님은 지금도 강릉에서 활동하고 계신다), 영화 곳곳에 강원도와 동해의 멋스러움이 잘 담겨 있다. 강릉의 대표적인 축제인 단오제를 시작으로 바닷가에서 아빠와 딸의 낚시 장면까지 영화는 강릉에서만 느낄 수 있는 고즈넉한 정취를 잘 보여주고 있다.

영화는 보리가 둑을 걷고 있는 모습으로 시작해서 끝이 난다. 시작 부분에서는 보리가 어딘가를 위태롭게 걷고 있는데, 영화를 끝까지 보고 나면 처음에 보리가 걸었던 곳이 어디였는지 알게 된다.

"영화 잘 봤나요? 영화의 시작과 끝에서 보리가 둑을 걷고 있잖아, 뭘 나타내는 걸까?"

"글쎄요. 잘 모르겠어요."

"정답이 있는 것은 아닌데 둑은 어디와 어디를 경계 짓고 있지?

"바다와 육지를 나누고 있어요."

"맞아. 보리는 장애를 지닌 가족들 사이에서 유일하게 외부와 소통할 수 있는 역할로 나오잖아. 자장면을 시킬 때도 꼭 보리가 있어야 했고, 버스표를 구매할 때도 보리가 있어야 했지. 어리지만 집안의 의사소통을 담당해야 하는 보리의 부담감을 둑 위를 걷는 모습으로 나타내는 것 같더라고."

영화에서 가장 중요하게 다가오는 것은 소리이다. 주인공 보리는 소리를 잃고 싶어 하고 반대로 청각장애인 동생 정우는 수술을 통해서라도 소리를 듣고 싶어 한다. 상반된 둘의 입장은 영화 중간에 크로스처럼 엇갈린다.

"여러분은 보리가 소리를 잃고 싶어 하는 상황이 이해되니? 내가 보리라면, 보리처럼 소리를 잃고 싶어 했을 것 같은 사람?"

"저요. 아무래도 보리는 아직 학교나 친구들보다는 가족들이 더 중요한 나이니까, 다른 가족들처럼 되고 싶어 할 것 같아요."

"맞아. 보리가 수화로 가족들과 소통하고는 있지만, 자기 혼자만 듣고 말할 수 있는 상황이다 보니까, 집 안에서는 소외감을 겪었었지."

"저는 소리를 잃고 싶어 하지 않을 것 같아요. 태어날 때부터 소리를 못 들었던 것도 아니고, 원래 들을 수 있는데 못 듣게 된다면 너무 답답하고 불편할 것 같아요. 보리의 선택을 이해할 수 없어요."

"맞아. 쉽게 이해할 수 없는 선택이지. 이 영화를 만든 감독님도 영화에서처럼 부모님이 모두 청각장애를 겪으신다고 하네. 이런 영화를 만든 것을 보면 감독님도 어렸을 적에 비슷한 소원을 빌지 않았을까 싶기도 해."

《나는보리》는 우리나라 영화이지만, 처음부터 끝까지 모두 자막으로 볼 수 있다. 청각 장애인들이 주인공이 영화이다 보니 모두가 즐길 수 있도록 자막으로 표시해주고 있는 것이다. 추가로 배리어프리(barrier free, 장벽을 없앰) 버전 영화로도 시청할 수 있다. 배리어 프리 버전으로 영화들을 본 적이 있는데, 개인적으로는 자막과 소리 정보가 과도하게 나와서 영화에 집중하기가 어려웠다. 하지만, 학교에서 보는 영화는 교육적인 목적이 우선이다. 배리어프리 영화의 목적을 학생들에게 잘 설명해 주고 함께 시청해 보는 것도 좋다. 기회가 되면 학생들이 만든 영상에 자막과 소리 정보를 넣어 배리어프리 버전으로 영상을 만들어보는 활동도 추천한다.

《나는보리》 영화 자막에는 사실 한 가지 비밀이 더 숨겨져 있다.

"여러분들 혹시 눈치챘는지 모르겠지만 우리나라 영화인데 영화가 자막으로 되어있지. 왜 그런 걸까?"

"소리를 듣지 못하는 사람들도 영화를 볼 수 있도록 한 것 같아요."

"맞아. 이 영화가 장애를 가진 분들이 주인공으로 나오는 영화이잖아. 그래서 자막을 넣어서 듣지 못하는 분들도 자막을 보면서 영화 장면을 이해할 수 있도록 했지. 근데, 다른 영화들 자막이랑 살짝 다른 부분이 있는데. 어떤 것이 다른지 확인한 사람?"

"어떤 단어 앞뒤로 꺾쇠가 있는 자막들이 있었어요."

"맞아. 수화로 나오는 부분에서는 자막 앞뒤에 꺾쇠가 있었지. 손으로 하는 수화랑 말로 하는 대화랑 구분하기 위해서 자막을 다르게 표현한 건데. 그런데 이거 말고 자막에 한 가지 더 비밀이 숨겨져 있더라고. 선생님도 영화 볼 때는 미처 몰랐는데, 영화 보고 나서 리뷰를 보고 알게 되었지만, 영화 초반에는 수화를 자막으로 표현할 때 단어를 하나씩 띄어서 꺾쇠로 구분하다가, 영화 중반 이후에는 문장 시작과 끝에 꺾쇠를 두고 문장별로 구분하더라고? 이건 왜 그런 걸까?"

"글쎄요. 잘 모르겠어요."

"보리가 처음에는 마음이 닫혀 있었잖아. 그러다가 점점 가족들과 이야기를 나누고 여러 가지 사건을 겪으면서 마음을 열었는데, 이러한 과정을 꺾쇠 단어에서 꺾쇠 문장으로 확장하면서 표현한 거지."

말하지 않고 들리지 않아도 보리네 가족은 그 어떤 가족들보다 소통을 잘하고 있다. 장애를 다루고 있는 많은 영화 중에서 《나는 보리》가 특별히 인상적인 점은 영화 전반적으로 흐르는 밝고 긍정적인 분위기였다. 많은 장애인 영화가 장애인들의 어려움이나 고통에 초점을 맞추다 보니 자칫 딱딱하게 느껴지는 경우가들이 많았다. 반면에 《나는보리》는 시종일관 밝은 분위기 속에서 장애와 비장애 구분 없이 영화를 보는 모든 사람에게 힐링을 주는 따스한 영화이다.

"선생님은 영화 보면서 우리 집보다 보리네 가족들이 훨씬 화목하고 대화도 잘 나누고 소통도 잘하는 것 같더라고. 수화로 대화를 나누는데 말이지. 부럽기도 하더라고. 가족들이 서로 대화를 나누는 장면들이 여러 번 나오는데, 인상적인 부분 있었나요?"

"동생 이빨 빼는 장면이 재미있었어요."
"할아버지 집에 놀러 가서 이야기 나누는 장면이 기억에 남는데, 할아버지께서 딸이 소리를 듣지 못하는데도 수화를 하실지 모른다고 하셔서 놀랐어요."
"아빠와 딸이 낚시터에서 이야기 나누면서 보리가 고민을 털어놓는 장면이요."
"가족들이 마당에서 모기장을 펴 놓고 간식을 먹으면서 이야기 나누는 장면도 보기 좋았어요."

"선생님은 가족들이 서로 대화로 고민을 나누고 궁금한 것들을 묻고 답하는 모습이 인상적이더라고. 영화가 장애인들의 삶의 모습을 보여주고 있기도 하지만, 자세히 살펴보면 결국은 소통에 대해 이야기하고 있는 것 같더라고. 말하지 못하고 들리지 않더라도, 결국 가장 중요한 건 소통하고자 하는 마음인 것 같아. 여러분들도 집에서 가족들이랑 이야기를 많이 하는 친구들도 있을 테고, 그렇지 못한 학생들도 있을 텐데, 가정 안에서 자신의 마음을 터놓고 이야기할 수 있는 것은 아주 중요한 거라고 생각해. 혹시 대화가 부족한 집들이 있다면, 여러분들이 먼저 나서서 대화를 시작해 보면 좋을 것 같아."

《나는보리》가 다른 영화들에 비해서 장애인들의 소소한 행복과 밝은 모습을 자주 보여주고 있기는 하지만, 장애로 인해 겪을 수밖에 없는 사회적 편견과 차별에 대해서 숨기고 있는 것은 아니다.

"보리네 가족들이 장애를 가지고 살아가면서 겪는 어려움이나 차별 등도 많이 나왔는데, 어떤 장면들이 있었더라?"

"정우가 자신이 좋아하는 배달 음식을 전화로 주문할 수 없어서 답답해했어요. 학교에서도 선생님이 하는 말을 알아듣지 못하니까 재미없어하고 지루해했어요."

"자주 가는 단골 옷 가게에서 가게 직원들이 보리와 엄마를 무시하는 말을 했고, 옷 가격도 오천 원 비싸게 받았어요."

"학교 친구들이 보리가 안 들리는 줄 알고, 보리가 안 보이는 곳에서 보리에 대해 뒷담화했어요."

"정우가 축구를 더 잘하는데, 듣지 못한다고 연습에서 빠지고 시합에도 못 나갈 뻔했어요."

영화 밖으로

영화의 마지막. 보리는 둑 위에서 단오 축제장에서 샀던 부적을 바다에 던져버린다. 세상의 모든 시기와 질투를 막아주는 능력을 갖춘 부적을 버리며 보리는 더 이상 가족을 질투하지 않고 화목하게 지내겠다고 다짐한다. 청각 장애를 지닌 가족 중에서 홀로 비장애인인 보리는 어떻게 성장해 갈까? 보리가 바닷가 마을에서 어떻게 성장해 나갈지 아이들과 함께 상상해 보며 영화 수업을 마무리하였다.

"영화가 끝나고 주인공 보리는 어떻게 되었을까?"
"가족과 화목하게 잘 지냈을 것 같아요."
"가족을 계속 돌보며 지낼 것 같아요."

"주인공 보리가 어떻게 성장해 갈지는 여러분들이 상상하는 것마다 다 다르겠지. 이 영화를 만든 감독님도 청각장애를 가진 부모님 밑에서 태어났데. 그래서 장애를 다룬 그 어떤 영화들보다 장애인을 둔 가족이 겪는 평범한 일상을 소소하게 잘 보여주더라고. 보리도 언젠가 커서 자기만의 목소리로 자신의 이야기를 많은 사람들에게 들려주지 않을까 싶어."

장애이해교육

Theme 02

원더(Wonder)

스티븐 크보스키 감독 | 2017 | 미국 | 113분 | 전체관람가

#실사 #장애아동 #안면기흉 #통합학급 #인권 #학교폭력 #우정 #가족

성취기준 연계

· 《2바04-01》 모두를 위한 생활환경 만드는 데 참여하기

· 《4도01-01》 자기 감정을 소중히 여기고 내가 누구인지를 탐구하기

· 《4도02-02》 친구 간의 배려에 관해 바르게 이해하고 일상서 이에 기반한 도덕적 관계 맺는 방안 찾아하기

· 《6도03-01》 인권 관련 사례를 살펴보고 인권 감수성 실천 의지 갖기

· 《4국05-05》 재미나 감동을 느끼며 작품을 즐겨 감상하는 태도 갖기

줄거리

누구보다 위트 있고 호기심 많은 매력 부자 '어기'(제이콥 트렘블레이). 하지만 남들과 다른 외모로 태어난 '어기'는 모두가 좋아하는 크리스마스 대신 얼굴을 감출 수 있는 할로윈을 더 좋아한다. 10살 된 아들에게 더 큰 세상을 보여주고 싶었던 엄마 '이사벨'(줄리아 로버츠)과 아빠 '네이트'(오웬 윌슨)는 '어기'를 학교 보낼 준비를 하고, 동생에게 모든 것을 양보해왔지만 누구보다 그를 사랑하는 누나 '비아'도 '어기'의 첫걸음을 응원해준다.

그렇게 가족이 세상의 전부였던 '어기'는 처음으로 헬멧을 벗고 낯선 세상에 용감하게 첫발을 내딛지만 첫날부터 '남다른 외모'로 화제의 주인공이 되고, 사람들의 시선에 큰 상처를 받는다. 그러나 '어기'는 27번의 성형(?) 수술을 견뎌낸 긍정적인 성격으로 다시 한번 용기를 내고, 주변 사람들도 하나둘 변하기 시작하는데...

교사들 대상으로 '초등학생들에게 추천하는 영화' 설문 조사를 한다면, 1순위로 뽑힐 영화는 아마도 《원더》일 것이다. 베스트셀러 『아름다운 아이』 원작의 감동을 이어받아 영화도 많은 사람들로부터 꾸준한 사랑을 받고 있다.

안면 기형을 앓고 있는 5학년 주인공 어기의 이야기를 다루고 있는 만큼 장애이해교육 자료로 가장 좋지만, 학교폭력 예방교육 자료로도 좋고 나와 다른 모습을 가진 친구를 이해하고 배려하는 인성 교육 자료로도 훌륭한 영화이다.

영화 열기

영화 포스터와 제목 살펴보기

"오늘 볼 영화 《원더》는 이미 본 친구들도 많을 것 같기는 한데 주인공은 왜 헬멧을 쓰고 있는 걸까?"

"얼굴을 보여주고 싶지 않아서예요."

"맞아. 주인공은 태어날 때부터 얼굴에 심한 흉터가 있어서 여러 차례 수술을 받아야 했거든, 그래서 집에서 엄마와 함께 홈스쿨링을 하다가 5학년 때 처음으로 학교에 가게 되었고, 처음으로 가게 된 학교에서 1년간 겪은 일이 영화에 쭉 펼쳐지고 있지."

"영화 제목, 원더의 뜻은 뭐지?"

"궁금하다, 놀라다예요."

"그렇지. 그리고 감탄하다는 뜻도 담겨 있고. 영어 원더풀도 원더에서 나온 단어거든. 안면 기형을 가진 주인공을 보고 주변 사람들이 많이 놀라거든, 어떻게 된 일인지 궁금해하기도 하고. 그런 뜻에서 원더라고 제목을 지었을 수도 있고. 주인공은 어렸을 적부터 여러 차례 수술도 받고 학교도 제대로 다니지 못했지만 뛰어난 능력을 갖추고 있는데, 그런 의미에서 원더로 제목을 붙였을 수도 있지.

이 영화는 『아름다운 아이』라는 제목의 소설로도 읽어볼 수 있는데, 외면의 아름다움뿐만 아니라 내면의 아름다움도 중요하니까, 이 영화를 보면서 누가 진짜로 아름다운 사람인지 같이 확인해 보자고."

아름다운 아이, 어기

영화《원더》는 주인공 어기를 중심으로 여러 인물을 하나씩 소개하고 있다. 다른 인물들도 중요하게 나오지만 어쨌든 이 영화에서 주인공은 분명 어기이다. 안면 기형 장애를 가진 어기에게 가족이란, 학교란 어떤 곳일지, 어기의 꿈은 무엇일지 영화를 보면서 여러 생각이 들었다. 일반 아이들도 학교를 힘들어하거나 무서워하는 경우가 많은데, 장애를 가진 아이들한테 학교는 그 자체로 큰 장애물처럼 여겨질 수 있다는 생각이 들었다.

"영화는 챕터별로 등장인물을 한 명씩 소개하고 있잖아. 제일 먼저 영화의 주인공인 어기가 등장하는데, 어기의 특징부터 살펴볼까? 어기가 좋아하는 것은 뭐였지?"

"스타워즈요. 강아지도 좋아하고, 헬러윈도 좋아했어요."

"그래. 스타워즈는 미국인들이 가장 좋아하는 영화인데. 특히 어기가 학교생활에서 힘들거나 반대로 기분이 좋을 때 스타워즈 캐릭터인 츄바카가 어김없이 등장했지. 어기는 다른 학생들과 달리 현실에서 못하는 것들이 많잖아. 그래서 이렇게 상상을 통해서 현실에서 이루지 못하는 것들을 대신 꿈꾸고 있는 것 같아.

이런 걸 판타지라고 하는데, 현실에서 이룰 수 없는 것을 영화를 통해서 대신 보여주고 있는 거지."

"어기 방은 뭐로 꾸며져 있었지?"

"우주 모습들이요."

"그렇지. 우주도 어기의 꿈과 관련이 있는데, 우주인들은 헬멧을 쓰니까 얼굴을 보여줄 필요가 없잖아. 어기의 입장에서는 그런 우주인들이 부러웠을 것 같아."

"영화에서 핼러윈날 중요한 사건이 일어났는데, 어기가 특별히 핼러윈을 좋아하는 이유는 뭐였지?"

"핼러윈 때에는 모든 사람이 다 가면을 쓰고 있으니까 자기 모습을 드러내지 않을 수 있어서 좋아했어요."

"맞아. 물론 가면을 쓰다 보니 친구들이 어기가 있는 줄 모르고 뒷담화하는 내용을 그대로 들어야만 했지만 말이야. 어기가 학교생활에서 특히 싫어했던 것도 있었는데 뭐였지?"

"피구 수업이요."

"맞아. 여러분들이 엄청 좋아하는 종목이기는 한데, 운동을 잘 못하는 아이들이나 어기처럼 왕따를 당하는 아이들한테는 사실 잔인한 종목이기도 해. 왕따를 주도하는 학생들 입장에서는 피구를 핑계로 대놓고 맘에 안 드는 친구들한테 공으로 폭력을 가할 수 있는 시간일 수도 있고 말이야. 영화에서처럼."

주인공 어기가 피구(닷지볼)를 싫어한다는 이야기를 듣고 피구로 시작해서 피구로 끝났던 한국 영화 '우리들'이 떠올랐다. 밟지도 않은 선을 밟았다는 이야기를 들으며 왕따를 당했던 주인공 선의 모습과 어기의 모습은 어쩐지 닮아 보였다.

어느 나라에서건 왕따를 당하는 학생들에게 피구는 참 힘든 종목인가 보다. 아이러니하게도 초등학교에서 학생들이 가장 좋아하는 체육 활동도 피구이고, 체육 수업 시간에 가장 많이 하는 체육 활동도 피구인데 말이다.

아름다운 학교

안면 기형으로 엄마와 함께 홈스쿨링을 하던 어기는 학교를 보내야 한다는 엄마와 천천히 학교를 보내자는 아빠 사이의 갈등 끝에 결국 예비 중학교(우리나라로 치면 5학년)에 입학하게 된다. 엄마는 환경이 바뀌는 중학교 입학 때가 어기가 학교에 첫발을 내딛기 가장 좋은 시기라고 생각한 것이다. 집에서만 지냈던 어기에게 학교를 간다는 것은 어떤 무게로 다가왔을까?

꼭 어기 같은 상황이 아니더라도 보통 학생들에도 학교라는 존재가 그리 편안한 곳은 아닐 거라는 생각이 든다. 정해진 수업 시간을 지켜야 하고, 오랜 시간 책상에 앉아서 수업을 들어야 하고, 과제와 평가도 끝없이 주어지고, 친구들과 교사들 사이에서 적절한 줄타기도 해야 하고 말이다.

어기의 새로운 도전을 응원하기 위해 학교에서도 어기만을 위한 오리엔테이션을 열고 친구들도 미리 만나고 학교도 둘러볼 수 있도록 배려를 해주었다. 부푼 마음을 안고 학교로 들어섰지만, 어기가 마주한 것은 따뜻한 환대가 아닌 혐오와 차별이었다.

"어기가 처음 학교에 들어설 때 부모님이랑 누나도 마중 나왔잖아. 모든 가족이 엄청 긴장했겠지. 처음 만나는 학교 친구들이 어기를 어떻게 바라볼지 걱정도 되었을 테고. 학교를 들어서면서 어기의 귀에서 카운트다운 소리가 들리더라고. 어기가 어떤 상상을 하면서 학교 건물 안으로 들어갔었지?"

"우주복을 입고 친구들이 환호 하는 가운데 교실로 들어가는 상상을 했어요."

"맞아. 아까 이야기했듯이 어기는 현실에서 어려움을 겪고 있으니까 힘든 일을 겪을 때마다 이런 상상으로 자기 스스로를 위로하면서 버텨냈겠지. 어기의 학교 첫날은 어땠지?"

"친구들로부터 괴롭힘을 당했어요."

"혼자서 외롭게 점심을 먹었어요."

"어기 주변에 아무도 앉지 않았어요."

"피구 시간에 친구들이 어기한테 공을 마구 던졌어요."

"과학 시간에는 어려운 질문에 손을 들고 답을 맞혔어요."

"선생님도 보면서 참 속상하더라고. 주변 어른들이 어기를 도와주려고 노력했고, 학교에서도 어기에게 먼저 다가간 친구들도 있기는 했지만, 딱 한 명이라도 자기를 괴롭히는 힘이 센 누군가가 있으면 학교생활이 참 힘들잖아. 대다수의 학생은 주변 눈치를 보느라 어기에게 쉽게 다가가지 못하는 상황이었고."

다행히 어기에게 힘든 학교생활만 이어진 것은 아니다. 고달픈 시기마다 먼저 손을 건네준 잭과 썸머 덕분에 어기도 평범한 학창생활을 누릴 수 있게 되었다. 물론 잭과의 오해로 우정에 금이 가면서 우여곡절을 겪기도 하지만, 자신을 왕따 시켰던 주범 줄리안이 다른 학교로 쫓겨나면서 어기는 졸업식 날 모범상을 받으며 행복하게 학교생활을 마무리하게 되었다.

어기가 해피엔딩을 맞이할 수 있었던 이유는 경제적으로 부유한 부모의 지원과 가족의 헌신이 뒷받침되었기 때문일 것이다. 뉴욕이라는 대도시, 백인 가정, 사립중학교 같은 안정적인 환경 덕분에 어기는 안면 기형이라는 큰 장애를 안고 있음에도 불구하고 첫 학교생활을 그럭저럭 잘 견뎌낼 수 있었다. 어기의 부모가 부유하지 않았더라면? 어기를 믿고 지지해 주었던 교장 선생님과 선생님들이 없었더라면? 어기의 학교생활이 결코 순탄하지 않았을 거라는 씁쓸한 생각이 들기도 한다.

어기만큼 빛나는 주변 인물들

영화 원더에서 가장 인상 깊었던 점은 영화가 주인공 어기 외에도 주변 인물들을 소홀히 대하지 않고 한 명 한 명의 속사정에 귀를 기울여준 것이다. 가족 중에 어기 같은 특별한 존재가 있다면 가족들의 삶은 어쩔 수 없이 어기로부터 큰 영향을 받을 수밖에 없을 것이다.

영화나 소설에서 주인공은 반짝반짝 빛나고 주변 인물들은 수동적으로 비춰지는 경우가 많다. 영화는 어기의 시점으로부터 시작해서 누나 비아, 친구 잭, 비아의 단짝 친구 미란다 이렇게 네 명의 시점에서 바라보는 세상을 하나씩 보여주고 있다. 각자의 시점에서는 어기에 가려져 잘 보이지 않았던 주변 인물들의 속사정이 하나씩 드러난다.

“선생님은 영화 보면서 주인공 어기의 이야기가 생각보다 빨리 끝나서 조금 당황했거든. 보통 주인공 이야기가 길게 이어지는 경우가 많잖아. 어기 다음에 누구누구 이야기가 나왔지?”

“비아 누나랑 친구 잭 그리고 비아 누나의 친구 미란다 이야기가 나왔어요.”

“그렇지. 세 명은 모두 어기와 밀접한 관련이 있기는 하지만, 또 자기만의 사연을 가지고 있지. 어떤 이야기이든 인물의 마음이 중요하잖아. 세 명의 인물이 어떤 상황에서 어떤 마음이 들었을지 이야기해 볼까?”

“비아 누나는 엄마와 아빠가 동생인 어기에만 관심을 두고 자기한테는 무관심해서 섭섭해했어요.”

“그렇지. 엄마가 비아를 생각해서 핼러윈 때 하루 종일 같이 놀려고 했는데, 결국 어기 때문에 엄마와의 데이트도 금방 끝나 버렸잖아.”
“어기 친구 잭은 어떤 마음이 가장 크게 들었을까?”

“어기를 도와주고 싶어 했어요.”

"홀로 자신을 키우는 엄마를 도와주고 싶어 했어요."
"어기가 자신을 피하자 억울해했어요."

"맞아. 잭은 어기한테 좋은 친구였지. 중간에 어기 뒷담화를 하면서 어기랑 사이가 멀어졌지만, 잘못을 반성하고 용서를 구하고 다시 좋은 친구가 되었잖아. 어기를 위해서 줄리안과 싸우기까지 하고. 기본적으로 잭은 다른 사람을 도와주고 싶어 하는 마음이 큰 것 같아."
"마지막으로 비아의 단짝 친구 미란다의 마음도 살펴볼까?"

"미란다는 엄마와 아빠가 이혼을 해서 허전해했어요."
"행복한 비아 가족의 모습을 보면서 부러워했어요."
"친구들로부터 관심을 받고 싶어 했어요."

"맞아. 미란다가 방학 동안에 캠프에서 새로운 친구를 사귀었잖아. 캠프에서 새로 사귄 친구들로부터 관심받고 싶어서 어기가 자신의 친동생이라고 거짓말을 했고. 엄마와 아빠가 이혼하면서 집안이 비아네 집안처럼 화목하지 않았고. 미란다 엄마가 잠깐 등장했는데, 살짝 우울해 보였거든. 비아 입장에서는 자기네 가족의 모습이 맘에 안 들었겠지. 자존감도 많이 떨어졌을 테고. 어기에 대해 거짓말을 하다 보니 개학하고 나서 비아를 볼 면목이 없었을 테고. 비아랑 같이 다니면 자신의 거짓말이 들통날 거라 두려움도 있었을 테고."

내 삶의 주인공은 누구도 아닌 바로 나다. 매일 행복한 삶을 누릴 것 같은 사람들도 자세히 들여다보면 누구나 다 하나씩 아픈 사연을 가지고 있고, 반대로 하루하루가 불행일 것 같은 사람들도 분명 삶에서 기쁨을 맞이하는 순간들이 있을 것이다. 전쟁 속에서도 사랑이 꽃 피고 새로운 생명들이 태어나고 있으니 말이다.

집안에 어려움이 있다면 집 바깥에서 행복을 찾아도 좋고(비아 누나가 남자 친구를 사귀는 것처럼), 학교에서 어려움이 있다면 집이나 학원 같은 곳에서 힘을 얻을 수 있는 사람을 만들 수도 있고 말이다. 잊지 말자. 인생이라는 이름의 영화관에서 주인공은 바로 나 자신이라는 것을!

영화 밖으로

영화 원더에는 훌륭한 선생님들이 많이 등장한다. 월스트리가에서 일하다가 교사가 되었다는 담임 브라운은 반 학생들에게 매월 유익한 격언(precept. 사전적으로는 교훈)을 소개해 주는데, 영화에 등장하는 두 가지 격언은 영화의 전체 주제와 일맥상통한다.

"When given the choice between being right or being kind, choose kind." 옳음과 친절함 중 하나를 선택해야 한다면, 친절함을 선택해라. (웨인 다이어, 미국 심리학자)

"Your deeds are your monuments" 너의 행동은 너의 비석이다.

서로 자신만이 옳다고 주장하는 사람들로 가득 찬 세상에서 친절을 택하기란 쉽지 않을 것이다. 정확함이 생명인 금융업에서 일했던 브라운 입장에서는 사람 냄새나는 친절함이 더욱 그리웠을 것이다. 세상으로부터 온갖 놀림과 차별을 받아온 어기 입장에서도 간절히 필요했던 것은 따뜻한 친절함이었을 것이다. 브라운 선생님과 어기의 바람과는 달리 어기는 친절보다는 불친절을 더 크게 겪어야 했지만 말이다.

의도했던 대로 교실이 돌아가지 않자, 브라운 선생님은 학생들에게 조금 더 구체적인 격언을 소개한다. 두 번째 격언에서 강조하고 있는 것은 언행일치이다. 줄리안과 친구들은 어른들 앞에서는 모범생인 척하지만 뒤에서는 어기를 괴롭히고 친구들을 비하하며 겉과 속이 다른 행동을 일삼았다. 하지만 말보다 더 중요한 것은 행동이다.

아무리 그럴싸한 말로 사람들에게 주목을 받더라도 올바른 행동이 뒤따르지 않으면 비난을 받을 수밖에 없다. 나쁜 행동을 일삼던 줄리안도 결국 꼬리를 밟힐 수밖에 없었고 말이다.

중학교를 무사히 졸업한 어기의 앞날에는 어떤 일들이 펼쳐졌을까? 주변 인물로 등장한 어기의 가족들과 친구들은 각자의 삶에서 주인공으로 살아갔을까? 심심치 않게 들려오는 학교폭력 사건으로 마음이 아플 때가 많다. 영화는 해피엔딩으로 끝이 났지만, 현실에서는 학교를 졸업하고 나서도 학교 폭력의 상처에서 쉽게 헤어 나오지 못하는 이들이 적지 않다. 학교 폭력은 예전부터 끊임없이 존재해 왔고 지금도 사이버 폭력 등으로 수단과 방법만 바뀌어 갈 뿐 잔인함은 변하지 않고 있다.

영화 《원더》를 보면서 학창 시절에 직·간접적으로 경험했던 학교 폭력 사건들이 가슴 아픈 기억으로 떠올랐다. 왕따나 학교폭력으로부터 고통받는 학생들이 사라지기를 간절히 바라본다.

《Tip》 지구의 평화를 지키기 위해 노력하는 영화제

앞서 소개한 부산국제어린이청소년영화제와 서울국제어린이영화제처럼 어린이 · 청소년들을 주요 관객으로 삼지는 않지만, 학생들이 함께 즐기기에 좋은 영화제들도 많다.

매년 6월 5일 환경의 날에 열리는 서울국제환경영화제부터 시작해서 티브이와 극장 모두에서 즐길 수 있는 EBS국제다큐영화제, 수준 높은 다큐멘터리를 관람할 수 있는 DMZ 국제다큐멘터리영화제, 어린이들의 권리 보장을 위한 영화들로 가득한 아동권리영화제(세이브더칠드런)까지 봄부터 가을까지 다양한 영화제들이 관객을 맞이한다.

이중 서울국제환경영화제, DMZ 다큐멘터리 영화제, 아동권리영화제는 교육 프로그램을 운영하고 있어서 아이들과 함께 영화 읽기 수업을 하기에 좋은 영화제이다. 각 영화제에서 운영하는 교육 프로그램을 소개하면 다음과 같다.

· 서울국제환경영화제: 시네마그린틴(영화제 기간 중 온라인 환경영화 무료 관람 외)

· DMZ국제다큐멘터리영화제: 독 스쿨(온라인 영화 시청 및 워크시트 제공)

· 아동권리영화제: 씨네아동권리학교(온라인 영화 시청 및 강사 파견&교사 주도 교육 프로그램 운영)

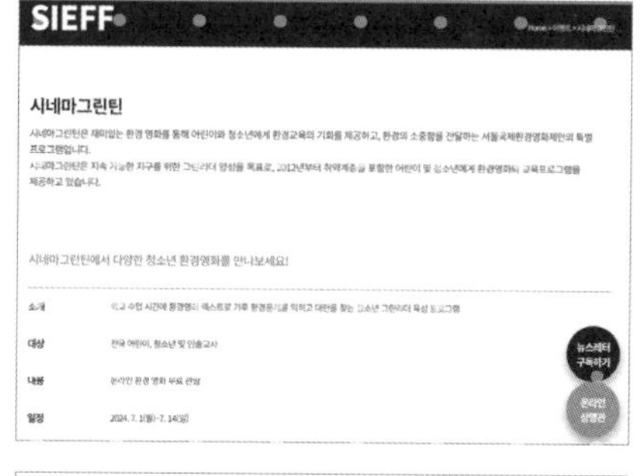

서울국제환경영화제 시네마그린틴

DMZ국제다큐멘터리영화제 독 스쿨

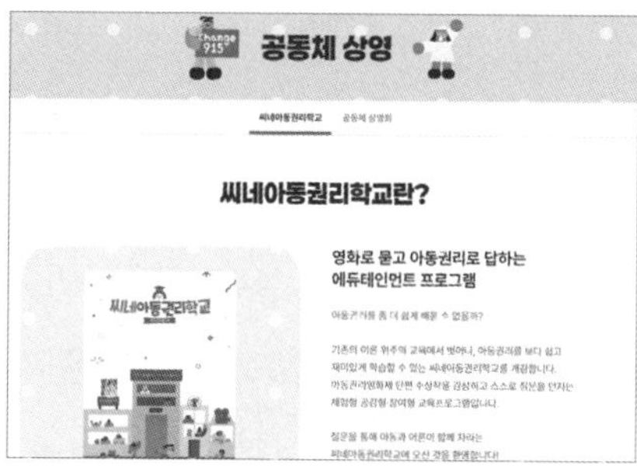

아동권리영화제 씨네아동권리학교

서울국제여성영화제, 서울인권영화제, 난민영화제, 서울배리어프리영화제, 서울노인영화제 같은 영화제들은 주제별로 관심 있는 분들에게 추천하는 영화제이다. 주제별 영화제들은 주로 수도권에서 많이 개최되고 있지만, 각 지역에서 열리는 지역영화제들(광주독립영화제, 춘천영화제 등)에 찾아가면 주요 영화제들에서 수상한 작품들을 관람할 기회가 열려 있기도 하다.

'영화제' 하면 화려한 레드카펫이나 유명 영화배우들을 떠올리기 쉽지만, 영화제에서는 보통 사회적 가치가 높은 영화들을 많이 상영하고 있기 때문에, 영화제를 방문하는 것만으로도 우리 사회가 어떤 고민을 하고 있으며 어떻게 돌아가고 있는지 스크린을 통해서 확인해 볼 수 있다. 찾아보면 전국 방방곡곡에서 일 년 내내 크고 작은 영화제들이 다양하게 열리고 있다. 수많은 영화제 중에서 학생들과 친구들과 가족들과 함께 방문해 보고 싶은 영화제가 하나씩 생겨나기를 바란다.

《Tip》 벡델 테스트를 아시나요? 성평등 영화 찾아보기

천만 관객을 넘어선 영화들을 떠올려보자. 명량, 극한직업, 신과 함께, 국제시장, 어벤져스: 엔드게임, 겨울왕국 2, 베테랑, 아바타, 서울의 봄, 도둑들까지 흥행작 10편의 포스터에 실린 남녀 주인공의 비중을 살펴보면, 남성의 비중이 여성보다 압도적으로 높을 것을 알 수 있다. 10편 중에서 남성만 포스터에 등장하는 영화가 4편이나 되고, 남성보다 여성이 많은 영화가 5편이고 여성의 비중이 더 높은 영화는 겨울왕국 2뿐이다. 굳이 이런 통계적인 수치로 계산하지 않아도 극장에 걸리는 대부분의 영화(특히 대작 영화나 상업

영화)를 떠올려보면 남자가 주인공인 경우가 많다. 한국 영화에서 여성 원톱의 상업 영화는 사라진 지 이미 오래되었다.

남성 중심적인 영화는 국내에서만 볼 수 있는 현상은 아니고 최근 들어서 갑자기 심해진 현상도 아니다. 미국인 여성 만화가 엘리슨 벡델은 이미 이런 불균형을 깨닫고 1985년 자신의 만화 '주목할 만한 레즈들'에서 '영화 성평등 평가 방식'을 고안해 냈다. 벡델 테스트로 불리는 이 방식은 아주 간단하다.

1) 영화에 이름을 가진 여성이 두 명 이상 나올 것
2) 이들이 서로 대화할 것
3) 대화 내용에 남성과 관련된 것이 아닌 다른 내용이 있을 것

얼핏 보면 단순한 이 테스트를 통과하지 못할 영화가 거의 없을 것 같지만, 막상 기준을 통과하는 영화는 그리 많지 않다. 영화진흥위원회 발표에 따르면 2023년 흥행작 29편 중에서 벡델 테스트를 통과한 영화는 12편(41.4%)뿐이었다. 영화 주인공이 아닌 영화를 만드는 감독이나 스태프 중에서 여성 비율을 살펴보면 수치는 훨씬 낮아진다. 2023년 흥행작 35편 중에서 여성 감독의 작품은 임순례 감독의 '교섭' 뿐이었고 여성 촬영 감독은 0명이었다.

여성의 시선에서 바라보는 영화가 많지 않다는 것은 영화가 자

칫 남성 중심적인 세계관을 더욱 고착하는 매개체로 작동할 수도 있다는 위험성을 보여주는 일이다. 영화계에서도 이러한 문제점을 인식하고 한국영화감독조합(DGK) 주최로 2020년부터 벡델데이를 열고 매해 가장 성평등한 영화와 드라마 10편을 선정해 시상식과 상영회 등 다양한 프로그램을 진행하고 있다. 2020년~2023년 벡델데이에서 선정한 영화들은 부록에서 확인할 수 있다.

영화진흥위원회는 성평등 영화의 확산을 위해서 벡델 테스트 외에도 벡델 테스트를 발전시킨 스테레오타입 테스트, 다양성 테스트를 통과한 영화들을 매년 발표하고 있다.

여성 스테레오타입 테스트는 영화에 등장하는 여성 캐릭터의 전형성을 파악하는 7개 항목에 대한 테스트로 1~4항목은 주 · 조연 인물을 대상으로 하며, 6~7항목은 엑스트라를 대상으로 한다. 하나의 항목이라도 해당한다면 정형화된 여성 캐릭터가 존재하는 것으로 본다.

다양성 테스트는 성적 소수자, 장애인, 다양한 인종 · 종족 · 국가'에 해당하는 캐릭터를 대상으로 '등장 여부, 주인공 여부, 정형화나 편견에 도전하는지 여부'를 질문하고 각 항목에 차별을 두어 가점하는 방식으로 산출한다.

최근엔 벡델 테스트를 변형한 기후 현실 점검 테스트도 등장하였다.

1. 영화가 기후 변화의 존재를 인정한다.

2. 적어도 한 명의 캐릭터가 기후변화에 대해 알고 있다.

영화는 우리 사회의 모습을 반영하고 있다. 영화가 사람들에게 주는 영향이 적지 않기 때문에 영화가 현실을 왜곡해서 보여준다면 이는 큰 문제가 될 수도 있다. 영화는 현실을 반영하고 있으면서 더 나아가 때로는 우리 사회가 나아가야 할 방향성을 제시해 주기도 한다. 성평등 영화는 자본에 영향을 많이 받는 상업 영화에서보다는 독립 · 예술 영화에서 더 쉽게 찾아볼 수 있다. 개인적으로도 상업 영화 못지않게 독립 영화나 예술 영화를 많이 찾아보는 편이다. 더 많은 사람들이 성평등 영화, 다양성 영화에 관심 가져주길 바라며, 이 책에서도 여성, 장애인, 다양한 인종이 주인공인 독립 · 예술 영화들을 많이 소개하려고 노력하였다.

《Tip》 어린이가 만든 영화, 친구들이 만든 영화 함께 보기

영화는 어른들만이 만들 수 있는 건 아니다. 아이들이 쓴 시로 만들어진 동시가 있고, 아이들이 부른 노래로 동요가 만들어지듯이, 어린이들이 만든 영화도 쉽게 찾아볼 수 있다. 2020년 제1회 교육영화제를 시작하면서 학생들이 만든 영화를 출품받아 보기 시작했다. 사실 그전에는 학생 영화에 큰 관심이 없었고 기대도 크지 않았었다. 하지만 한 편 두 편 학생들의 웃음과 열정이 담긴

영화들을 보기 시작하면서 놀라움을 멈출 수 없었다. 카메라 기술이 좋아졌고, 편집도 쉽게 할 수 있게 되었고, 무엇보다도 고가의 카메라나 편집 프로그램 없이 스마트폰만으로도 촬영부터 편집까지 영화를 완성할 수 있는 시대가 되면서, 영화를 만드는 진입 장벽이 예전보다 훨씬 낮아졌다. 영화를 만들고 나서 공유할 수 있는 유튜브라는 플랫폼까지 있으니 맘만 먹으면 누구나 꼬마 영화인이 될 수 있는 시대가 도래한 것이다.

학생 영화를 살펴보면서, 초등학생 영화는 성인의 지도나 도움 여부가 영화의 질을 많이 좌지우지한다는 것을 알게 되었다. 중학교부터는 학생들 스스로 창의적으로 영화를 만들기 시작하고, 고등학교에서는 전공자(영상 고등학교나 애니메이션 고등학교)와 비전공자의 간격도 크다는 것을 알게 되었다.

수업 시간에 극장에서 개봉한 영화를 학생들과 함께 봐도 좋지만, 또래 친구가 만든 영화를 교실에서 보는 것도 신선한 경험이다. 초등학교 6학년 국어 교과에 영화 만들기 활동이 제시되어 있는데, 수업 전에 다른 지역 · 다른 학교 친구가 만든 영화를 보여주면 창작 활동에 큰 도움이 된다. 일단 몰입도가 최고다. 연출적인 면에서나 연기 면에서 다소 어색한 부분이 있더라도 또래 친구들이 만든 영화이니 다들 이해하고 오히려 반가워하며 넘어가는 분위기이다.

영화를 좋아하는 일의 끝은 결국 영화를 만드는 일이라고 한다. 나 역시 2019년 가톨릭영화제에서 운영하는 단편영화제작워크숍에서 연출을 맡으면서 영화를 더 깊이 알게 되고 영화를 더 사랑하게 되었다. 독서 교육 목표 중 하나가 읽고 생각하는 과정을 거쳐서 글을 잘 쓰는 것에 있듯이, 영화도 깊이 보는 과정을 거친 후에 자기 생각이 담긴 이야기로 영화를 만들어 낼 수 있다면, 최고의 영화 수업이 되지 않을까?

모든 학생이 다 카메라를 들고 영화감독이 될 필요는 없다. 다만, 영화가 꼭 많은 인력과 자원을 투입해서 만들어지는 것이 아니라 뜻이 맞는 친구들과 함께 힘을 합쳐서 소규모로도 충분히 만들 수 있는 예술 분야라는 것을 알았으면 한다. 또래 친구들이 만든 학생 영화를 같이 보면서 마음 한구석에 영화 창작의 불씨가 조금이나마 생겨나기를 바란다. 그런 이유로 이 책에서도 학생들이 만든 단편 영화 두 편을 실었다. 이 외에도 정말 많은 수준 높은 학생 영화들을 유튜브에서 찾아볼 수 있다. 어떤 영화들을 보면 좋을지 막막하다면, 앞에서 소개한 국내 주요 어린이 · 청소년 영화제에서 수상한 작품들부터 찾아보면 된다. 꿈과 상상력이 가득한 보물 같은 영화들을 만나게 될 것이다.

3부

교과별 영화 읽기

수업 교과에는 어떤 영화가 좋을까?

학교에서 많은 교사들이 수업 자료로 영화를 활용하고 있다. 동기 유발을 위해 짧은 영상을 보여주기도 하고, 단원을 마무리하면서 영화 전체를 보여주기도 하고, 유튜브에 20~30분 요약된 영상을 보여주는 경우도 많다. 수업 목표(성취 기준)를 이루기 위해서 교사들은 다양한 자료들을 활용할 수 있다. 다만 수업 목적을 이루기 위한 수단으로서 영화가 많이 활용되다 보니 짧게 잘려진 영상을 보여주는 식으로 영화가 활용되는 모습에 아쉬울 때가 많다. '한 학기 한 권 읽기'가 국어 교육과정에 들어서게 된 것도 비슷한 이유이다. 글밥이 긴 문학 작품이나 긴 지문을 가진 글이 교과서에 실리는 과정에서 왜곡되거나 분절되는 경우가 많다 보니, 작품 자체가 지닌 매력을 학생들이 제대로 느낄 수 있도록 온 작품 읽기를 아예 교육 과정에 넣은 것이다.

영화도 마찬가지이다. 학생들의 이해를 돕기 위해서 영화 일부 장면을 이용하는 것은 반가운 일이지만, 영화 읽기를 제대로 하고 싶다면 한 학기 한 번 정도는 시간을 내서 영화 전체를 온전히 감상하기를 바란다.

학교에서, 수업 시간에 어떤 영화를 어떤 방식으로 보면 좋을까? 개인적으로는 아래와 같은 기준으로 학생들과 한 학기에 한두 편 영화 전체를 같이 관람하고 있다.

- 교과별 교육 과정과 연계해서 보면 좋을 영화
- 상영 시간이 길지 않은 영화
- 학생들이 많이 보지 않은 영화
- 관람 등급에 맞는 영화

- 가능하면 중간에 끊지 않고 처음부터 끝까지 함께 보기
- 정상 속도로 보기(꼭 시간을 단축해야 한다면 1.1배속으로 보기)
- 엔딩 크레딧까지 함께 보기
- 영화관 분위기 조성하기(불 끄기, 편안한 자세로 보기 등)
- 영화 보기 전, 영화 보기 후 영화 읽기 수업하기

위에 제시한 기준처럼 영화 읽기를 진심으로 하려는 이유는, 그냥 시간 때우기 용으로 긴 영화를 보여주는 것은 아닌가 하는 말을 듣고 싶지 않아서이기도 하다. 학기 말 학급 파티로 재미있는 영화를 보여주는 것도 좋지만 조금은 재미가 떨어져도 이왕이면 교육 과정과 연계된 영화를 보여주면 좋겠다. 가끔 3시간이 넘는 긴 영화를 소개하는 경우도 많은데, 이 책에서 단편 영화를 소개하는 이유와 마찬가지로 장편 영화도 너무 긴 영화보다는 짧은 영화들을 추천한다.

최근에 개봉했거나 유명한 작품이어서 이미 많은 학생이 본 영화보다는 조금은 덜 알려졌지만 좋은 영화들을 발굴해서 이왕이면

아무도 보지 않은 영화를 보는 것도 추천하는 방법이다. 학생 수준과 관람 등급에 맞는 영화를 봐야 하는 것도 당연한 일이고.

우리 반에서 영화를 볼 때는 최대한 교실을 영화관처럼 꾸며 놓고 시작한다. 커튼을 치고 불을 끄고 책상 위치도 조절해서 편안한 분위기에서 영화를 볼 수 있도록 하고, 영화가 시작되면 가능한한 중간에 끊지 않고 처음부터 끝까지 한 번에 보여주고 있다.

영화의 참맛을 온전히 느낄 수 있도록 정상 속도로 보여주고 있지만, 시간이 애매할 때는 일부분을 살짝 빠르게 보여주기도 한다(1.1배속은 크게 어색하지 않다). 영화를 좋아하는 씨네필들과 극장에 가면 엔딩 크레딧이 끝날 때까지 영화의 여운을 느끼기 위해서 자리를 뜨지 않는다. 교실에서도 엔딩 크레딧이 올라오면 불은 켜지만 화면은 끄지 않고 영화가 완전히 끝날 때까지 기다린다.

가족들과 친구들과 영화를 보기 전에 예고편을 보고 어떤 영화일지 설레는 것처럼, 교실에서 영화를 볼 때에도 미리 영화를 소개해 주고 마음의 준비를 하게 한다.

영화가 끝난 후에 제일 궁금한 건 다른 사람들의 소감이다. 교실에서도 영화가 어땠는지 학생들과 꼭 같이 이야기를 나누고 있다.

영화를 관람하는 순간에는 온전히 영화에 푹 빠져서 혼자만의 시간을 가지지만, 영화가 끝나고 나서부터는 다른 사람들과 이야기를 나누며 내가 미처 보지 못했거나 느끼지 못했던 부분들을 찾으며 영화를 완성하고 있다. 오랫동안 좋아하고 있는 이동진 평론가의 책 『영화는 두 번 시작된다』에서도 알 수 있듯이 극장을 나서면서 더 깊게, 더 넓게 영화가 펼쳐지는 경우가 많기 때문이다.

학교에서 영화를 볼 때도 마찬가지이다. 영화만 보여주고 전후로 학생들과 아무런 상호작용을 하지 않는다면 그건 혼자서 집에서 영화를 보는 것과 다르지 않을 것이다. 영화교육연구회 선생님들과 함께 만든 영화 활동지를 연구회 홈페이지와 교사 커뮤니티에 공유하고 있다. 활동지를 함께 풀 시간이 부족하다면 간단하게 소감이라도 나눠보자. 비로소 학생들 마음속에서 영화 속 장면들이 하나하나 다시 살아날 것이다.

국어 교과 연계 영화

Theme 01

가을바람 불르면

박찬호 감독 | 2022년 | 한국 | 20분 | 전체관람가

#단편 #동시창작 #다문화교육 #이주배경가족 #마음전달하기 #사랑과우정

성취기준 연계

- 《2국05-04》 시나 노래, 이야기에 흥미 갖기
- 《4국05-02》 자기 경험을 작품 속 세계와 현실 세계에 비교하여 작품 감상하기
- 《6국05-05》 자기 경험을 시, 소설, 극, 수필 등 적절한 갈래로 표현하기

줄거리

한국말이 서투른 한국-베트남 가정의 자녀, 종수는 그동안 자신의 국어 숙제를 도와줬던 같은 반 친구 지희를 위해 한국어로 시를 쓴다.

초등학교 국어 교과 1학년~6학년까지 빠지지 않고 등장하는 동시. 동시는 길지 않아서 그런지 저학년에서부터 창작 활동을 함께 제시한다. 어린이들이 동시를 짓는다고? 초등학생들도 큰 어려움 없이 쓸 수 있는 것이 동시이지만, 막상 어른들도 시를 쓰라고 하면 쉽게 써지지 않는 것이 시이기도 하다. 종종 소설책도 읽고 지식정보 책도 읽으며 교양을 쌓지만, 성인이 된 이후에 시집은 거의 손을 대지 않았었다. 젊은 시절 사랑에 실패하고 시린 마음을 달래기 위해 가슴 아픈 시집을 읽은 기억이 전부였는데, 교사가 되어서 학생들한테 동시 창작 활동을 지도하려고 하니, 어디서부터 시작해야 할지 막막했다. 몇 년간의 시행착오 끝에 국어 교과서에 동시가 나오면 학년에 상관없이 학생들과 함께하는 활동이 생겨났다.

- 도입 활동 그림책『다니엘이 시를 만난 날』
- 교과서 동시 – 다양한 방법으로 표현하기(몸으로 표현하기 등)
- 도서관에서 각자 맘에 드는 동시집 하나씩 빌려 읽기
- 동시집에서 마음에 드는 동시 시화로 그리기 & 발표하기
- 동시 창작하기
- 용산도서관 창작 시 공모전 응모하기
- '어린이 시, 노래가 되다'(실천교육교사모임 예술문화 프로젝트) 참여하기

시를 쓰는 일이 결코 어려운 일이 아니라는 것을 알리기 위해 도입 활동으로 그림책『다니엘이 시를 만난 날』을 읽어 주었다. 그러던 중 지인 소개로 알게 된 영화《가을바람 불르면》. 이 영화를 보면서 무엇보다도 그림책『다니엘이 시를 만난 날』과 닮아서 무척이나 기뻤다. 초등학생 주인공 종수는 반 친구인 지희로부터 시를 배

우게 되고, 지희와 과외 시간을 보내며 보고 듣고 느낀 것을 하나씩 마음에 담아 두었다가 시를 완성하게 된다. 세월이 흘러 지희는 곧 도시로 전학을 가게 되고, 종수는 지희에게 가을바람 부르면 꼭 다시 만날 것을 약속하며 시를 전한다.

영화를 보며 마음이 몽글몽글해졌다. 영화교육연구회 활동을 하면서 단편 영화의 아름다움을 느끼고 많이 소개하고 있지만, 단편 애니메이션에 비해 학생들과 보기에 적당한 단편 실사 영화는 그다지 많지 않다. 이 책에서 소개하고 있는 《콩나물》은 온라인에서 유료로 영화를 시청할 수 있는 통로가 있고, 《페루자》는 유튜브에 공개되어 있지만, 대부분의 단편 영화들은 볼 수 있는 통로가 제한적이다.

《가을바람 불르면》은 한국영화아카데미(KAFA) 졸업 작품으로 KAFA 홈페이지에서 무료로 시청 가능하다. 회원 가입 및 로그인하고 스트리밍 시청을 하면 한 달간 시청이 가능하다. 2024년 5학년 1학기 국어 '2. 작품을 감상해요' 단원에서 『다니엘이 시를 만난 날』과 《가을바람 불르면》을 보고 동시 창작 프로젝트를 시작했다.

영화 열기

"지난 시간에 그림책 『다니엘이 시를 만난 날』 함께 읽었는데, 오늘은 단편 영화를 같이 보도록 할게요. 우리가 지금, 동시 창작 프로젝트를 진행하고 있잖아. 그림책도 마찬가지지만 오늘 볼 영화도 시를 어떻게 지으면 좋을지 힌트를 주고 있거든. 먼저 영화 제목부터 살펴볼까? 제목은 가을바람 불르면인데, 왜 '부르면'이 아니고 '불르면' 일까?"

"사투리 같아요."
"한글을 잘 모르는 사람이 쓴 표현 같아요."
"잘 모르겠어요."

"선생님도 영화 보기 전에 궁금했는데, 영화에 '가을바람 불르면' 표현이 정확하게 나오거든. 어떤 이유로 '부르면'이 아닌 '불르면'이 되었는지 영화 잘 살펴보자고."

영화 속으로

"영화 잘 봤나요? 선생님은 영화를 보면서 『다니엘이 시를 만난 날』이랑 여러모로 닮아 있어서 무척 반가웠거든. 그리고 한국인이 좋아하는 단편 소설 중 하나인 황순원 작가의 『소나기』

도 떠오르더라고. 영화 리뷰 보니까 이 영화를 만든 감독님이 소설 『소나기』와 선생님이 개인적으로 참 좋아하는 이창동 감독의 《시》에서 영향을 많이 받았다고 하더라고."

주인공 종수는 한국-베트남 부모에서 태어난 이주배경 가족(다문화) 아이이다. 어렸을 적 아빠를 여의고 엄마 손에서 자란 종수는 한글이 서툴다. 친구들은 그런 종수를 도와주고, 지수는 종수에게 시를 배워보지 않겠냐고 제안한다.

"지희가 시를 좋아하는 걸로 나오잖아. 그래서 종수한테 시도 가르쳐주고. 종수가 궁금해서 지희한테 물었지. 왜 시를 쓰냐고. 지희가 뭐라고 대답했지?"

"중요한 것을 잊지 않기 위해서 시를 쓴다고 했어요."

"맞아. 정확하게는 '안 잊으려고. 정말 중요한 것들'이라고 지희가 답했지."

"종수가 자기는 시를 잘 못 쓴다고 걱정하니까 지희가 종수한테 너는 무언가를 가지고 있어서 시를 잘 쓸 수 있다고 했는데, 종수한테 뭐가 있다고 했지?"

"마음이요."

"그래. 마음이 없으면 글을 아무리 잘 써도 시를 잘 쓸 수 없다고 했지. 글을 잘 쓰고 시를 잘 쓰고 노래 가사를 잘 짓는 사람들이 분명히 있기는 해. 그런데 선생님도 젊었을 적에 뜨거운 사랑에 빠지거나 반대로 사랑에 실패해서 시련을 겪으면 마음속에서 노래 가사가 절로 나오더라고. 마음에 무언가가 가득 차면 결국 그게 시든 이야기든 노래든 밖으로 나오게 되더라고."

지희는 종수가 많은 것을 보고 느낄 수 있도록 시골 마을 곳곳을 함께 돌아다닌다.

"지희가 종수한테 시 수업 3단계를 알려주잖아. 첫 번째 단계에서는 나무를 만지고 느끼며 내 마음속, 몸속 감각을 활짝 열라고 하지. 첫 번째 단계에서 지희가 강조했던 것은 뭐였지?"

"다르게 다가가기요."

"맞아. 매일 학교를 오고 가면서 보는 풍경도 어느 잘 자세히 보면 완전히 다르게 보이기도 하거든. 다르게 다가가면, 다르게 보이기 시작할 거야. 다르게 보이면 드디어 시를 쓸 수 있는 준비가 된 거지."

"두 번째 단계에서는 경운기를 만지면서 시의 주제를 찾아보라고 하는데, 두 번째 단계에서 지희가 강조했던 것은 뭐였지?"

"보고 느끼기요."

"맞아. 단순히 보기만 해서는 안 되고 온몸의 감각을 이용해서 보고, 듣고, 만지다 보면 무언가 깨닫는 게 생기겠지. 이제 주제까지 찾았으니 시를 짓기만 하면 되겠네."

"마지막 3단계에서 지희는 종수와 냇가에서 신나게 놀면서 종수에게 주제와 감각을 연결해 보라고 하거든. 3단계에서 지희가 강조한 것은 뭐였지?"

"마음으로 느끼기요."

"응. 그냥 느끼면 안 되고 마음 깊숙한 곳에서부터 느끼면 시는 정말로 끝날 준비가 된 거고. 마음으로 무언가를 느끼고 그걸 글로 옮기면 멋진 시 완성! 영화가 시를 창작하는 기술적 방법보다 더 중요하게 여기는 것은 결국 마음이더라고. 종수 엄마가, 아빠가 쓴 편지를 보고 글을 읽지 못해도 느낄 수 있었다고 했는데, 어떻게 느낄 수 있었던 거지?"

"편지에 아빠의 진심이 담겨 있어서 느낄 수 있다고 했어요."
"진짜 느낄 수 있을까? 다른 나라 친구가 전혀 모르는 글로 편지를 써서 보내주면, 외국 친구의 마음을 느낄 수 있을 것 같니?"

"어려울 것 같아요."
"쉽지 않을 것 같아요."

"쉽지 않겠지. 아무런 맥락 없이 모르는 글을 본다면 무슨 말인지 전혀 이해하지 못하겠지. 근데 맥락이 있으면 내가 그 글을 정확히 이해하지 못해도 느낄 수는 있을 것 같아. 종수가 지희한테 쓴 시, 같이 한 번 읽어볼까?"

가을 바람(이종수)

가치듣는 나무
어려운 기게
신나게 널던 계곡
우스며 걷던 거리
이제 혼자 봐 하내
가을바람 불르면
다시 만나

"이 시를 지희와 종수가 아닌 다른 사람이 본다면, 아니면 이 영화를 보지 않은 사람이 본다면, 아마도 맞춤법 때문에 엉망인 시라고 생각했을 거야. 근데 우리는 종수와 지희가 뜨거운 여름을 함께하면서 둘 사이에 무언가 사랑과 우정 사이의 애매한 감정이 싹텄다는 것을 함께 느꼈잖아. 그래서 이 시를 보면서 종수의 마음을 여러분도 충분히 느꼈을 것 같아. 지희가 쓴 시도 같이 살펴볼까?"

OOO(지희)

물장구를 치던 소리도
그 옆에서 웃던 친구들의 웃음도
마음에 책갈피에 담아
추억으로 저장합니다.

"지희의 시에서는 어떤 마음이 느껴졌지?"

"시골에서 친구들과 함께 지내면서 행복해하는 마음이 느껴졌어요."
"친구들과 헤어져야 하는 것을 아쉬워하는 마음이 느껴졌어요."

"맞아. 우리는 영화를 봤기 때문에 지희의 마음을 느낄 수 있었던 거지. 영화를 보지 않은 사람은 아마도 지희의 마음을 제대로 헤아리지 못할 거야."

영화 밖으로

짧은 그림책 한 편을 본다고, 단편 영화 한 편을 본다고 어린이들이 갑자기 훌륭한 시인이 되지는 않을 것이다. 그럼에도 불구하고 앞으로도 동시 창작 프로젝트를 진행할 때 『다니엘이 시를 만난 날』과 《가을바람 불르면》을 학생들에게 보여주려고 한다.

시를 짓는 일, 마음을 전달하는 일은 결코 쉬운 일은 아니지만 분명 누군가의 삶을 아름답게 해주는 아주 중요한 일이라는 것을 학생들도 깨닫기를 바라기 때문이다.

"이번 주말에 시를 드디어 지어 볼 건 데, 쓰다가 정 어려우면 내가 좋아하는 거, 정말로 행복했던 순간, 매일 지나가면서 마주치는 것들을 자세히 떠올려 보면 좋을 것 같아.
자세히 보면 분명 그전에 보이지 않았던 것들이 분명 떠오르기 시작할 거야. 무언가 떠오르면 그걸 시로 잘 낚아채면 되고. 유명한 나태주 시인의 시도 있잖아 '자세히 보면 예쁘다. 너도 그렇다.' 여러분들의 시 너무 기대되고, 동시 낭송도 잘 준비해 주고."

좋은 시를 쓰기 위해서는 다르게 다가가고 많이 보고 느껴야 한다. 얼마 전 장맛비가 내리던 날 운동장에 6학년 학생들이 우산도 없이 우루루 다니는 걸 보았다. 쉬는 시간도 아니고 수업 시간에 왜 비를 맞고 있는지 궁금했는데, 6학년 담임 선생님한테 물어보니 아이들이 온몸으로 비를 맞으며 자연을 느껴보면 좋을 것 같아서 불편함을 무릅 쓰고 운동장으로 향했다고 한다.

이야기를 들으며 어렸을 적에 비를 홀딱 맞았던 기억들이 떠올랐다. 자세히 기억나지는 않지만 비를 맞으며 무언가를 많이 느꼈었던 것 같다. 아마 그때의 감정을 시로 표현했었으면 멋진 시가 나올 수 있지 않았을까 생각해 본다.

꼭 비가 아니더라도 많이 느끼다 보면 아이들은 누구나 멋진 시인으로 성장해 갈 수 있을 것이다. 피카소가 이야기했듯이 '어린이들은 모두 예술인'이니까.

국어 교과 연계 영화

Theme 02

말모이

엄유나 감독 | 2018 | 한국 | 135분 | 12세관람가

#장편 #한글 #국어사전 #조선어학회 #국어 #사회 #역사
#독립운동 #일제강점기 #실화

성취기준 연계

· 《4국04-02》 단어를 분류하고 국어사전을 활용한 능동적 국어 활동

· 《6사06-01》 일제 식민 통치와 국민 저항이 사회에 미친 영향 이해하기

줄거리

1940년대 우리말이 점점 사라져가고 있는 경성. 극장에서 해고된 후 아들 학비 때문에 가방을 훔치다 실패한 판수. 하필 면접 보러 간 조선어학회 대표가 가방 주인 정환이다. 사전 만드는데 전과자에다 까막눈이라니! 그러나 판수를 반기는 회원들에 밀려 정환은 읽고 쓰기를 떼는 조건으로 그를 받아들인다. 돈도 아닌 말을 대체 왜 모으나 싶었던 판수는 난생처음 글을 읽으며 우리말의 소중함에 눈뜨고, 정환 또한 전국의 말을 모으는 '말모이'에 힘을 보태는 판수를 통해 '우리'의 소중함에 눈뜬다.

얼마 남지 않은 시간, 바짝 조여 오는 일제의 감시를 피해 '말모이'를 끝내야 하는데… 우리말이 금지된 시대, 말과 마음이 모여 사전이 되다.

일제강점기 시절 조선어학회에서 우리나라 최초로 만든 국어사전을 소재로 한 영화《말모이》. 영화는 286만 명의 관객을 모으며 대중적으로 성공하였고, 매년 한글날 여러 곳에서 추천하는 단골 작품이 되었다. 한글에 대해 나름 잘 알고 있다고 생각했음에도 불구하고, 극장에서 영화를 보면서 처음으로 '말모이'의 존재를 알게 되었다. '말을 모은다'는 의미의 순우리말 말모이. 서슬 퍼렇던 일제강점기 시절, 우리나라 최초로 국어사전을 만드는 것도 모자라 이렇게 정겨운 이름을 붙였다니! 조선어학회 분들의 용기에 큰 박수를 보낸다.

아름다운 한글을 가진 나라이지만, 우리나라만큼 외래어의 남용이 심한 곳도 없을 것이다. 종종 카페나 식당에서 한글이 전혀 없는 메뉴판을 보곤 한다. 교대에 입학하기 전 3년간 직장 생활을 했었는데, 내부 직원이 아니면 알기 힘든 온갖 영어로 가득한 문서들을 보며 갸우뚱할 때도 많았었다.

학교에서도 학교 교육 과정 문서나 연구대회 보고서 등에서 과도하게 영어가 사용되는 것을 보면 아쉬울 때가 많다. 학교조차도 영어 사랑을 피해 갈 수 없는 곳이 되었지만, 학교는 그래도 불필요한 외래어가 난무하는 곳은 아니다. 한글의 아름다움과 과학적 원리에 대해 학생들에게 널리 알릴 수도 있으니, 한글을 사랑하는 교사로서 학교는 더할 나위 없는 좋은 곳이다. 학교 이름도 새하늘초, 빛고을초처럼 순우리말인 곳들이 많고, 학급 이름도 한글 이름을 사용하는 곳들이 점점 많아지고 있다. 우리 반 교실에서도 가급적 순우리말을 많이 사용하려고 노력하고 있다. 매월 만나는 달 이름도 우리말을 사용해서 표현하고 있다. 3월 물오름달, 4월 잎새달, 5월 푸르른달, 6월 누리달, 7월 빗방울달, 8월 타오름달, 9월 여미는달, 10월 하늘연달, 11월 미틈달, 12월 맺음달, 1월 해오름달, 2월 꽃샘달. 한글로 이렇게 풀어 쓰면 그달의 풍경이 교실 안에 고스란히 채워지게 된다.

《말모이》는 여러 측면에서 교육적 활용 가치가 높은 작품이다. 한글을 배우기 위해 노력하는 주인공(김판수)의 모습부터 학교에서 한글 말을 빼앗기고 창씨개명을 해야 하는 역사적 상황과 학생이었던 김판수의 아들이 해방을 맞이한 후에 교사가 되어서 학생들에게 말모이 국어사전을 소개하는 마지막 장면까지, 영화 자체가 한 권의 역사 교과서이자 한글 교과서이다.

영화는 국어와 사회(역사) 시간에 함께 시청하기에 좋다. 영화 전체를 관람하는 것이 제일 좋지만 상영 시간이 다소 길고 12세 관람가이기도 해서, 영화 일부분을 보여주는 것도 좋은 방법이다.

영화 열기

초등학교 3학년부터 5학년까지 국어사전 읽는 법을 차곡차곡 배운다. 3학년에서는 국어사전에서 낱말을 찾는 방법과 기본형에 대해 배우고, 4학년에서는 사전에서 여러 낱말을 찾으며 글을 읽는 활동을 한다. 5학년에서는 같은 단어이지만 여러 가지 뜻을 가진 동형어와 다의어를 사전에서 확인하는 방법을 익힌다.

"요새는 이런 종이로 된 국어사전은 잘 보지는 않지만, 어른들도 단어 뜻을 잘 모를 경우 인터넷에서 국어사전을 찾아보거든. 그래서 사전을 잘 읽을 줄 알아야 하는데. 지금이야 우리가 아주 쉽게 인터넷에서 모르는 단어를 찾아볼 수 있는데, 제일 처음 최초의 한글 사전을 만들었던 사람들이 가장 고민했던 것은 무엇이었을까?

"사전에 어떤 단어들을 넣을지 고민했을 것 같아요."

"그렇지. 사전은 사람들이 일상생활에서 사용하는 단어들을 대부분 포함해야 할 텐데, 새로 생겨나는 단어들도 있고, 일부 사람들만 쓰는 단어들도 있을 테니, 그런 고민이 분명히 있었겠지."

"사전에 들어가는 낱말 순서에 대한 고민도 있었을 것 같아요."

"응. 수많은 단어를 어떤 순서로 넣을지에 대한 고민도 있었겠지. 다만 세종대왕께서 처음 한글을 만들었을 때도 자음과 모음은 순서가 있었으니 몹시 어려운 문제는 아니었을 것 같기는 해. 또 어떤 고민이 있었을까?"

"글쎄요."

"우리는 대부분 교실에서 표준어를 사용하고 있잖아. 요새는 지역에서 쓰는 사투리도 억양만 다를 뿐 사용하는 단어는 크게 다르지 않은데, 예전에는 같은 물건이라 하더라도 지역마다 부르는 이름이 아주 달랐었어.
예를 들면 감자를 제주도에서는 '지슬'이라고 불렀고, 감자전을 강원도에서는 '감자부치기'라고 불렀지. 지금은 어디를 가도, 심지어는 외국을 가도 영어나 스마트폰을 이용해서 의사소통에 어려움이 많지 않은데, 예전에는 다른 지역 사람을 만나면 소통하는 것부터 지금처럼 쉽지 않았을 것 같아.
오늘은 함께 《말모이》 영화를 같이 볼 건데, 여러 가지 이야기들이 나오는데, 그 중에서 우리나라 최초의 한글사전인 '말모이'가 만들어진 과정을 잘 살펴보자고. 영화의 시간적 배경인 일제강점기 시절에 우리 선조들이 겪어야 했던 아픔에 대해서도 잘 살펴보고."

영화 속으로

우리나라 최초의 국어사전, 말모이

"영화 잘 봤나요?"

"네!"

"선생님은 극장에서 이 영화를 처음 보면서 '언젠가 학교에서 학생들이랑 꼭 봐야지' 생각했는데 이번에 같이 보게 되었네. 3~4학년 때 국어 시간에 사전에 대해서 배웠던 것도 기억나지? 먼저, 사전에 대해 이야기해 볼까? 영화 제목부터 살펴보면, '말모이'의 뜻은 뭐지?"

"말을 모은다는 거예요."

"맞아. 말을 모은다는 뜻으로 우리나라 최초 국어사전의 이름이기도 하지. 조선어학회에서 우리말 사전에 딱 맞는 이름을 붙인 것 같아. 근데, 조선어학회에서는 일제강점기 시절에 죽을 위험을 무릅 쓰고 왜 국어사전을 굳이 만들려고 했을까?"

"말과 글은 민족의 정신을 담는 그릇이기 때문이에요"

"맞아. 우리가 이야기하고 글 쓰고 생각하는 거 모두 말과 글로 이루어지잖아. 우리가 하는 말과 글이 결국 우리 자신을 나타낸다는 말이야. 그래서 영화에서도 나오듯이 일제 강점기 시절에 학교에서 한글도 못 쓰게 하고, 이름도 일본식으로 바꾸려고 했던 거지."

"주인공 류정환이 여러 가지 어려움 속에서 사전을 만들기로 결심하게 된 까닭은 무엇이었지?"

"어린아이들이 조선말을 모르고 일본말을 사용하며 자라는 것을 보고 결심했어요."

"맞아. 사람이 모이는 곳에 말이 모이고, 말이 모이는 곳에 뜻이 모이고, 뜻이 모이는 곳에 비로소 독립의 길이 있을 거라 생각한 거지."

"조선어학회에서 사전을 만드는 과정에 여러 어려움을 겪었는데, 어떤 어려움들이 있었지?"

"총독부에서 사전 만드는 것을 감시하고 반대했어요. 지역마다 사투리가 달라서 말을 모으는 데에 시간이 오래 걸린다고 생각했어요."

"맞아. 지역마다 다른 사투리 때문에 사전 만드는 작업이 쉽지 않았지. 그때 김판수가 조선어학회에 도움을 주었는데 어떤 도움을 주었지?"
"감옥에서 알던 여러 지역 사람을 모아서 지역마다 다른 사투리를 빨리 모을 수 있게 되었어요."

"맞아. 가위의 지역별 이름은 사투리로 뭐였지?"

"가위, 가재, 강애, 가우, 가시개, 가세 등이 있었습니다."

"고추장의 지역별 이름은 뭐였지?"
"꼬추장, 강추장, 꼬장, 땡추장이, 꼬치장, 됭간장 등이 있었어요."

"그렇지. 선생님도 영화를 보면서 엄청 신기하더라고. 지금은 어디를 가든 가위, 고추장인데 100년 전만 해도 이렇게 지역별로 다양한 이름으로 불리였다니. 어떻게 보면 지금은 너무 모든 것이 표준어로 통일된 것 같아서 정겨운 사투리가 너무 많이 사라진 것은 아닌가 아쉬움이 들기도 해."

일제강점기 시련 속에서 만들어진 말모이

《말모이》는 역사 수업 시간에도 활용하기 좋은 훌륭한 교육 자료이다. 영화는 일제강점기 말기 일본이 우리 고유의 문화를 없애기 위해 펼친 민족 말살 통치 정책들을 고스란히 보여주고 있다. 특히, 주인공 김판수(유해진)의 아들과 딸의 시선에서 일제강점기 시절 조선인들에게 불리했던 차별적 정책들을 자세히 보여주고 있으며, 이러한 차별을 극복하기 위해 조선어학회에서 어떤 노력을 했는지 두 눈으로 직접 확인할 수 있다.

"얘들아, 일본이 우리나라를 1910년부터 1945년까지 긴 시간 동안 식민 지배를 하거든. 일제강점기 말기가 되면 일본이 한반도를 넘어서 아시아와 태평양으로까지 전쟁을 확대해 나가는데, 태평양 전쟁에 조선인들을 동원하기 위해 이름도 일본식 이름으로 바꾸라 하고, 학교에서는 일본 말만 쓰게 하는 등 강력한 정책들을 펼치기 시작하지. 영화에서 구체적으로 어떤 일들이 있었는지 이야기해 볼까?"

"일본이 한국인들의 정체성을 없애고 전쟁에 동원하기 위해 황국신민 정책을 펼쳤어요."

"일본과 조선이 하나라며 내선일체라고 했어요."

"한국인의 이름과 성을 일본식으로 바꾸는 창씨개명을 강요했어요. 학교에서 학생들한테 이름을 바꾸라 했고, 그렇지 않으면 불이익을 줬어요."

"조선어 교육을 없애고, 조선어로 된 출판물을 강제로 없앴어요."

"제2차 세계대전이 일어나자 일본 전쟁에 우리나라 사람들을 막 데려가고 자원을 마구 사용했어요."

"맞아. 식민 지배가 길어지면서 처음에는 일제에 반대하다가 시간이 흐르면서 일본의 앞잡이가 된 사람들도 생겨나기 시작하는데. 이런 사람들을 우리가 변절자라고 부르는데, 영화에서는 누가 변절자로 나왔지?"

"류정환의 아버지요. 경성제일중고등학교 이사장으로 학생들을 일제의 황국신민으로 키우는 역할에 앞장섰어요."

"소설가 이광수와 시인 주요한도 일제 앞잡이로 변절해서, 한때 동지였던 임동익이 극장 앞에서 엉엉 울었어요."

일제강점기 36년은 결코 짧은 시간이 아니었을 것이다. 1910년대에 태어난 조선인은 어른이 될 때까지 나라 없는 설움을 겪으며 성장할 수밖에 없었다. 독립에 대한 희망도 점점 사라져 갔을 것이다. 영화 《암살》에서 변절한 이정재가 과거의 동지들한테 "해방될 줄 몰랐지."라며 늘어놓은 변명이 어느 정도 이해가 되기도 한다. 칠흑같이 어두웠던 시대에 조선의 독립과 조선어 사전 만들기 모두를 포기하지 않았던 조선어학회 사람들. 영화는 사라질 뻔했던 우리나라 최초의 사전을 끝까지 지켜낸 이들의 용기에 큰 박수를 보내고 있다.

영화 밖으로

영화에 나온 모든 사건이 모두 실제로 있었던 일들은 아니다. 상업 영화이고 대중 영화이다 보니 영화적으로 각색하면서 꾸며낸 내용들이 적지 않다. 팩트 체크 차원에서 몇 가지 역사적 사실들을 확인해 보자.

"《말모이》 영화 팩트 체크 조사해 보자고 했는데, 영화랑 실제 역사랑 어떤 부분에서 달랐지?"

"영화 마지막에 김판수가 일본 경찰에 쫓기면서 말모이 사전 원고를 건물에 몰래 숨기는 장면이 나오는데, 실제로는 경찰이 조선어학회 사건 때 압수했던 것을 해방 이후에 우연히 발견했다고 해요."

"주인공 류정환의 아버지가 친일파인 경성중고등학교 이사장으로 나오는데, 1930년대 중반부터 조선어학회를 이끈 류정환의 실제 모델인 이극로 선생님은 가난한 농부 출신이에요."

"대부분의 영화 속 등장인물이 가상의 인물이라고 해요."

역사 영화 수업에서 팩트 체크는 중요하다. 하지만, 역사는 영화화될 때 재미와 감동을 위해 많은 부분 어쩔 수 없이 각색될 수밖에 없다. 영화는 결코 있는 그대로의 역사가 아니다. 영화가 역사를 얼마나 올바르게 재현했느냐 보다 더 중요한 점은 영화가 전하는 메시지이다.

영화《말모이》가 많은 관객에게 알려준 사라질 뻔했던 우리나라 최초 국어사전의 소중함, 그리고 이 소중한 사전을 만들기 위해 목숨을 바친 조선어학회 분들의 용기! 영화를 보고 이 두 가지만큼은 잊지 않기를 바란다.

Theme 03

P짱은 내 친구

마에다 테츠 감독 | 2010 | 일본 | 109분 | 전체관람가
#실화 #토의토론 #생명의소중함 #돼지 #초등학교

성취기준 연계

·《4과04-01》 동물의 한살이를 직접 관찰하고, 관찰한 내용을 글과 그림으로 표현하기
·《6국01-06》 토의에 협력하여 서로의 의견을 비교하고 조정하기
·《6국01-07》 절차와 규칙을 지키고 타당한 근거를 제시하며 토론하기
·《6실04-08》 동식물을 기르고 가꾸는 방법을 알고, 체험을 통해 생태 존중감 갖기

줄거리

"잘 길러서 다 크면 잡아먹자." 교실에 돼지 한 마리를 데려온 선생님이 말한다. 18년 전 오사카 초등학교의 실화이자 TV 다큐멘터리로 방송되어 큰 반향을 불러일으켰던 내용을 바탕으로 한 영화. 정든 돼지를 정말 잡아먹어야 하는가, 잡아먹는다면 그 시기는 누가 결정할 것인가. 아이들은 돼지와 함께 음식에 관한 태도와 생명의 존엄을 배워간다. 일본 최고 인기배우 츠마부키 사토시 가 선생님 역을 맡았으며 26명의 아이들의 순수한 눈

동자와 말 한마디 한마디가 가슴을 울리는 감동으로 다가온다.

어느 날, 6학년 2반 담임 호시 선생님은 반 아이들에게 귀여운 아기 돼지 한 마리를 소개한다. 다 함께 돼지를 키워 자라면 잡아 먹자는 선생님의 제안에 아이들은 놀라지만 귀여운 아기 돼지를 너나 할 것 없이 사이 좋게 돌보기 시작한다. 운동장 한켠에 돼지우리를 만들고 "P짱"이라는 이름까지 붙여준 6학년 2반 아이들. 생명과 음식의 소중함을 일깨워주기 위해 시작된 선생님의 특별한 교육을 통해 아이들과 P짱은 수많은 우여곡절을 함께 극복하며 많은 것을 배운다.

그렇게 소중한 추억을 쌓을 동안 어느덧 훌쩍 커버린 P짱, 그리고 이제 졸업을 앞둔 아이들은 처음 선생님의 제안처럼 P짱을 잡아 먹을 것인지 그대로 살려둘 것인지에 대한 결정을 해야 하는데…

어떤 수업이 교사와 학생 모두에게 만족도가 높은가요?

수업에는 왕도가 없다고 하지만, 개인적으로는 토론 수업을 하고 나면 여러모로 만족스러울 때가 많다. 우리나라 교육의 문제점을 이야기할 때 빠지지 않고 등장하는 '정답만을 찾는 교육', '선택형/객관식형 시험'은 사실 초등학교에서부터 고민해 봐야 할 문제이다. 나 역시 문제풀이식 한국식 교육에 이미 너무 많이 물들어져 있어서, 정답이 없는 토론 수업은 왠지 어렵고 낯설게 느껴질 때가 많다. 하지만 학생들하고 막상 토론 수업을 해보면 정해진 정답이 없을수록 학생들이 더욱더 활기차게 수업에 임하는 것을 볼 수 있다. 정답을 찾는 교육에 너무 집중해 오면서 자칫 학생들의 창의성, 흥미, 자발성을 떨어뜨려 왔던 것은 아닌가 반성해 본다.

토론 수업은 여러 장점을 가지고 있지만 토론은 준비 과정부터 결코 쉽지 않다. 교과서나 수업 시간에 자주 등장하는 토론 주제들은 이미 학생들이 문제집이나 논술 학원에서 많이 다뤄봤기 때문에 기계적인 토론이 오고 가는 경우가 많다. 학생들이 관심을 가지고 적극적으로 토론에 임할 수 있는 주제가 생각보다 많지 않고, 토론하려면 다양한 입장과 의견이 있어야 하는데 찬성이나 반대 어느 한 쪽으로 의견이 쏠리는 경우도 많다.

토론 주제를 정하고, 사전 조사 과제를 내고, 찬성 · 반대 · 패널 등 역할을 나누고, 토론 대형으로 자리 배치를 하는 등 자잘하게 신경 써야 할 것들이 참 많다. 그럼에도 불구하고 토론은 학생들의 사고력을 키울 수 있는 훌륭한 수업이기 때문에 교과서에 토론 활동이 제시되어 있으면 다른 어떤 수업보다도 잘 준비해서 학생들과 만나고 있다.

영화 《P짱은 내 친구》는 끝장 토론의 진수를 느낄 수 있는 작품이다. '초등학생들이 이렇게 토론을 잘하다니!' 아무리 영화라고 하지만 절로 감탄이 나왔다.

일본 오사카에 있는 초등학교 6학년 2반 담임 선생님은 학기 초 학생들에게 살아 있는 돼지를 소개하고 1년간 열심히 키워서 잡아

먹자고 제안한다. 학생들이 돼지를 키우며 생명의 소중함을 깨달을 수 있도록 살아 있는 교육을 실험적으로 시도한 것이다. 선생님의 의도대로 학생들은 직접 돼지를 키우면서 점점 정이 들었고, 커가는 돼지를 어떻게 처리해야 할지 고민에 빠지게 된다. 그리고 돼지의 운명을 앞에 두고 반 학생들은 여러 차례 치열한 토의와 토론을 펼치게 된다.

영화 열기

"오늘 볼 영화는 일본 영화이고 실제 있었던 일을 바탕으로 만들어진 영화라고 하네. 선생님은 집에서도 보고 전에 학생들하고도 본적이 있는데, 국어 시간에 배우고 있는 토의 · 토론 수업과 관련해서 좋은 참고 자료가 될 수 있을 것 같아. 혹시 집에서 반려동물 키우고 있는 학생들 있니?"

"저요! 강아지 키우고 있어요."
"저는 햄스터를 키우고 있어요."

"요새 반려동물 키우고 있는 집들 참 많지? 그런데 만약에 여러분들이 키우는 반려동물을 잡아먹는다고 하면, 먹을 수 있겠니?"

"아뇨. 절대 못 먹을 것 같아요."

"맞아. 반려동물은 처음부터 사람들이 가족처럼 친구처럼 생각하고 키우는 거니까 잡아먹을 생각을 하는 경우는 없겠지. 그렇다면 질문을 조금 바꿔볼까? 여러분들이 주로 먹는 닭고기, 돼지고기, 소고기 같은 고기를 키우는 농장을 가 본 사람 있나요?

"아뇨."

"선생님도 직접 이런 농장을 가본 적은 없는데, 대신 우유를 만드는 젖소들이 있는 체험 농장은 몇 차례 가봤거든. 그리고 티브이나 인터넷에서 닭, 돼지, 소를 키우는 농장의 모습을 본 적도 있고. 근데 이런 동물들은 대부분 태어날 때부터 잡아먹힐 운명에 처한 거잖아. 같은 동물인데 어떤 동물들은 집에서 가족처럼 귀한 대접을 받고, 어떤 동물들은 사람들한테 잡아먹히고. 불쌍한 것 같기도 하면서 어쩔 수 없는 것 같기도 하더라고.
오늘 볼 영화에서는 우리가 즐겨 먹는 돼지를 학교에서 직접 키우는 교실이 나오거든. 이 돼지가 반 아이들에게 친구 같은 존재가 되었다가, 마지막에는 사육 농장으로 넘어가게 되는 위기에 처하게 되는데. 과연 돼지의 운명은 어떻게 될지, 같이 영화를 살펴보자고."

영화 속으로

P짱과 함께 한 6학년

영화에서 6학년 2반 학생들은 개학 첫날부터 졸업식 날까지 봄, 여름, 가을, 겨울 사계절을 돼지와 함께 보낸다. 'P짱'이라고 이름도 붙여주고 운동장 한구석에 집도 만들어주고, 밥도 주고, 깨끗이 씻겨 주며 지극 정성으로 P짱을 돌본다. 많은 아이들이 반려동물을 키우고 싶어 하지만, 여러 가지 사정으로 집에서 반려동물을 키우는 것은 여전히 쉽지 않은 일이다(우리 집도 겨우 구피만 키우고 있다). 그런데 학교에서 친구들과 함께 돼지를 키우다니! 학생들 입장에서는 친동생이 생긴 것만큼이나 기쁜 일이었을 것이다.

반려동물을 키우는 것은 정서적으로 안정감과 책임감을 키워주며 생명의 소중함에 대해서도 느낄 수 있는 좋은 기회이다. 그런 이유에서인지 어렸을 적 초등학교에는 자그마한 사육장이 있었다. 학교를 졸업하고 나서도 종종 들려오는 "꼬끼오" 소리가 참 반가웠었는데, 어느 순간부터 울음소리가 들리지 않았다. 기억을 떠올려 보니 꿩도 있었는데 말이다. 관리 문제도 있고(누가 키웠는지 참 궁금하다), 구제역이나 조류 인플루엔자 같은 동물 질병도 계속 유행하고, 동물권에 대한 인식도 높아져서 이제 학교에서 동물을 키우는 것은 상상하기 쉽지 않은 일이 되었다.

"P짱을 키우면서 반 아이들이 여러 일들을 겪었잖아. 학생들 입장에서는 분명히 힘이 되는 좋은 일들도 있었지만, 예상치 못했던 여러 어려움도 겪게 되었잖아. 어떤 점이 좋았고, 어떤 점이 힘들었지?"

"P짱이 사는 집을 만들어주고, 밥도 주면서 학생들이 학교생활을 즐거워했어요."
"P짱을 키우면서 책임감이 커졌어요."
"초등학교 졸업 전에 어디 가서도 경험해보지 못할 멋진 추억을 만들었어요."
"P짱이 사는 집을 만들기 위해 네트를 사용했다가 체육 선생님께 주의를 받았어요."
"학교 토마토밭을 엉망으로 만들었어요."
"P짱이 학교 바깥으로 나가서 학생들이 찾으러 다녀야 했어요."
"돼지우리를 빠져나와 수업 시간에 P짱이 갑자기 들어온 적도 있었어요."
"돼지 울음소리가 다른 반에 방해가 되어서 교장 선생님께 혼났어요."
"아이들이 P짱을 키우는 것을 부모님들이 반대했어요."
"P짱이 감기에 걸려서 앓아눕기도 했어요."
"돼지고기를 먹는 것에 대한 거부감이 생긴 학생들도 있었어요."

어렸을 적 생명이 있는 무언가를 키우는 것은 소중한 경험으로 남게 된다. 나 역시 학교 앞에서 산 병아리를 정성스럽게 키우다가 갑자기 죽자 꺼이꺼이 울며 양지바른 곳에 고이 묻어준 슬픈 기억이 있다(넥스트의 노래 〈날아라 병아리〉 같은!). 어릴 때는 이것저것 뭐든 키우고 싶은 마음에 엄마 아빠를 보챘지만, 어른이 되어보니 조그마한 집에서 동물을 키우는 것이 쉽지 않은 일이라는 것을 알게 되었다. 하루 세 끼 먹이도 챙겨줘야 하고, 아프면 동물 병원에도 데려다줘야 하는 등 신경 써야 할 일들이 참 많다. 힘든 일이었지만 1년간 P짱을 돌보며 반 아이들의 몸과 마음은 무럭무럭 성장했을 것이다(빠른 속도로 자라나는 P짱 만큼이나).

끝장 토론! P짱의 미래는 과연?

영화에서 선생님은 학생들에게 돼지를 소개하며 1년간 함께 기른 후에 잡아먹을 거라고 이야기한다. 사육당하는 돼지의 운명을 생각해 보면 사실 크게 이상해할 것 없는 약속이다. 하지만 P짱을 키우면서 선생님 역시 P짱에게 정이 많이 들게 되고, 반 아이들 역시 자신들이 직접 기른 P짱을 직접 잡아먹는 다는 것은 상상도 할 수 없는 일이 되었다. 여름 방학이 지나고 졸업이 점점 다가오면서 P짱을 어떻게 해야 할지 모두 깊은 고민에 빠지게 된다.

1) 첫 번째 토론: P짱을 어떻게 할 것인가?

(계획대로 P짱을 먹는다 vs P짱을 먹을 수 없다)

"영화에서 여러 차례 토론하는 장면이 등장하는데, 어른들 못지 않게 치열하게 토론을 펼치더라고. 아무래도 학생들의 삶과 직접 관련이 있는 문제이고, 학급 회의를 통해서 결정된 내용대로 P짱의 운명이 정해지다 보니까 다들 심각하고 진지하게 토론에 임하더라고. 첫 번째 토론에선 'P짱을 계획대로 먹을 것인지, 아니면 P짱을 먹을 수 없을 것인지' 주제로 토론을 펼쳤는데, 어떤 의견들이 오고 갔었지?"

"원래 계획했던 대로 P짱을 먹자고 했어요."
"P짱을 키우면서 정이 들어서 도저히 P짱을 먹을 수 없다고 했어요."
"P짱도 다른 돼지들처럼 돼지이니 먹어도 된다고 했어요."
"다른 고기는 먹을 수 있지만, P짱은 절대 먹을 수 없다고 했어요."

"또 어떤 의견이 있었죠?"

"학교에서 계속 키우자는 의견도 있었어요."
"결론은 어떻게 났지?"

- 안 먹는다 18명
- 먹는다 5명
- 모르겠다 3명

첫 번째 토론 결과, 대부분의 학생들이 P짱을 먹는 것에 반대하였다. 당연한 결과이다. 친구처럼 지냈던 P짱을 죽이는 것도 쉽지 않은데, P짱을 잡아먹을 학생들은 거의 없었을 것이다.

P짱을 키워서 잡아먹으려고 했던 계획이 어그러지자 담임 선생님은 P짱을 맡아줄 농장을 찾아보지만, 한 살이 넘은 돼지를 받아주는 농장은 아무 곳도 없었다. 자연 상태의 돼지 수명은 15년 정도 된다고 한다. 하지만, 인간들이 도축해서 먹는 건 보통 6개월짜리 돼지라고 한다. 여러모로 인간만큼 잔인한 동물이 없다. 소와 닭도 마찬가지로 대부분 어린 시기에 도축을 당해서 식탁 앞에 놓이게 된다. 고기를 좋아해서 채식은 다음 생애로 미루었지만, 어린 나이에 도축을 당하는 동물들의 모습을 보면 마음이 아프기도 하다. 이런 이유로 점점 많은 사람들이 채식을 선택하게 되는 걸까?

한 살이 넘는 P짱을 받아줄 곳이 없자 담임 선생님과 학생들은 P짱을 어떻게 처리하면 좋을지 고민에 빠지고, 교실 게시판에 다양한 의견들이 하나둘씩 붙여지기 시작한다.

'가까운 공원에서 키운다'
'하급생에게 물려준다'
'식육센터로 보낸다'

'동물원에 맡긴다'

2) 두 번째 토론: P짱의 최종 운명은 과연?

고민에 빠진 담임교사는 교직원 회의에서 내년에 새로운 학년에서 P짱을 맡아 줄 반이 있는지 물어본다. 처음에는 다들 고개를 저었지만 다행히 3학년 신규 선생님께서 P짱을 맡아보고 싶다고 나섰다. 하지만 3학년은 너무 어려서 다 큰 돼지를 키우기가 쉽지 않을 것 같다는 6학년 학생들 의견에 담임 선생님은 졸업을 일주일 앞두고 두 번째 학급 회의(토론)를 연다.

"두 번째 토론 주제는 뭐였지?"

"P짱을 3학년 동생들한테 넘길지, 식육센터에 보낼지 정하는 거였어요."

"어떤 의견들이 오고 갔었지?

"3학년한테 맡기는 것은 무리이고 위험하다고 했어요."
"3학년한테 맡겨도 1년 지난 다음에는 3학년 동생들도 또 어떻게 해야 할지 똑같은 고민에 빠지게 될 거라고 했어요."
"3학년들이 1년 키우다 식육센터에 보낼 수도 있으니, 그럴 바에는 지금 우리끼리 정해서 식육센터로 보내자고 했어요."

"우리가 끝까지 P짱을 책임지자는 의견도 있었어요."

"결론은 어떻게 났지?"

- 3학년에게 맡기자 13명
- 식육센터에 보내자 13명

13대 13. 숫자가 보여주듯 첫 번째 토론과 달리 두 번째 토론은 어느 한쪽으로 일방적으로 쏠리지 않고 양측의 의견이 팽팽하게 오고 갔다. 학생들은 각자 자신의 입장에서 P짱을 어떻게 하면 좋을지 최선의 결정을 내리고 상대측을 설득하였지만, 누구 하나 쉽게 의견을 굽히지 않았다. 밤늦게까지 이어진 토론 모습이 보여주듯, 오랜 시간 동안 P짱과 함께하면서 말랑말랑했던 학생들의 논리가 쇠처럼 단단하게 굳어진 것이다.

지지부진한 토론이 이어지자, 학생들은 선생님의 의견을 묻는다.

(영화 속 대사) "선생님은 식육센터에 보내는 거 찬성이세요?"
"그런 문제가 아니고 우리 반에서 키웠으니까 다 같이 결정하자고."
"선생님, 생명의 길이는 누가 정하나요?"
"그건 아무도 정할 수 없는 거야."

생명의 소중함을 학생들 스스로 깨달았으면 좋겠다고 생각했던 선생님의 의도가 졸업을 앞두고 학생들에게 통하기 시작한 것일까? 3학년에게 맡기든, 식육센터에 보내든 P짱을 아끼고 사랑하는 반 아이들의 마음은 모두 똑같을 것이다. 설사 식육센터에 보낸다 하더라도 예전과는 다르게 분명히 생명의 존재에 대해서 생각하고 고민하면서 동물들을 바라보게 되었을 테고 말이다.

P짱의 최종 운명은 과연 어떻게 되었을까? 13:13 반반으로 갈린 학생들 사이에서 캐스팅 보드를 쥔 담임 선생님은 결국 6학년 첫날 반 학생들한테 약속했던 대로 P짱을 식육센터에 보내기로 한다. 치열한 토론을 거쳐서 나온 결론이라 학생들은 선생님의 결정에 쉽게 동요하지 않았다. 이어지는 선생님의 설명에 한 명 두 명 울먹이는 학생들이 생겨났지만 아이들은 선생님의 결정에 반대하거나 의문을 제기하지 않았다. 어떤 결정이든 모두를 만족시킬 수는 없는 문제였고, 모두가 여러 차례의 회의를 통해 함께 결정한 문제였으니 선생님의 최종 결정을 존중해준 것이다.

반 학생들은 어렵게 내린 결정 이후 3학년 친구들에게 P짱을 물려주지 못한 미안함을 전하고, P짱과 마지막으로 운동장에서 추억을 쌓고, 졸업식까지 마친 이후 P짱과의 이별을 맞이한다. 식육센터 차가 운동장에 들어서서 P짱을 태우자, 학생들은 P짱이 평소 좋아했던 토마토를 던지며 작별 인사를 건넨다.

영화 밖으로

영화는 일본 초등학교에서 실제로 있었던 일을 바탕으로 하고 있다. 대한민국 학교에서 돼지를 키우거나 밤늦게까지 끝장 토론을 벌이는 것은 상상하기 어려운 일이다. 영화는 살아있는 무언가를 직접 키우면서 생명의 소중함을 깨우치는 '삶과 교육이 일치하는 이상적인 모습'을 보여주고 있지만, 현실에서 삶과 교육은 점점 멀어져만 가고 있다. "다른 선생님들은 말이나 책으로도 생명의 소중함에 대해서 잘 가르치고 있다"는 교감의 지적에 담임은 "말이나 책으로 가르치니까 학생들이 '잘 먹겠습니다'라는 말도 제대로 못하고 있다"고 반박한다.

살아있는 교육을 꿈꾸는 교사로서 무척이나 공감이 가는 장면이었다. '동물 키우기'는 초등학교 5학년 실과 교육과정에서 다루고 있다. 동물을 잘 키우는 방법에 대해 여러 가지 사례를 통해서 배우고 있지만, 교과서와 영상으로 지식을 습득한 학생 중 그 누구도 영화 속 학생들만큼 깨달음을 얻은 사람은 없을 것이다.

토론도 마찬가지이다. 국어 교과서에 제시된 토론 주제를 보면 아쉬울 때가 많다. 5학년 1~2학기에 예시로 제시된 '학교에서 스마트폰 사용이 필요한가?', '유행에 따라 희망 직업을 바꾼다면?' 두

가지 토론 주제로 수업하면, 토론 자체는 열띤 분위기로 이어지지만, 토론이 어떻게 끝나든 토론 결과가 학생들의 삶에 직접적인 영향을 주지는 못한다(토론하는 과정을 통해서 학생들의 생각하는 힘은 쑥쑥 커졌겠지만).

영화에서 학생들은 어떻게 밤늦게까지 열띤 토론을 펼쳤을 수 있었을까? 그건 학생들의 토론 결과가 P짱의 운명에 직접적인 영향을 끼쳤고, 돼지와 친구처럼 지냈던 반 아이들에게도 지대한 영향을 끼쳤기 때문이다. 어떤 주제로 그리고 어떤 방식으로 토론 수업을 해야 상대측을 이기기 위한 기술적인 토론이 아닌 진심을 담아 토론에 참여할 수 있을까? 영화 《P짱은 내 친구》를 보며 여러 가지 생각에 잠긴다.

도덕 교과 연계 영화

Theme 01

수네vs수네

존 홈버그 감독 | 2018 | 스웨덴 | 89분 | 전체관람가

#장편 #학교 #초등 #어린이 #가족영화 #거짓말

#양심 #도덕 #우정 #친구 #4학년

성취과정 연계

· 《4도01-01》 자신의 감정을 소중히 여기며 존중하는 태도를 바탕으로 내가 누구인가를 탐구하기

· 《4도01-02》 정직의 의미를 알고 모범 사례를 탐색하여 바르게 행동하려는 태도 기르기

· 《6실01-01》 아동기의 발달 특징을 이해하고 성장발달에 필요한 조건과 방법 탐색하기

· 《6실01-03》 건강한 가정생활을 위해 구성원 모두에게 다양한 요구가 있음을 이해하여 서로에 대한 배려와 돌봄 실천하기

줄거리

4학년이 된 첫날, 수네는 교실에서 원치 않은 놀라운 일을 겪게 된다. 처음 보는 소년이 자신이 원하는 모든 것을 갖추고 자신의 자리에 앉아 있다. 그 뿐만이 아니다. 그 소년의 이름도 수네라는 사실이다. 최악의 4학년이 시작되었다.

《수네vs수네》는 부산국제어린이청소년영화제(이하 '비키') 온라인 배급 작품으로 네이버 시리즈온에서 무료로 시청할 수 있는 영화이다. 비키에서는 현재(2024년 5월 기준) 열한 편의 영화를 배급하고 있는데(상영작은 비키 홈페이지에서 확인할 수 있다), 상영시간도 대부분 짧고 선정적이거나 폭력적인 장면이 하나도 없어서 저학년부터 고학년까지 두루 즐길 수 있다. 열한 편의 배급작 중에서《수네vs수네》는 재미와 유머가 넘치면서도 교육적인 의미를 놓치지 않는 최고의 비키 영화이다.

영화는 같은 반에 주인공 수네와 이름이 똑같은 또 다른 수네가 전학을 오면서 시작된다. 이름만 같은 것이 아니라 성(性)도 비슷해서 수네A, 수네B 이런 식으로 구분하지도 못하고, 수네 vs 수네2 이런 식으로 구분해야 하는 웃지 못 할(하필 원래 있던 수네가 '수네2'가 되었다) 상황이 벌어진 것이다. 평소 접하기 어려운 스웨덴 영화이며 우리나라 교실에서도 충분히 일어날 수 있는 일로, 한국 학교와 스웨덴 학교를 비교하며 영화를 살펴보아도 좋다.

영화 열기

"지난 주말에 '우리 반에 나와 이름이 완전히 똑같은 친구가 전학 온다면?' 주제로 주제 일기 적었는데, 다들 재미있는 상상을 펼쳤더라고. 어떤 일이 벌어질까?"

"학급 회의에서 이름 헷갈리지 않게 큰 태민, 작은 태민 이런 식으로 이름을 붙여서 지내야 할 것 같아요."

"이름이 같아서 친구들도 헷갈리고, 선생님도 헷갈리고, 교실이 엉망진창이 될 것 같아요."

우리 반 교실에 또 다른 지태민이 있다면? 상상만으로도 재밌는 일이 펼쳐진다.

영화는 크게 질투와 부러움, 거짓말과 양심, 꿈과 현실을 주제로 삼고 있다. 초등학교 4학년 교실에서 펼쳐지는 일로 3~4학년 학생들과 봐도 좋고, 5학년 도덕 '1. 바르고 떳떳하게' 정직 단원과 연계해서 봐도 좋다. 고학년 학생들이 봐도 유치하지 않고, 저학년 학생들도 그다지 어렵지 않게 즐길 수 있는 작품이다.

영화 속으로

질투와 부러움

"얘들아, 영화에서 수네 2와 수네 2 엄마가 새로 전학 온 수네와 수네 엄마를 질투하잖아. 어떤 이유로 질투했지?

"수네 2는 새로 전학 온 수네가 똑똑하고 성숙하고 자신이 좋아하는 소피가 새로운 수네한테 관심을 보이자 질투했어요."

"맞아. 당연히 그럴 수 있을 것 같아. 하필이면 이름도 똑같으니 얼마나 비교되겠어. 소피뿐만 아니라 반 친구들도 새로 온 수네한테 관심을 보이니까 왠지 자기가 소외되는 것처럼 느꼈겠지. 수네2 엄마는 새로 이사 온 수네의 엄마한테 왜 질투심을 느꼈을까?"

"새로 온 수네 엄마가 고급 차를 몰고 좋은 집에서 살고, 몸에 좋으면서도 비싼 유기농 간식을 준비하자 질투했어요."

"맞아. 수네 2 엄마는 오래된 차를 타고 다니는데 영화 초반에 차가 고장 나잖아. 새 차로 바꾸고 싶었을 텐데, 멋진 외제 차를 타고 다니는 아들 친구의 엄마를 보고 질투심이 생겼겠지."

"나보다 더 가진 것이 많거나 능력이 뛰어난 사람을 부러워하는 것은 사람이라면 누구나 느끼는 당연한 감정인 것 같아. 선생님도 항상 마음속으로 누군가를 부러워하며 지내거든. 여러분들도 누군가를 부러워하거나 질투했던 경험이 한 두 번씩은 있을 텐데, 이야기 나눠 볼까요?"

"저는 스마트폰이 없는데, 좋은 스마트폰 가진 친구가 부러워요"

"저는 안경을 쓰는데, 눈이 좋은 친구가 부러워요."

"게임을 잘하는 친구가 부러워요."

"공부를 잘하는 친구, 인기가 많은 친구, 친구가 많은 친구가 부러워요."

"딱히 부러운 친구는 없는 것 같아요."

"질투하고 부러워하는 감정은 자연스러운 거라고 했지. 자연스러운 감정을 바탕으로 자기 자신을 발전시키면 되겠지. 공부를 잘하는 친구를 목표로 삼아서 공부를 조금 더 열심히 할 수도 있고, 인기가 많은 친구를 잘 살펴보고 어떻게 하면 친구를 더 잘 사귈 수 있을지 생각해 볼 수 있을 것 같아."

나이가 들면 모든 부끄러웠던 내 안의 어린아이는 사라지고 성숙한 어른이 될 줄 알았다. 하지만 어른이 되어도 마음속 결핍과 부족은 쉽게 사라지지 않았다. 《수네vs수네》에 등장하는 어른들도 마찬가지다. 질투하고 거짓말하는 어른들의 모습을 보며 어떤 아이들은 통쾌함을 느꼈을 것이고, 어떤 아이들은 어른들이라고 해서 꼭 완벽한 것은 아니라는 것을 깨달았을 것이다. 어쩌겠느냐? 어른들도 처음 사는 인생이라 시행착오를 거치면서 살아가고 있으니 말이다.

주변 사람을 부러워하는 것은 지극히 자연스러운 감정이지만, 수네 2와 수네 2 엄마의 질투심은 선을 넘어 자기 자신과 상대방을 속이는 행동으로까지 이어진다. 수네 2 엄마는 새로 이사 온 수네 엄마가 좋은 차를 모는 것을 보고 오래된 자기 차를 모르는 척한다. 수네 엄마가 사 온 유기농 고급 간식을 보고서는 자신이 사 온 싸구려 간식을 버려 버린다. 더 웃긴 것은 수네2의 엄마가 이웃집 엄마를 만나기 전에 아들에게 "질투한다고 해결되는 것은 없어. 후회만 계속하다 죄책감만 들걸. 양심이란 건 마음속 사람 같아서 잘못한 일이 있으면 알려주고 널 계속 괴롭히게 된단다."라며 충고했다는 것이다. 자녀들이나 학생들에게 잔소리를 늘어놓는 어른들도 결정적인 순간이 닥치면 아이들 못지않게 미성숙한 행동을 한다. 꼭 영화가 아니더라도 뉴스에 나오는 어른들의 수많은 거짓말을 보면 말이다.

거짓말과 양심

엄마의 말과 행동이 다르다는 것을 보고 부끄러움을 느낀 수네 2는 자신이 수네와 반 친구들에게 잘못한 일을 사과하려고 용기를 낸다. 하지만, 수네가 오히려 반 친구들에게 거짓말을 한 사실을 알게 되고, 수네를 압박하고 이용하기 시작한다. 수네 2가 올바른 길을 가지 않자, 마음의 소리인 양심이 등장한다.

"얘들아, 선생님은 수네 2 양심이 나오는 게 인상적이더라고. 도덕 시간에 양심은 마음의 소리라고 이야기했는데, 눈에 보이지는 않는 마음의 소리를 이렇게 대놓고 보여주니까 재미있으면서도 신기하더라고. 수네 2가 양심을 만난 곳은 어디 어디였지?"

"식당에 있는 음식물 쓰레기통이랑 집 냉장고 등에서 만났어요."

"맞아. 마음을 겉으로 표현할 수는 없으니까, 쓰레기통이나 냉장고 같은 공간을 마음으로 대신해서 표현한 것 같아."

"수네 2 양심은 어떤 모습으로 등장했지?"

"나이 든 아저씨가 양심으로 나왔어요."

"맞아. 양심은 자기 마음속에 있는 거니까 또 다른 수네 2가 1인 2역으로 나올 수도 있을 법도 같은데, 나이 많은 어른이 수네 2의 양심으로 나오더라고. 왜 이렇게 나이 든 사람을 수네 2의 양심으로 내세운 걸까?"

"양심이 우리 마음을 지켜주는 어른 같은 존재라 그렇게 표현한 것 같아요."

"맞아. 양심이 수네 2에게 여러 가지 조언을 해주는데, 기억에 남는 말들 있었니?"
"넌 나를 피할 수 없다고 했어요."

수네 2는 결국 양심의 소리에 따라서 자기 잘못을 인정하고, 원래대로 수네가 쥴리엣 역할을 맡아서 무대에 설 수 있도록 한다. 사람은 누구나 잘못을 저지르며 살아간다. 잘못을 저지를 때, 마음의 소리에 귀를 기울이느냐 귀를 기울이지 않느냐에 따라 어떤 사람으로 성장하게 될지가 결정된다.

"영화 속 어른들도 그렇고 선생님도 그렇고 사람이면 누구나 잘못을 저지르며 살고, 잘못을 저지르면 마음속으로 뭔가 찔리는 게 생기거든. 근데 나는 잘못을 했는데도 마음의 소리를 들어본 적이 없었다면? 그건 커가면서 큰 문제가 될 수 있어.
범죄자들이 그렇거든, 죄책감을 전혀 느끼지 못하니까 작은 죄를 저지르다가 결국 큰 죄를 저지르게 되는 거지. 마음의 소리를 무시하지 말고 잘 들을 수 있는 우리 반 친구들이 되자고."

꿈과 현실

수네 2와 수네 2의 엄마가 질투에 빠져 지내는 사이, 수네 2의 동생과 아빠는 꿈과 현실 사이에서 줄타기에 한창이다. 영화는 웅장한 전투 장면으로 시작된다. 처음에는 '어린이 영화에 웬 전쟁?' 하고 의아해했지만, 영화 중간중간 등장하는 판타지 장면들이 곧 동생의 상상 속 장면이라는 것을 깨달았다. 첫 번째 고대 전투 장면에 이어서 두 번째 상상부터는 우주로 장소가 바뀌고, 마지막 엔딩에 등장하는 상상까지 영화에는 총 네 편의 판타지가 등장한다. 판타지 장면만 따로 모아놓고 봐도 흥미로운 이야기가 연결되며 영화 전체 줄거리와도 맥이 닿아있다.

"얘들아, 영화 시작과 끝 그리고 중간중간 전투 장면이 나오잖아. 이게 뭘까? 처음에는 선생님도 이게 뭐지? 하고 궁금했거든."

"동생이 상상하는 장면 같아요."

"맞아. 동생은 아직 어리잖아. 상상 속에서 살고 있는 모습을 판타지하게 그리고 있는 것 같아. 근데 동생만 상상 속에 등장하지 않고 다른 사람들도 등장하지. 누가 또 등장하지?"

"형과 아빠 그리고 형의 여자 친구가 같이 등장해요."

"맞아. 반대로 동생의 상상 속에서 한 번도 등장하지 않았던 사람은 누구지?"
"동생의 누나와 엄마는 등장하지 않아요."
"누구는 등장하고, 누구는 등장하지 않는데 왜 그런 걸까?"
"어린 시절의 상상이나 동심을 가지고 있는 사람들은 동생의 상상 속에 등장하고, 그렇지 않은 사람들은 등장하지 않는 것 같아요."

"맞아. 형이 중간에 어른이 되고 싶어 하잖아. 그런 순간에는 동생의 상상에서 형이 사라졌다가, 형이 친구한테 한 잘못을 뉘우치고 하니까 다시 동생의 상상으로 들어오게 되지."

수네 2 동생이 상상의 나래에 빠져서 지내는 모습을 보니 어릴 적 기억들이 떠올랐다. 나 역시 어렸을 적에는 별별 상상을 다 하며 스포츠 스타가 되었다가, 전쟁 영웅이 되었다가, 전지전능한 신이 되어보기도 했으니 말이다. 나이가 들면서는 점점 이런 비현실적인 상상은 꿈에서나 가끔 만나게 되었지만 말이다.

동생이 꿈과 동심에 푹 빠져 있는 사이, 아빠는 현실의 꿈과 어렸을 적 꿈 사이에서 갈팡질팡한다. 직장에서 해고될 위기에 처하자, 아빠는 어렸을 적 꿈이었던 드럼에 다시 도전해 보기로 한다. 음악이라는 꿈에 한 발 다가갔을 때에는 주변 사람들로부터 '어려 보여요.'라는 말을 듣지만, 곧이어 마주한 현실에서는 '다시 나이 들어 보여요'라는 말을 듣는다. 꿈과 현실 사이에서 고민하던 아빠는 오랫동안 원해왔던 승진을 하게 되고 가족에게 멋진 자동차를 선물해 준다. 그렇다고 꿈을 포기한 것은 아니다. 동생의 상상 속에서 한 번도 등장하지 않았던 아빠는 마지막 판타지에서 등장하게 되는데, 이는 곧 현실에서 성공을 거둔 아빠가 자신의 어릴 적 꿈도 포기하지 않았음을 보여주는 듯하다.

영화 밖으로

사람들은 누구나 나이가 들면서 현실적인 어른으로 변해간다. 능숙하게 거짓말도 잘하게 되고 티 안 나게 주변 사람들을 시기도 하며 점점 겉과 속이 다른 속물이 되어간다. 그렇다고 어른이 되는 것이 꼭 나쁜 것은 아니다. 수네 아빠처럼 승진하면서 자기 계발을 이어 갈 수도 있고, 수네 엄마도 잘못을 깨닫고 원래의 자리로 돌아왔으니 말이다.

꿈이 있는 한 사람은 영원히 늙지 않는다고 한다. 거짓, 질투 같은 부정적인 감정은 잘 달래주면서, 마음 한구석에 숨겨 두었던 꿈과 상상이 사라지지 않도록 하자. 우리는 모두 한때 꿈과 상상으로 가득했던 어린아이였으니 말이다.

도덕 교과 연계 영화

Theme 02

아이들은 즐겁다

이지원 감독 | 2021 | 한국 | 108분 | 전체관람가

#장편 #어린이 #가족 #죽음 #학교 #우정 #여행 #아지트 #어린이영화 #웹툰원작

성취기준 연계

- 《4도02-01》 효, 우애의 의미와 필요성 명료하게 이해하고 가족의 행복을 위해 할 수 있는 일 탐색하여 실천 계획 세우기
- 《4도02-02》 친구 간의 배려를 바르게 이해하고 일상생활에서 배려에 기반한 도덕적 관계를 맺을 수 있는 방안 탐색하기
- 《6실01-03》 건강한 가정생활을 위해 구성원 모두에게 다양한 요구가 있음을 이해하고 서로에 대한 배려와 돌봄 실천하기

줄거리

신나는 만남, 함께 한 여행, 그리고 마지막 인사 "고마워" 어딘가 아파서 병원에 있는 엄마와 항상 바쁜 아빠, 조금은 외롭지만 새로 전학 간 학교에서 만난 친구들 덕분에 9살 다이는 즐겁다. 어느 날, 엄마와의 이별이 조금씩 가까워지는 것을 느낀 다이, 친구들과 함께 엄마를 만나기 위해 어른들 몰래 여행을 떠난다. 9세 인생 최초! 전 재산을 탈탈 털어 떠난 여행, 그리고 엄마와의 만남 끝에 기다리고 있는 마지막 인사.

영화 열기

2021년 5월 5일 어린이날에 개봉한 《아이들은 즐겁다》는 영화 제목에서도 알 수 있듯이 어린이들이 주인공으로 나오는 어린이들을 위한 어린이 영화이다. 아이들이 주인공이라 마냥 밝기만 할 것 같은 이 영화는 사실 죽음의 기운이 깊게 깔린 작품이다.

주인공 다이는 아픈 엄마의 병간호를 위해 학교보다는 병원에서 지내는 시간이 더 많다. 새로 전학을 간 학교에서 첫날부터 지각을 하자 담임 선생님은 "혼자 왔어?"라고 물으며 다이에게 개인적인 사정이 있음을 눈치챈다. 다이는 아픈 엄마가 빨리 낫기를 바라며 새싹 화분을 사서 엄마에게 전달하지만 다이의 엄마는 결국 죽음을 맞이하게 된다.

엄마의 죽음으로 영화가 끝이 나지만 그렇다고 영화가 마냥 쓸쓸한 것만은 아니다. 2학년 다이가 새 학교에서 만난 친구 민호와 유진은 삼총사가 되어 학교 운동장과 비밀 아지트에서 함께 어울리며 서로에게 힘이 되어준다.

삶과 죽음이라는 다소 무거운 주제를 다루고 있지만, 2학년 주인공들의 우정과 모험을 다루고 있는 만큼 1~2학년 저학년 학생들과 함께 보기에 좋은 영화이다. 초등학교 교육과정에서 다루고 있지 않아서 아쉬운 주제 중의 하나가 바로 '죽음'이다. 생명의 탄생과 소중함에 대해서는 학생들과 이야기 나눌 수 있는 통로가 많지만, 사회적인 분위기 때문인지는 몰라도 죽음에 대해서는 자칫 터부시하는 경향이 많다. 아이들도 어렸을 적부터 주변에서 죽음을 목격하기에 죽음을 어떻게 받아들일지에 대해서 학생들과 이야기 나누는 것은 꼭 필요하다고 생각한다.

어렸을 적 할아버지가 돌아가셨을 때 장면들이 빛바랜 사진처럼 기억 속에 남아 있고, 짧은 기간이었지만 집에서 키웠던 병아리가 죽자 누나와 함께 울며 놀이터에 무덤을 만들어준 기억도 생생히 남아 있다. 어찌할 수 없는 이별을 경험하며 아무리 사랑하는 사이라고 해도 언젠가는 헤어질 수밖에 없다는 것을 자연스럽게 깨닫게 된 것이다.

"오늘은 여러분들과 같은 2학년 친구들이 주인공으로 나오는 영화 '아이들은 즐겁다'를 볼 거예요. 우리 반 친구들은 언제 가장 즐겁나요?"

"친구들이랑 놀 때 신나고 즐거워요."
"엄마 아빠랑 여행 갈 때 좋아요."
"원하던 선물을 받을 때 제일 행복해요."

"선생님도 초등학교 때가 가장 행복하고 신나고 즐거웠던 것 같

아. 오늘 볼 영화 제목은《아이들은 즐겁다》이지만, 사실 영화 내용은 마냥 밝지만은 않고 주인공 엄마가 몹시 아픈 걸로 나오거든. 여러분들 혹시 주변에서 누가 돌아가신 거 경험한 적이 있나요?

"얼마 전에 할아버지께서 돌아가셨어요."
"오랫동안 키웠던 강아지가 죽어서 슬펐어요."

"선생님은 할아버지·할머니는 이미 다 예전에 돌아가셨고, 친한 친구도 몇 명 벌써 세상을 먼저 떠났거든. 한 분 두 분 나이 드신 친척분들도 돌아가셨고. 죽음은 여러분들이 아직 받아들이기 어려울 수도 있지만, 사람을 포함해서 모든 생명체는 언젠가는 이 세상에서 사라지거든. 죽음을 마냥 두려워할 필요는 없는 것 같아. 영화에서 주인공이 소중하게 여기는 한 사람이 죽음을 맞이하는데, 죽음을 어떻게 바라보면 좋을지 영화 보고 같이 이야기해 보자."

영화 속으로

"얘들아, 영화 너무 슬펐지? 선생님은 극장에서 가족들하고 같이 봤었는데, 엄청 울었었어. 슬픈지만 잠시 감정을 추스르고 영화 소감 나눠 볼까?"

"다이의 엄마가 죽지 않고 나아서 다이랑 즐겁게 살기를 바랐는데, 죽으면서 끝나서 슬펐어요."
"2학년인 다이가 친구들하고 엄마를 보기 위해 버스를 타고 여행을 가는 장면이 신기했어요. 친구들이랑 버스 여행을 해보고 싶은 마음도 들고 그랬어요."
"우리 집 근처에도 비밀 아지트가 있는데, 영화 속 아지트도 뭔가 더 멋져 보였어요. 아지트가 사라지는 게 아쉬웠어요."
"다이는 학원에 다니지도 않는데 공부를 잘하는 모습이 부러웠어요. 그리고 그런 다이를 재경이가 질투하고 재경이랑 싸우는 모습이 이해되기도 했어요. 재경이는 하루 종일 학원에 다니고 엄마 때문에 공부 스트레스가 많았는데 다이가 맘에 안 들었을 것 같아요."

"영화에서 아파하는 엄마를 위해 다이가 엄마에게 주는 선물이 있지. 뭐였더라?"

"화분이요."

"맞아. 다이가 엄마가 낫기를 바라며 준 선물인데, 화분에는 또 어떤 의미가 있을까?"

"화분에서 자라는 새싹처럼 생명을 나타내는 것 같아요."

"그렇지, 엄마의 죽어가는 모습과 반대로 화분에서는 새로운 새싹들이 태어났지."

영화 마지막 장면에서 엄마가 다이에게 남겨준 책에서 엄마는 나무가 되어 나타난다. 엄마는 곧 죽지만 다이가 힘든 일이 있을 때마다 자신을 대신해서 나무가 아들을 지켜 주리라 기원한 것이다. 다이는 엄마에게 화분을 선물해 주었고, 엄마는 화분에서 자라난 나무를 다이에게 마지막 선물로 준 것이다.

영화에서 상실은 누군가의 죽음뿐만이 아니라 아이들이 소중하게 여겼던 공간이 사라지면서 배가 된다. 영화에 등장하는 아이들만의 비밀 장소 아지트를 보고 '요새도 이런 아지트가 있을까?' 생각이 들었지만, 우리 집 아이들을 보면 동네 곳곳 어른들은 잘 가지 않는 아이들만의 비밀 장소가 분명히 있는 것 같다. 아이들은 동네 곳곳 놀이터, 편의점, 골목길 등등에서 자신만의 영역을 어떻게든 찾아낸다. 학교에서도 중간 놀이나 점심시간에 운동장에서 뛰어노는 아이들도 많지만, 학교 구석구석에서 교사들의 눈을 피해 자신들만의 공간에서 맘껏 노는 아이들이 항상 있듯이 말이다.

다이, 민호, 유진 삼총사도 비밀 아지트에서 규칙도 스스로 만들고 공간도 꾸미면서 소중한 추억을 쌓아간다. 어른들의 손길이 닿지 않는 위험한 장소인 것 같지만, 사실 아이들은 이런 도전적이고 모험적인 공간에서 훌쩍 성장한다. 하지만, 아쉽게도 삼총사가 뛰어놀던 아지트는 어느 날 갑자기 철거되어 사라진다. 그리고 곧이어 유진의 할머니께서 돌아가신다. 비밀 장소의 철거와 할머니의 죽음 그리고 점점 죽음으로 향해가는 다이 엄마까지, 어느 하나 아이들에게 받아들이기 쉽지 않은 상실이지만, 아이들은 마냥 슬픔에 빠져 지내지는 않는다.

진짜 친구는 힘든 일이 있을 때 알아보는 법이다. 삼총사 다이, 민호, 유진은 함께 웃고 웃으며 서로에게 힘이 되어준다. 새로 전입 온 다이가 받아쓰기에서 100점을 맞자 재경이는 다이가 컨닝을 했다며 의심하고 다이를 괴롭힌다. 이때 풀이 죽은 민호와 유진은 다이 대신 재경과 맞서 싸워준다. 유진이 할머니께서 돌아가시자 다이와 민호는 유진의 장례식장을 찾아가 유진을 위로해 준다. 다이가 엄마에게 화분을 선물하고 싶어 하자, 민호는 나서서 다이의 엄마가 있는 요양원으로 함께 출발한다.

"얘들아, 영화 속에서 아이들이 여러 명 등장하지. 다이 말고도 영화에는 상처를 가진 아이들이 나오는데, 어떤 아이들이 있었지?"

"유진은 함께 살던 할머니가 돌아가셨어요. 할머니가 돌아가신 이후에는 친하지 않은 친척 집에서 살게 되었어요."

“맞아. 원래 관심도 없던 친척들이 할머니가 사고로 돌아가시자 유진이가 돈을 받게 되니까 유진이를 서로 데리고 살고 싶어 했지.”

“재경이는 공부 때문에 엄마한테서 스트레스를 받고 있어요.”

“맞아. 재경의 엄마는 새로 전학 온 다이가 받아쓰기에서 100점을 맞았다고 하니까, 다이가 컨닝한 건 아니냐고 재경이가 다이를 의심하게 했지. 친구를 함부로 의심하면 안 되는데 말이지.”

“시아는 엄마가 자신한테는 관심이 없고 오빠한테만 관심을 보인다고 했어요.”

“맞아. 나중에 시아는 책을 좋아하는 다이를 위해서 오빠 방에서 오빠가 안 읽는 책을 꺼내서 다이한테 건네주더라.”

다이를 의심하고 질투했던 재경도 결국에는 다이의 엄마를 찾아 떠난 여행에 함께 하며 다이의 편이 되어 준다. 엄마 말만 듣고 살아왔던 재경은 엄마에게 반항하며 떠난 여행에서 처음으로 자유를 만끽한다. 초등학교 2학년이라면 아직 부모의 품 안에 있어야 할 시기이지만, 점점 더 많은 사람들이 나이가 들어서도 부모에게 의지하는 세상에서 재경이의 모습은 통쾌하게 다가오기도 한다.

"선생님은 영화 보고 많이 울긴 했지만, 집에 와서 곰곰이 생각해 보니 다이와 친구들이 무럭무럭 잘 성장할 것 같다는 생각이 들더라고. 다이, 민호, 유진이는 어떤 아이로 성장해 갔을까?"

"다이는 엄마는 없지만 아빠와 씩씩하게 잘 클 것 같아요."

"유진이도 할머니가 돌아가셨지만 건강하게 잘 클 것 같아요."

"맞아. 어린 시절에 엄마나 아빠가 돌아가는 것은 큰 상처로 남긴 하겠지만, 선생님 생각에는 다이와 유진이는 누구보다도 멋진 아이로 성장할 것 같고, 무엇보다도 든든한 삼총사, 아니 오총사가 있으니 힘든 일이 있을 때면 친구들이 서로에게 최고의 보호막이 되어줄 것 같더라고."

영화 시작 부분에서 다이는 혼자 쓸쓸히 등장했지만, 민호와 유진을 만나 삼총사가 되었고, 엄마를 찾아 떠난 긴 여행 끝에 재경이와 시아까지 포함해서 사이좋은 오총사가 만들어졌다. 다이는 가장 소중한 엄마를 하늘나라로 보냈지만, 대신 자신을 지켜줄 친구들을 얻은 것이다. 다이가 새로 사귄 친구들은 어쩌면 다이의 엄마가 이 세상에 남기고 간 예쁜 선물일지도 모른다.

담임을 하면서 영화 속 다이처럼 학생의 어머니가 돌아가신 경우가 있었다. 학기 초에 전화로 어머니와 전화로 상담했을 때만 해도 몸이 안 좋다는 이야기는 들었지만 금세 돌아가실 줄은 몰랐는데, 소식을 듣고 나서 적지 않게 당황했었다.

어렸을 적 부모의 죽음은 나조차도 경험해 보지 못한 큰 상처라 학생한테 큰 위로를 건네주지 못했던 것이 못내 아쉬움으로 남아 있다. 다행히 학생은 별다른 내색 없이 학년을 잘 마무리하였다.

같은 해에는 이미 엄마가 돌아가신 학생도 있었다. 학교에서는 친구들과 잘 지냈지만 종종 학교를 결석하여 가정 방문을 여러 차례 했었지만 엄마 잃은 상처가 컸었는지 무단결석이 줄지 않았다.

지금은 대학생이 되었을 도현이와 일현이. 엄마의 부재를 잘 이겨내고 어디선가 씩씩히 자신의 몫을 다하며 살아가고 있겠지? 멀리에서나마 항상 응원한다.

사회 교과 연계 영화

Theme 01

페루자

김예영&김영근 감독 | 2017 | 한국 | 23분 | 전체관람가

#단편 #실사 #애니메이션 #에티오피아 #조혼 #세계시민교육 #유튜브

성취기준 연계

· 《6도03-04》 다른 나라 사람들이 처한 여러 상황을 이해하고 해결 방안을 탐구하며 인류애 기르기

· 《6사12-02》 지구촌을 위협하는 다양한 문제들을 파악하고, 지속가능한 미래를 위한 해결 방안 탐색하기

줄거리

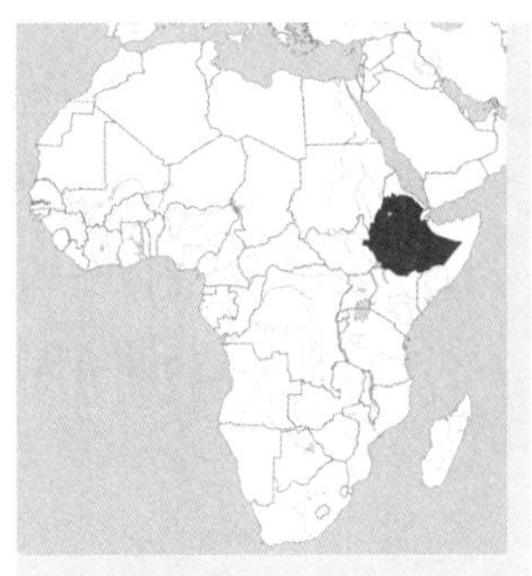

신혼여행으로 세계 일주를 하던 부부 Kim1과 Kim2는, 에티오피아의 외딴 사막 마을에서 '페루자'를 만난다. 페루자는 TV만으로 한국어와 영어를 익힌 꿈 많은 17살 소녀지만 곧 결혼이 예정되어 있다. 그녀가 결혼을 피할 방법은 먼 도시로 나가 직장을 구하는 것뿐이다. 부부는 이후 여행 일정을 포기하고 페루자와 꿈을 찾는 여정을 함께하기로 한다.

김예영&김영근 부부가 제작한 단편 영화《페루자》. 세계시민교육으로 가장 추천하는《페루자》를 처음 봤을 때 무엇보다도 기적 같은 감동 스토리에 놀라움을 감출 수 없었다. 애니메이션 일을 하던 부부는 고된 일상에서 새로운 일을 알아보기로 마음을 먹고 신혼여행으로 세계 여행을 떠나게 된다. 전 세계 여행을 다니다가 아프리카 에티오피아에 도착했고, 관광을 마치고 에티오피아에서도 시골인 작은 마을에 들렀는데, 그곳에서 부부 인생에 터닝 포인트가 된 '페루자'라는 이름의 소녀를 만나게 된 것이다.

영화 열기

"오늘은 세계시민교육으로 영화《페루자》를 같이 볼 건데, 에티오피아 나라에 대해 들어본 적이 있나요?"

"아프리카에 있는 나라에요."
"잘 모르겠어요."

"선생님도 에티오피아 하면 '커피의 본고장' 정도로만 알고 있었고 자세히는 몰랐는데, 영화를 보고 나서 많은 것을 알게 되었거든. 반대로 에티오피아 사람들은 한국에 대해 어느 정도 알고 있을까?"

"잘 모를 것 같아요.

"케이팝이랑 한국 드라마 때문에 어느 정도 알 것 같아요."

"맞아. 선생님이 어렸을 적에 외국 나가면 한국에 대해서 아는 사람들도 있긴 했지만, 많지는 않았거든. 같은 아시아 친구들끼리는 상대방 나라의 인기 배우와 드라마 이야기를 나누기도 했는데, 서양 사람들은 한국이 어디 있는지도 잘 모르는 경우가 많았었지. 그런데 지금은 세계 어디를 가든 한국이 많이 유명해졌지. 외국 사람들이 한국 드라마나 노래를 접하면서 우리 문화를 알게 되었듯이, 짧기는 하지만《페루자》영화를 보면서 에티오피아 문화에 대해서 배워보자고. 어떤 점이 우리와 비슷하고, 어떤 점이 다른지 살펴보자."

 영화 속으로

사라지지 않은 조혼 풍습

페루자는 게스트 하우스를 운영하는 부모님을 도우면서 틈틈이 시간을 쪼개어 한국 티브이를 보며 한국어를 익힌 학생이다. 아프리카 시골 마을에서 한국말을 하는 사람을 만날 거라고 부부는 전혀 상상하지 못했을 것이다. 페루자가 한국말을 유창하게 배울 수 있었던 것은 배우 이민호의 힘이 컸다. 페루자는 드라마《꽃보다 남자》속 남자 주인공 이민호에게 푹 빠져서 연속극을 시청하게 되었고 이후 여러 한국 방송들을 접하면서 자연스럽게 한국어를 능숙하게 사용할 수 있게 되었다고 한다. 사랑의 힘이란 이렇게 크다. 한국어뿐만 아니라 페루자는 티브이를 통해서만 5개 언어를 익혔다고 한다. 오랜 시간 동안 외국어 공부를 했으면서도 영어조차도 서툰 나로서는 부러우면서도 부끄러운 광경이었다.

"영화 보면서 선생님은 여러 면에서 놀라웠거든. 6학년 친구들은 어떻게 봤을지 궁금하네, 소감부터 들어볼까?"

"에티오피아라는 먼 나라에서 한국말을 하는 여자아이가 있다니 놀랐어요."

"어린 나이에 결혼해야 하는 풍습이 있어서 안타까웠어요."

"한국인 부부가 페루자가 계속 공부할 수 있도록 도와주는 부분이 감동적이었어요."

2013년 부부가 페루자를 처음 만났을 때 페루자는 아직 앳된 중학생이었다. 학교를 마치고 집에 돌아와서는 동생들을 돌보며 집안일을 하는 고된 일상에서도 페루자가 밝은 미소를 잃지 않았던 것은 미래에 대한 희망 때문이었다. 페루자의 어머니는 13살이라는 어린 나이에 원치 않은 결혼으로 페루자를 낳았는데, 페루자 역시 어린 나이에 시집을 가게 될 위기에 처한 것이다. 이런 위기 앞에서 페루자는 운명처럼 자신의 능력을 알아봐 준 한국인 부부를 만나게 되었고, 엄마와 새 아빠를 함께 설득해 학업을 계속 이어갈 수 있게 되었다.

페루자가 살던 지역에 만연했던 조혼 풍습을 보고 여전히 전 세계의 많은 아이들이 조혼으로 고통받고 있다는 사실을 알게 되었다. 21세기에 조혼이라니? 우리는 무슨 세계에 살고 있는 걸까.

"선생님은 영화 보면서 조혼 풍습이 아직도 많은 나라에 남아 있는 것을 보고 맘이 편치 않더라고. 조사를 해보니까 많은 나라의 여자아이들이 페루자처럼 어린 나이에 결혼하고 있더라고. '결혼하면 좋은 거 아니야?' 생각할 수도 있을 것 같은데, 어린 나이에 결혼하는 건 뭐가 문제일까?"

"결혼을 일찍 하게 되면서 하고 싶은 일을 하지 못할 수 있어요."
"공부를 더 하고 싶은데 결혼으로 못 하게 될 수 있어요."

"맞아. 더 문제는 자기가 원하는 사람과 결혼하면 그나마 나은데, 페루자처럼 경제적인 이유로 원치 않은 나이에 원치 않는 사람과 결혼하게 되는 거겠지."

유니세프와 월드비전의 자료에 따르면, 전 세계 여성 약 6억 5천만 명이 만 18세 이전에 결혼하였으며 매년 1,420만 명의 소녀들이 조혼을 한다고 한다. 생각보다 너무 많은 숫자에 이 자료가 정말

신빙성이 있는 것인지 의심부터 들 정도였다. 하지만 인터넷을 조금만 검색해 봐도, 여전히 많은 수의 아이가 조혼 위기에 처해있다는 것을 쉽게 확인할 수 있었다. 코로나19로 인해 학교가 문을 닫고 경제적으로 어려워지면서 제3세계에서 조혼하는 숫자가 오히려 더욱 늘어났다는 안타까운 뉴스도 눈에 띄었다.

페루자 역시 조혼의 위기에 처했지만 다행히 가족과 주변 사람들의 도움으로 학업을 이어갈 수 있게 되었다. 페루자는 티브이만으로 5개 언어를 깨친 언어적으로 타고난 학생이다. 페루자가 만약 부부 감독을 만나지 못했다면 어떤 삶을 이어가게 되었을까? 상상만으로도 마음이 매어진다.

우리 모두는 지구인

페루자와 한국에 있는 학생들은 지리적으로 멀리 떨어져 있고 경제적 · 사회적 · 문화적으로도 완전히 다른 세계에 살고 있지만, 한류 문화 덕분에 많은 부분 공통점을 가지고 있기도 하다. 세계시민교육 수업을 하다 보면 지나치게 제3세계의 빈곤이나 아픔을 부각하는 '빈곤 포르노' 자료를 쉽게 접할 수 있다. 많은 학교에서 진행하는 구호 단체의 캠페인 활동들도 기본적으로 이런 구조에서 크게 벗어나지 못하고 있다. 수업 자료로서 영화 《페루자》의 가치를 높이 사는 이유는 페루자를 이런 전형적인 이미지로 소비하지 않고 동등한 관계에서 바라보고 있다는 점이다.

"페루자가 여러분들과 처한 환경이 많이 다르기도 하지만, 또 여러 면에서 한국의 또래 친구들과 비슷한 점도 많은 것 같더라고. 특히 한국 문화를 좋아해서 더 정이 가는데, 페루자가 한국의 어떤 점을 좋아했지?"

"떡볶이를 좋아해요."
"경복궁과 남산타워에 가고 싶어 했어요."

"맞아. 떡볶이, 경복궁, 남산타워 이것만 보면 지방에 사는 학생이 서울에 와서 하고 싶은 것을 이야기하는 것처럼 들리기도 해. 에티오피아는 거리상으로는 멀리 떨어져 있지만 티브이랑 인터넷의 도움으로 전 세계가 정말 많이 가까워졌거든.
외국에 어디를 가서 누구를 만나든 나와는 다른 낯선 사람이라고 생각하지 말고 하나밖에 없는 지구에서 함께 동시대를 살아가는 지구인이라고 생각하면 좋을 것 같아. 그렇게 생각하면 나라가 다르다고, 인종, 민족, 종교가 다르다고 서로 싸우고 전쟁을 벌이는 일은 생기지 않을 텐데 말이지."

세계시민교육 수업을 하다보면 학생들이 다른 나라에서 벌어지는 일을 나와는 별개로 받아들이는 경우도 많다. 언어, 외모, 문화,

풍습 등이 다른 나라의 사람들을 동등한 지구인으로 받아들이지 못하고 나와는 상관없는 제3의 존재로 보는 경우가 많기 때문이다. 미얀마, 아프가니스탄, 우크라이나, 팔레스타인 등에서 연이어 전쟁이 일어나고 있지만 '나와는 관계없는 일'로 치부하는 경우도 많다. 반면, 페루자는 한국말도 능숙하게 하고 한국 아이들처럼 한국 연예인을 좋아하며 떡볶이를 먹고 싶어 하는 평범한 10대 아이라는 점에서, 학생들이 페루자를 훨씬 가깝게 느낄 수 있었을 것이다.

영화 밖으로

영화에는 잘 드러나지 않지만, 페루자는 일방적으로 도움을 받는 존재가 아니라 오히려 독립적인 성격으로 한국 부부에게 많은 도움을 주었다고 한다. 국내 영화제 초청으로 한국 땅을 두 차례 밟긴 했지만, 앞으로는 자신의 능력으로 전 세계를 여행 다니고 싶다는 당찬 포부를 밝혔다고 한다. 한국인 부부가 자신보다 어린 페루자를 종종 어른처럼 느낄 정도로 성숙한 모습을 보여주는 경우도 많았다고 한다(일찍 철이 들어서 그런 것 같아서 짠하기도 하지만 말이다).

"영화를 보면서 에티오피아 문화에 대해서 살펴보자고 했는데, 에티오피아는 커피가 발견된 나라로 매우 유명하거든. 페루자 집에서도 전통 커피로 한국인 부부를 대접해 줬잖아. 에티오피아 전통 커피는 마실 때마다 의미가 다르다고 하는데, 어떤 의미가 있었지?

"첫 번째 잔은 환영의 의미로 '아볼'이라고 해요."
"두 번째 잔은 행운의 의미로 '토나'라고 해요."
"세 번째 잔은 축복의 의미로 '베레카'라고 해요."

"맞아. 영화에는 나오지는 않지만, 실제로 페루자가 한국을 두 번 방문했다고 하더라고. 티브이에서만 보던 한국을 방문해서 떡볶이도 먹고 남산 타워도 가고 경복궁도 가고 했겠지. 그리고 지금은 커서 대학교에서 공부하고 있다고 하더라고.
페루자는 그래도 자신의 꿈을 어느 정도 이루었는데, 전 세계의 많은 학생들이 여러 가지 어려움으로 공부할 기회도, 꿈을 펼칠 기회도 제대로 얻지 못하는 경우가 많지. 전 세계 모든 어린이·청소년 친구들이 자신의 꿈을 마음껏 펼칠 수 있는 환경에서 자라날 수 있도록 응원의 메시지를 써보자."

6학년 2학기 사회&도덕 통합 세계시민교육 프로젝트로 지구촌 평화를 위해 학생들과 함께 할 수 있는 다양한 방법에 대해 머리를 맞대어 보았다.

단편 영화《페루자》외에도 온책 읽기로『나는 말랄라』를 읽었고, 지구촌 환경 문제를 다룬 장편 다큐멘터리《그레타 툰베리》도 함께 시청했다. 영화를 보고 책을 읽는다고 하루아침에 지구에 평화가 찾아오지는 않겠지만, 지구에서 벌어지고 있는 많은 일들이 서로 연결되어 있으며 우리의 관심이 필요하다는 '지구인' 마인드가 학생들 마음속에 조금이나마 자리잡았기를 바래본다.

사회 교과 연계 영화

Theme 02

집으로..

이정향 감독 | 2002 | 한국 | 87분 | 전체관람가

#장편 #할머니와손자 #세대갈등 #가족영화 #다양한가족의모습
#시대마다다른생활모습

성취기준 연계

· 《4사02-02》 오래된 물건이나 자료들을 찾아보고, 이를 통해 과거의 모습을 살펴보기

· 《4사04-01》 옛날 풍습에 대해 알아보고, 오늘날과 비교하여 변화상 파악하기

· 《4도02-01》 효, 우애의 의미와 필요성을 명료하게 이해하고 가족의 행복을 위해 할 수 있는 일을 탐색하여 실천 계획 세우기

줄거리

도시에 사는 7살 개구쟁이 '상우'가 외할머니가 혼자 살고 계신 시골집에 머물게 된다. 말도 못 하고 글도 못 읽는 외할머니와의 시골살이… '상우' 인생 최초의 시련은 과연 최고의 추억이 될 수 있을까?

 월드컵으로 온 국민이 하나가 되었던 2002년은 어린이 영화

의 원조라 할 수 있는 이정향 감독의《집으로...》가 개봉한 해이기도 하다. 전국 관객 400만 명으로 대중적으로도 큰 성공을 했고, 무엇보다도 많은 사람들이 돌아가신 할머니를 떠올리며 눈물샘을 자극한 영화이기도 하다. 개봉한 지 20년도 지난, 오래된 영화라《집으로...》로 수업을 하려면 '라떼 이야기'를 안 할 수가 없다.

영화 열기

"얘들아, 선생님이 군대에 있을 때 우리나라에서 축구 월드컵이 열렸었는데. 그때 모든 사람이 빨간 옷을 입고 길거리에서 함께 응원하면서 나라 전체가 축제의 장이 되었거든. 이번 카타르 월드컵 때에도 많은 국민들이 함께 즐겼는데, 2002년 월드컵은 비교도 할 수 없을 만큼 온 나라가 들썩였었지. 이 영화도 같은 해에 개봉한 영화야, 이번에 다시 보니까 옛날 생각이 많이 나더라고. 먼저 영화 제목이랑 포스터부터 살펴볼까? 제목은 뭐지?"

"집으로예요."

"맞아. 꼬마 주인공이 살던 집이 아니라 엄마의 엄마, 외할머니가 사는 곳에서 주인공 아이가 잠시 머무르는데, 여러분들이 살고 있는 집과 모습이 여러모로 다를 거야. 무엇이 다른지 포스터부터 살펴보자고. 포스터에는 누구랑 누가 나와 있지?"

"할머니하고 꼬마 아이요."

"맞아. 여러분은 할머니, 할아버지가 아직 살아 계신 경우가 많을 텐데, 선생님은 이미 오래전에 다 돌아가셨거든. 영화를 보면서 선생님도 선생님의 할머니가 많이 생각나더라고. '할머니' 하면 어떤 게 제일 먼저 떠오르니?"

"맛있는 음식이요."

"시골이요."

"용돈이요."

"선생님은 할머니 하면 따스함이 생각나는데, 할머니가 살아계시든, 돌아가셨든, 영화 보면서 각자 자신의 할머니를 떠올려보자고."

《집으로...》는 초등학교 저학년부터 고학년까지 모든 학생에게 추천하는 만능 영화이다. 2023년 2학년 반 아이들하고 이 영화를 같이 봤는데 미리 본 학생이 한 명도 없었다. 예전 영화라고 해서 재미가 없는 것도 아니고, 무엇보다도 지금도 주변에서 흔히 만날 수 있는 개구쟁이가 주인공으로 나오는 영화라 아이들도 충분히 공감하면서 볼 수 있는 영화이기도 하다.

상영 시간도 87분이라 길지 않고, 3학년~4학년 사회 교과 '시대마다 다른 삶의 모습', '가족의 모습과 역할 변화', '촌락과 도시의 생활 모습' 등과 연계해서 보기에도 좋다. 버릇없던 주인공 '상우'가 할머니의 사랑을 깨닫고 점점 의젓해지는 성장 과정을 보면서 자신의 모습을 되돌아보는 학생들도 있을 것이다.

영화 속으로

할머니와 손자

영화의 두 주인공 할머니와 손자는 시간이 지나면서 점점 하나가 되어간다. 영화 속 꼬부랑 할머니의 모습은 요새는 찾아보기 힘들지만, 손주에 대한 할머니의 사랑은 시대와 국경을 초월한 변함없는 진리이다.

"영화 잘 봤나요? 이 영화가 20년 전에 개봉했을 때 많은 관객들이 할머니를 생각하면서 눈물을 흘렸거든. 요새는 보기 힘든 할머니의 모습인데, 영화 속 할머니처럼 허리가 굽은 할머니 본 적 있는 사람?"

"없어요. 못 봤어요."

"선생님도 거의 못 봤는데, 어른들이 많이 사는 시골이나 요양원 같은 곳에서는 지금도 가끔 계시더라고. 선생님 어렸을 적에는 길거리에서 꼬부랑 할머니를 종종 봤었어. 지팡이를 짚고 다니는 어르신들도 많았었고, 머리에 집채 만 한 짐을 짊어지시고는 두 팔은 자유롭게 걸으시는 분들을 보며 신기해했었고. 아무래도 예전 할머니·할아버지들은 지금보다 더 고생을 많이 하셔서 그런지 허리가 굽은 분들이 많았던 것 같아. 상우 할머니는 또 어떤 특징을 가지고 계시지?"

"말을 잘 못 하세요."
"행동이 아주 느리세요."
"얼굴에 주름이 많아요."
"오래된 낡고 허름한 한복을 계속 입고 지내세요."

상우 외할머니의(영화에서 무명의 캐릭터로 등장한다) 모습은 요즘 할머니들 모습과는 많이 다르다. 할머니네 집은 기차와 버스를 타고 비포장도로에서 내려서 한참을 걸어야 도착하는 오지에 있다. 최근에는 맞벌이하는 자식들을 뒷바라지하기 위해 조부모와 자녀들이 가까이 지내는 경우가 점점 많아지고 있다. 할아버지 · 할머니를 보러 명절 때마다 먼 길을 가야 하는 집이 여전히 많지만, 자식들과 가까운 곳에 살면서 자주 왕래하는 집들도 점점 많아지고 있다. 가까우면 어떻고, 멀면 또 어떤가? 손주에 대한 사랑은 거리에 비례하지 않으니 말이다.

태어나서 처음으로 외할머니를 만난 상우. 할머니와 상우는 아무리 봐도 공통점이 하나도 없다. 도시와 시골, 60세는 족히 넘어 보이는 세대 차이, 남자와 여자 등등. 그나마 할머니와 상우를 연결했던 엄마마저 서울로 돌아가자 쓰러져가는 시골집에 둘만 덩그러니 남게 된다. 모든 것이 풍족한 도시에서 자란 상우는 모든 것이 부족한 시골에서의 삶을 한순간도 견뎌내지 못하고, 모든 짜증을 할머니에게 퍼부어낸다. 말하지 못하는 할머니는 상우의 불평·불만을 고스란히 받아낸다.

할머니·할아버지 하면 떠오르는 모든 것들을 한마디로 요약하면 사랑일 것이다. 내가 낳은 자식이 낳은 자녀라니, 얼마나 사랑스러울까. 부모와 자식 간의 관계에는 기대나 욕심이 함께하는 경우가 많은데, 조부모와 손주 사이의 관계는 그야말로 진정한 조건 없는 사랑인 것이다. 상우는 처음에 낯설기만 한 할머니의 사랑을 이해하지 못한다. 하지만, 말없이 자신을 묵묵히 지켜주는 할머니의 모습에 상우도 곧 마음을 열고 이별의 시간이 다가오자 언제 그랬냐는 듯이 이제는 할머니와 헤어지기 싫다고 떼를 쓴다. 그리움의 대상인 할머니 · 할아버지. 어릴 적 꼬마 아이가 성장해서 철이 들 때쯤이면 할머니 · 할아버지는 우리 곁을 떠난 경우가 많다. 그래서 그런지 많은 사람들이 이 영화를 보면서 잊고 지냈던 할머니의 사랑을 떠올리며 눈물을 훔쳤다고 한다.

촌락과 도시의 생활 모습

영화는 상우 할머니의 시골집을 배경으로 찬찬히 펼쳐진다. 오지 중의 오지인 상우 할머니가 사는 시골은 할머니 모습과 많이 닮은듯하다. 모든 것이 빠르게 흘러가는 도시와 달리 시골은 할머니의 걸음 속도처럼 느릿하게 움직인다. 가진 것이 많지는 않지만 할머니의 상우에 대한 사랑이 부족하지 않듯이, 시골 역시 부족하지만 사람들에게 맑은 공기와 편안한 휴식처 그리고 풍부한 자원을 아낌없이 나눠주고 있다.

4학년 2학기 사회 시간에 '촌락과 도시의 생활 모습'에 대해 배운다.(2015 교육과정 기준) 물론 20년 전 영화이고 시골에서도 아득한 오지를 배경으로 한 영화라 오늘날의 촌락과는 많이 다른 모습이기도 하지만, 도시에서 나고 자란 학생들 입장에서는 영화를 보는 것만으로도 촌락에 대한 이해를 높일 수 있을 것이다.

"선생님도 평생을 도시에서 살아서 농촌, 어촌, 산지촌 같은 촌락은 여행 갈 때나 접하거든. 우리 반 친구들도 촌락의 모습이 익숙하지는 않을 텐데, 영화에서 상우와 할머니가 함께 생활하는 촌락의 모습에는 어떤 특징들이 있었지?"

“아파트나 빌딩 같은 높은 건물들은 없고 시골집들이 띄엄띄엄 있었어요.

“그래. 초가집은 아니고 지붕은 나무껍질을 이용해서 만든 너와집이더라고. 지금은 이런 집들은 진짜 보기 힘든 것 같아. 문도 나무문이 아니라 가운데 얇은 종이가 있는 창호가 있어서 방 안과 방 바깥을 연결해 주고 있지. 한옥이 살기 불편해 보일 수도 있지만, 추운 겨울을 따듯하게 그리고 더운 여름을 시원하게 지낼 수 있는 조상들의 슬기로운 지혜가 곳곳에 숨어 있기도 하지. 집 바깥 모습도 살펴볼까?”

“집 주변이 온통 산과 나무들이고 길에 소들도 지나 다녔어요.”

“맞아. 요새는 시골도 대부분 도로가 포장되어 있어서 차로 웬만한 곳까지 다 다닐 수 있는데. 선생님 어렸을 적 시골이랑 비교해 보면 최근에는 어디를 가도 편의점이 구석구석 있더라고. 예쁜 커피숍들도 곳곳에 있고. 촌락도 예전보다 훨씬 살기 좋아진 것 같아. 다만 수업 시간에도 배웠듯이 시골에 사는 사람들이 점점 줄어들고 있고, 특히 젊은 사람들이 줄어들면서 어르신들만 남아 있는 곳이 점점 많아지고 있지.”
“촌락도 점점 생활하기 좋아지고 있다고는 하지만, 평생을 도시에서 살아온 상우 입장에서 시골에서의 삶은 여러 가지로 불편한 점투성이었을 거야. 어떤 점에서 불편함을 겪었었지?"

"물건을 구하기 쉽지 않았어요. 건전지를 사러 멀리 장터로까지 나가야 했어요. 맛있는 음식을 사 먹거나 배달시켜 먹을 수 없었어요. 치킨집이 없어서 치킨을 배달해달라는 상우한테 할머니가 백숙을 만들어 줬어요."

"도시는 정말 살기가 편하지. 선생님도 밤늦게라도 뭔가 필요하면 편의점 가서 쓱 사 오고, 요새는 온라인으로 장을 보면 다음날 집 앞에까지 배송해 주고, 학교나 극장이나 병원도 가까운 거리에 있으니까. 상우처럼 도시에 살던 사람 입장에서는 촌락의 삶이 불편한 점투성이겠지만, 반대로 할머니처럼 촌락에서 살던 사람들은 도시에서의 삶을 견뎌내지 못할 것 같기도 해.
선생님도 언젠가 꼭 시골에서 살아보고 싶기도 하거든. 도시와 촌락. 모두가 살기 좋은 곳이 되면 참 좋겠다."

옛날 사람들의 생활 모습

영화를 보면 자연스럽게 예전 사람들의 생활 모습을 확인할 수 있게 된다. 초등학교 사회과 4학년 2학기 3단원 '사회 변화와 문화 다양성'에서는 우리 사회의 변화 모습에 대해 배운다. 앞에서 다룬 '촌락과 도시의 생활 모습'을 4학년 2학기 1단원에서 배우는 만큼, 4학년 2학기 사회를 총정리하는 기회로 《집으로...》를 시청해 봐도 좋다.

"영화가 개봉한 지도 벌써 20년이나 지나서, 영화 속 상우 할머니처럼 살아가는 모습은 지금은 쉽게 찾아보기 힘든 것 같아. 얼마 전에 '우리 사회의 변화 모습'에 대해서 배웠는데, 영화 속에서 찾을 수 있는 옛날 사람들의 생활 모습, 어떤 것들이 있었지?"

"티브이에 안테나가 달려 있고 채널도 손으로 직접 돌려요."

"맞아. 선생님 어렸을 적 티브이가 떠오르더라고. 상우가 방송이 잘 안 나오자, 텔레비전 옆면을 툭툭 치는 장면이 있었잖아. 선생님도 어렸을 적에 티브이가 잘 안 나오면 텔레비전을 툭툭 쳤었거든."

"화장실이 바깥에 있고, 집에 요강도 있어요."

"그래. 요새는 시골 주택에 가도 화장실이 아주 잘 되어 있고, 요강이라는 것 자체를 모르는 학생들도 많을 것 같은데. 선생님도 평생 아파트에서 살아서 요강에서 볼일을 본 적은 없지만, 어렸을 적에 시골가면 방 한구석에 있는 요강을 본 기억이 나네."

"할머니가 개울에서 빨래도 하고 물도 길어 오셨어요."

"맞아. 집에 세탁기도 없고 정수기도 없고, 부엌에는 냉장도 없고, 가스레인지도 없어서 아궁이에서 수그리고 앉으셔서 음식을 하셨지. 고된 일을 하셔서 꼬부랑 할머니가 되신 것 같아서 마음이 아프더라고."

"할머니께서 한복을 입으시고 고무신을 신고 다니셨어요."

"그래. 지금은 사람들이 주로 명절이나 결혼식에서나 한복을 입는데, 예전에는 어른들이 한복을 평상시에도 많이 입으셨고, '검정 고무신' 만화 보면 알 수 있듯이 예전에는 고무신을 지금 운동화처럼 사람들이 신고 다녔었고. 그러고 보니 상우 할머니가 사는 모습이 '검정고무신'에서 주인공 가족들이 살던 1960년대 모습과 많이 닮아 있는 것 같네."

 영화 밖으로

이 외에도 영화 속 곳곳을 살펴보며 지금은 찾아보기 힘든 할아버지 · 할머니가 사셨던 예전 모습들을 볼 수 있다. 영화는 이렇게 시대상을 반영하고 있어서 예전 사람들이 삶의 모습을 간접적으로 확인할 수 있는 좋은 매체 중의 하나이다.

《집으로...》는 이 외에도 한부모 가정, 할머니와 함께 사는 조손 가정 같이 다양한 가족의 모습에 대한 이야기도 나눌 수 있는 영화이다. 첫 학교에서 5학년 학교 동아리 시간에 학생들과 할아버지 · 할머니 자서전 쓰기 활동을 한 적이 있다.

첫 번째 과제로 할아버지 · 할머니에 대해서 알고 있는 것들을 빈 종이에 모두 적어 보라고 했다. 할머니 · 할아버지의 이름을 모르는 친구도 있었고, 어떤 것을 좋아하시고, 어떤 일을 하셨는지 모르는 학생들이 많았다.

학생들이 직접 인터뷰해서 완성한 할아버지 · 할머니들의 자서전을 보며 나도 잘 알지 못했던 부모님 세대의 어렸을 적 생활 모습을 간접적으로 확인할 수 있었다. 학생들도 할아버지 · 할머니가 해주시는 어렸을 적 이야기를 옛날이야기처럼 재미있어했다. 자서전 쓰기 활동을 마치며 처음에 했던 것처럼 A4 종이를 네 등분해서 할아버지 · 할머니에 대해서 알고 있는 것을 다시 한번 적어 보자고 했다.

빈틈이 많았던 첫 번째 활동지와 달리 마지막 활동지에는 할아버지와 할머니의 이야기가 가득 채워져 있었다. 아쉽게도 자서전 쓰기 활동은 이후에 여러 가지 이유로 더 이상 진행하지는 못했다. 조부모가 안 계신 아이들도 많고, 밝히고 싶지 않은 가정환경이 드러나는 경우도 많았기 때문이었다.

"픽사 영화《코코》본 학생들 있나요?"

"저요!"

"선생님도 정말 좋아하는 영화인데, 영화에서 보면 멕시코 사람들은 살아 있는 사람들이 죽은 사람에 대한 기억을 가지고 있는 한, 죽은 사람이 망자의 세계에서 계속 머무를 수 있다고 믿는다고 하더라고. 선생님도《집으로...》를 오랜만에 다시 보면서 할아버지, 할머니 생각에 푹 잠겼었거든. 돌아가신 할아버지·할머니께서 망자의 세계에서 마음 편하게 지내실 수 있도록 잊지 않고 오랫동안 기억하려고. 여러분들도 여러분들에 사랑 듬뿍 주셨을 할아버지·할머니 오랫동안 잊지 말자고."

역사 교과 연계 영화

Theme 01

자산어보

이준익 감독 | 2019 | 한국 | 126분 | 12세관람가

#역사 #조선 #실학 #정약전 #정약용 #어보 #사회 #교과

성취기준 연계

· 《6사05-01》 조선 시대 사람들의 생각과 생활에 유교 문화가 미친 영향 파악하기

· 《6사05-02》 조선 후기 사회 · 문화적 변화와 개항기 근대 문물 수용 과정에서 달라진 사람들의 생활 이해하기

줄거리

"이 양반은 대역 죄인이니 너무 잘해줄 생각들 말어."

순조 1년, 신유박해로 세상의 끝 흑산도로 유배된 '정약전'. 호기심 많은 '정약전'은 그 곳에서 바다 생물에 매료되어 책을 쓰기로 한다. 이에 바다를 훤히 알고 있는 청년 어부 '창대'에게 도움을 구하지만 '창대'는 죄인을 도울 수 없다며 단칼에 거절한다. "내가 아는 지식과 너의 물고기 지식을 바꾸자" '창대'가 혼자 글 공부를 하며 어려움을 겪고 있다는 것을 알게 된 '정약전'은 서로의 지식을 거래하자고 제안하고 거래라는 말에 '창대'는 못 이기는 척 받아들인다.

둘은 티격태격하면서도 점차 서로의 스승이자 벗이 되어 간다. "너 공부해서 출세하고 싶지?" 그러던 중 '창대'가 출세하기 위해 공부에 매진했다는 사실을 알게 된 '정약전'은 크게 실망한다. '창대' 역시 '정약전'과는 길이 다르다는 것을 깨닫고 '정약전'의 곁을 떠나 세상 밖으로 나가고자 결심하는데...

5학년 2학기 사회는 역사다. 많은 교실에서 역사 수업을 하면서 영화 한 편 정도는 학생들하고 같이 관람하지 않을까? 학생들하고 어떤 역사 영화를 보면 좋을지 종종 질문을 받곤 한다. 우리 역사를 다룬 영화는 참 많다. 한국 영화중에서 가장 많은 관객을 모은 명량(2023년 1월 기준)도 역사 영화이고, 매년 적어도 한 두 편 정도의 역사 영화가 개봉하고 있다.

수업 시간에 역사 영화를 보여주는 것은 괜찮은 일일까? 대부분의 역사 영화들이 역사적 사실에 기반을 두고 있다 하더라도 상당 부분 픽션이 가미되다보니 자칫 학교에서 배운 내용을 영화가 왜곡하는 것이 아닐까 하는 걱정이 들 때도 있다. 그래서 역사 영화를 볼 때에는 다음과 같은 몇 가지 점들에 꼭 주의하고 있다.

- 역사 왜곡이 없는 영화인가?
- 교육과정과 연계된 영화인가?
- 영화와 실제 역사와 차이점은 무엇인가?

역사 영화에는 어쩔 수 없이 픽션이 가미될 수밖에 없다. 이미 지나간 일을 라이브로 생중계할 수도 없는 노릇이고, 오래된 역사일수로 남아 있는 사료가 많지 않기에 역사적 · 영화적 상상력이 들어갈 여지가 커지기 마련이다. 역사책에서 역사가의 의견을 배제할 수 없듯이, 역사 영화에서도 영화를 만든 사람의 의견을 완전히 배제할 수 없다.

역사를 좋아하는 역사 덕후가 반에 한두 명씩 있기 마련이지만, 많은 학생들이 여전히 역사를 '외울 게 많은 과목, 재미없는 시간'으로 여기고 있다. '있는 그대로의 역사'라는 불가능한 재현은 잠시 내려놓고, 역사 영화로 역사를 즐길 수 계기를 마련해 보자.

많은 역사 영화 중에서 5학년 2학기에 어떤 영화를 보면 좋을까? 어려운 질문이지만 앞에서 언급한 것들을 고려하여 《자산어보》와 《아이캔 스피크》 두 편의 영화를 선정해 보았다. 먼저 역사 영화 장인인 이준익 감독의 2018년 작품 《자산어보》부터 살펴보자.

이준익 감독은 천만 관객의 시초 중 하나인 《왕의 남자》를 필두로 많은 역사 영화를 연출하였다. 《황산벌》, 《구르믈 버서난 달처럼》, 《평양성》, 《사도》, 《동주》, 《박열》 같은 역사 영화를 남겼는데, 이 중에서 개인적으로는 《자산어보》와 《동주》 같은 흑백 영화를 최고봉으로 꼽는다.

영화 열기

《자산어보》는 교과서에서도 다루고 있는 실학자 정약용의 사형제 중에서 정약용의 형인 정약전의 이야기를 다루고 있다. 수원 화성을 설계한 정약용은 정조 임금의 총애를 받으며 승승장구하는데, 정조 임금이 돌아가신 후 서학을 믿었던 정약용 형제들은 반대파 신하들에 의해 모진 고문을 받게 되고, 결국 형인 정약종은 순교를, 정약용과 정약전은 각각 전라도 강진과 흑산도로 유배를 가게 된다. 영화는 정약전이 유배지 흑산도에 도착하고 난 후 본격적인 이야기를 펼쳐낸다.

"조선 후기 역사 수업 마무리하면서 오늘 영화 '자산어보'를 같이 보겠습니다. 수업 시간에 배웠던 수원 화성을 건설하는 데 큰 역할을 한 대표적인 실학자 누구였더라?"

"정약용이요."

"맞아. 교과서에서 다루지는 않았지만, 조선 후기에는 서학이라고 해서 천주교를 믿는 사람들이 조금씩 생겨나기 시작하거든. 종교라는 게 하루아침에 받아들여지기가 쉽지 않거든. 특히, 조선은 성리학의 나라로 임금부터 시작해서 많은 백성이 유교를 강하게 믿었는데, 평등을 강조하는 천주교는 처음에는 이단이라고 해서 많은 분이 순교, 목숨을 잃게 되었지. 정약용 형제들도 천주교를 믿었다가 들통이 나는 바람에 형은 순교하게 되었고, 정약용 선생의 형인 정약전은 멀리 섬으로 유배를 가게 되었지. 이 영화는 정약용 선생의 형인 정약전이 흑산도 섬으로 유배를 가게 되면서 겪은 이야기를 담고 있어. 무려 16년간 섬에서 갇혀 지냈는데, 긴 유배 생활 동안에 섬사람들을 만나면서 그는 큰 깨달음을 얻게 되거든. 어떤 깨달음을 얻게 되었는지 같이 살펴보자고."

새로운 학문에 눈 뜨다

정약전은 어렸을 때부터 '천하 인재 정 씨 형제들' 소리를 들으며 일찍이 과거에 급제하여 높은 벼슬에 올라 나랏일을 하였다. 그러던 중 천주교에 대한 박해로 1801년(43세)에 흑산도로 유배를 가게 되었고 1816년(58세)에 유배지에서 사망하게 된다. 평생을 양반으로 살아온 정약전은 흑산도에서 처음으로 백성들의 삶 한가운데에서 표류하게 된다. 흑산도. 이름조차 생소한 이 섬은 목포에서도 98.2km나 멀리 떨어져 있다. 영화 속 가거댁의 말대로 '뭔 죄를 지었길래 여 흑산도까정 왔을까?'라는 궁금증이 들 수밖에 없었을 것이다. 당시 조정의 입장에서는 정약용, 정약전 두 형제를 죽이기에는 명분이 부족했고(둘은 중간에 천주교를 멀리했었기에), 정조의 총애를 받았었고 학식도 풍부하였기에 가까이 두기에는 너무 무서운 존재였다.

영화를 보기 전에는 몰랐었다. 정약전은 무려 16년, 동생 정약용은 18년의 유배 생활을 했다는 것을. 유배 생활이라는 게 감옥처럼 좁은 공간에서 간수의 감시하에 지내는 것은 아니지만, 다른 곳으로 마음대로 이동할 수 없고 공적인 활동도 할 수도 없었기에 말 그대로 창살 없는 감옥 생활을 그리 길게 한 것이다.

수원 화성을 설계하고 수많은 발명품을 만들어 낸 정약용. 정약용이 만약 유배를 가지 않았더라면, 조선은 훨씬 더 발전할 수 있지 않았을까? 이런 생각이 들면서도 어쩌면 오랜 유배 생활로 백성들과 함께하였기에 정약전은 『자산어보』를, 동생 정약용은 『목민심서』 같은 백성들에게 실질적으로 도움을 주는 책을 집필할 수 있었던 것이다.

"영화에서 정약전이 흑산도에서 유배 생활을 하면서 그동안 미처 보지 못했던 백성들의 어려움을 목격하게 되는데, 어떤 것들을 보았지?"

"나라에서 소나무에 세금을 매겨서, 어린 소나무가 크게 자라기 전에 베어버렸어요."

"맞아. 여기저기에 세금을 매기니까 세금이 될 만한 것들은 아예 싹을 잘라 버린 거지."

"주인이 없는 이웃집 세금을 대신 내야 했어요."

"죽은 사람의 세금까지도 내야 했어요."

"맞아. 조선 후기에는 나라의 기강이 무너지면서 세금을 피해 도망간 이웃의 세금까지 내거나 죽은 가족의 세금까지 내야 하는 상황을 겪게 되었지."

정약전이 살던 시대는 백성들의 삶에 도움이 될 수 있는 실학과 불평등한 신분 제도를 대신할 수 있는 서학(천주교)이 조금씩 스며들기 시작하던 때였다. '자산어보'에는 이러한 시대적 배경이 잘 나와 있다.

"얘들아, 정약전이 창대한테 자기한테 유교 공부를 배우러 오라고 했는데, 창대가 거절했지. 그 이유가 뭐였더라?"

"정약전이 제사도 안 지낸다는 서학을 믿는 대역죄인이라 거절했어요."

"맞아. 창대가 정약전한테 자신도 서학에 물들 것 같다고 조심해야 한다고 강하게 거절하니까, 정약전이 혼잣말로 '주자는 참 힘이 세구나'라고 했는데, 여기서 주자는 뭘 의미하는 걸까?"

"성리학과 관련 있는 것 같아요."

"그래. 성리학은 공자의 가르침을 기본으로 하고 있는데, 공자 이후에 여러 학자가 성리학을 키워갔는데, 그중에 맹자도 있고 주자도 있는 거지. 수업 시간에 배웠듯이, 조선은 성리학(유교)를 바탕으로 한 나라여서, 서학을 받아들이는 게 쉽지 않았어. 천주교를 믿는다는 이유로 많은 사람이 돌아가시기도 했고."

서로 어긋나던 정약전과 창대는 서로가 위기에 빠졌을 때 도움을 주면서 한 발짝 다가가게 된다. 그러던 중 정약전은 창대가 물고기에 대해 훤히 아는 것을 보고 창대의 도움을 받아 물고기를 연구하기로 결심한다.

"창대가 '홍어 가는 길은 홍어가 잘 안다'라는 말을 했잖아. 이 말을 듣고 정약전은 어떤 깨달음을 얻었지?"

"자신이 그동안 사람에 대해 열심히 공부했는데, 막상 깨달은 게 없는 것 같다고 했어요."

"맞아. 정약전이 여러 학문을 공부한 이유는 사람이 갈 길을 알고자 했던 것인데, 성리학도 공부했고 서학도 공부했지만 사람은 참 어려워서 사람에 대해서는 알아낸 게 없다고 했지. 대신 이제부터는 좀 더 명확한 사물을 공부하기로 결심하신 거지. 영화에서 실학이라는 표현은 나오지 않지만 약전은 물고기를 공부하면서 스스로 실학의 길에 들어서게 된 거야."

대역죄인인 정약전을 돕는 것을 꺼리던 창대는 '자신이 가진 지식과 네가 가진 물고기 지식과 바꾸자'는 약전의 거래에 승낙하고 둘은 한 배에 타게 된다. 배우고자 하는 갈망이 강했던 창대와 물고기를 배우고자 하는 약전의 요구가 서로 딱 맞아떨어진 것이다. 창대의 도움으로 약전은 물고기를 직접 관찰하고 해부하면서 물고기에 대한 지식을 쌓아간다.

"그런데 정약전은 왜 어류도감을 만들려고 했던 것일까?"

"백성들의 삶에 도움이 안 되는 공자니 맹자니 이런 것은 그만하고, 먹고 사는 데에 도움이 될 수 있도록 물고기 사전을 만들기로 하셨어요."

정약전이 지은 '자산어보'는 오늘날 어류 도감과 비교해도 손색이 없는 자료라고 한다. 조선 시대에 사람들이 아프면 허준이 지은 '동의보감'을 참고하였듯이, 조선 후기 어부들은 약전이 지은 '자산어보'를 참고하며 생업에 큰 도움을 받았을 것이다.

조선 후기 백성들의 모습을 담다

영화 《자산어보》에는 조선 후기 백성들의 고된 삶의 모습이 고스란히 담겨 있다. 학생들하고 역사 수업을 할 때 동아시아(중국&일본) 역사와 세계사를 함께 곁들이면 좋다. 한 나라의 역사는 주변 나라들과 밀접한 서로 영향을 주고받으며, 전 세계적 역사와 비교해서 앞서거나 뒤처지는 부분이 많기 때문이다. 정약전이 흑산도로 유배를 간 1801년(신유박해)은 일본은 에도 막부 시대로 조선과 비교적 원만한 관계를 유지하고 있었고, 중국은 청나라가 전성기를 누리던 시기였다. 영국은 산업 혁명을 맞이하며 세계적으로 기술 발전을 이끌었고, 프랑스는 시민 대혁명으로 주변 국가들에 평등과 박애의 정신을 전파하던 때였다. 아메리카 대륙에서는 미국이 영국으로부터 독립하며 자유와 평등을 기본으로 하는 새로운 나라가 탄생하던 때였다.

"영화는 조선 후기를 배경으로 하고 있는데, 조선 후기 새로운 모습들이 많이 나오는 데 어떤 것들이 있었지?"

"먼바다에서 서양의 큰 배에서 떨어진 지구의를 보고 놀라는 모습이 나왔어요."
"일본 오키나와나 필리핀 중국 등을 오가는 사람이 나왔어요. 필리핀에서 온 사람이 통역을 해서 공명첩을 받아 양반이 되었어요."

"맞아. 조선 후기에는 서양의 앞선 문물들이 주로 청나라를 통해서 들어오게 되지. 한양에서 아주 먼 흑산도에도 새로운 바람이 불기 시작하는데. 지구의를 보고 지구가 평평하지 않고 둥글다는 사실을 알게 되었고, 달의 중력으로 인해 파도가 생겨나는 것도 깨닫는 장면이 나왔지. 공명첩을 받아서 양반이 되었다는 사람도 나왔는데, 양반이 되면 뭐가 달라질까?"

"세금을 안 내도 될 것 같아요."

"조선은 우리가 수업 시간에도 배웠듯이, 양반-중인-상민-천민 이런 신분제가 존재했는데 높은 관리는 양반만이 될 수 있는지라 양반의 나라라고도 불렸어. 양반은 세금을 내는 계급인데, 대신 군포, 오늘날로 치면 국방세는 안 내도 됐거든. 그래서 영화에서도 일반 백성들한테 군포를 과도하게 걷는 장면이 나오잖아. 양반이 아닌 백성들을 괴롭혀서 자신들의 배를 불리게 하였던 거야."

임진왜란과 병자호란을 거치면서 백성들의 삶은 더욱 어려워졌다. 조선 후기에는 세금 제도에 허점이 드러나면서 백성들은 어려운 삶을 살게 되었고, 조선 말기에는 세도 정치가 나타나면서 백성들의 궁핍함은 최고조에 다다르게 된다. 나라의 기강을 세우기 위해 흥선대원군은 세금 제도를 손보려고 했고 이어서 동학 농민 운동과 갑신정변에서도 세금 제도를 개선해야 한다는 목소리가 담기게 된다. 모두 초등학교 교과서에 나오는 내용들이다(2015 교육과정/

국정 교과서 기준). 교과서에 삽화로 제시된 백성의 어려운 생활을 대표하는 두 가지 사례(도망간 옆집 사람의 세금을 대신 내는 제도, 빌린 곡식에 모래와 곡식 껍질이 더 많은 모습)도 영화 《자산어보》에 그대로 담겨 있다.

높은 관직에 머물다 섬으로 유배를 온 정약전과 달리, 평생 섬에서 물질을 하며 살아온 창대는 육지로 가서 입신양면하길 원했다. 정약전은 이런 창대를 '상놈의 자식'이라고 무시했지만, 창대는 사실 장 진사가 첩과 관계를 맺어 태어난 서자였다. '홍길동전'에도 나오는 '아비를 아비라 부르지 못하고 형을 형이라 부르지 못하는' 서자의 한계에도 불구하고 창대는 공부를 통해 진짜 양반이 되어서 사람 노릇하기를 희망했다. 그러던 중 흑산도로 유배를 온 정약전을 만나 부족했던 공부를 보충할 수 있게 되었고, 마침내 과거 시험을 통해 관직에까지 오르게 된다.

"창대가 과거 시합에 합격해서 관직에 올라서 지방 관리자가 되었잖아. 창대는 어떤 책을 읽으면서 좋은 관리자가 되길 바랐지?"

"정약용이 지은 목민심서요."

"그래. 정약용도 많은 책을 집필했는데 대표적인 게 '목민심서'이고, 이 책은 교과서에도 나와 있듯이 지방의 관리가 지켜야 할 내용을 소개하고 있지. 그런데 창대가 목격한 지방 관리들의 실제 모습은 어땠을까?"

<목민심서에 나와 있는 지방의 관리가 지켜야 할 내용>

- 수령이 백성을 위해 있는 것이지, 백성이 수령을 위해 있는 것은 아니다.
- 오늘날 백성을 다스리는 사람들은 오직 거둬들이는 데에만 급급하고, 백성을 부양하는 방법을 알지 못한다. 이 때문에 백성은 여위고 시달리며 병까지 들어...

"부당하게 세금을 걷으며 백성들을 괴롭혔어요."

"그렇지. 창대는 지방 관리가 되어서 '목민심서'대로 백성들을 보살피고 싶었는데, 현실의 불합리한 모습에 결국 좌절하고 결국 다시 섬으로 돌아가게 되었지. 교과서에는 안 나오지만, 정약전이 유배 중이었던 1812년에 홍경래의 난이 일어나면서 억압받던 백성들이 반란을 일으켰어. 실패로 끝났지만. 비슷한 시기에 프랑스에서도 대혁명이 일어나서 백성들이 왕을 처형하는 일까지 일어났거든. 전 세계적으로 억압받던 계층에서 자유와 평등을 외치며 자신들의 목소리를 내기 시작했던 거야."

영화는 백성들의 고초를 담고 있지만 그렇다고 영화가 마냥 어둡거나 절망적이지만은 않다. 영화 중간중간 흑산도 주민들의 정겨운 삶의 모습을 보여주고 있기도 하다. 지방 관리들이 백성들을 가혹하게 대할수록 힘없는 민초들은 쓰러지지 않고 서로 버텨주며 힘든 일상을 버텨낸 것이다. 정약전이 사형을 면하고 먼 길 끝에 흑산도로 유배를 왔을 때도 섬 주민들은 돌아가며 양식을 모아서 가거댁이 약전을 잘 모실 수 있도록 도와주었다. 이웃이 억울한 일에 처했을 때는 모른 척하지 않고 나서서 도와주었으며, 혼례와 장례 때에도 함께 웃고 함께 울어 주었다. 창대가 섬마을 처녀 복례와 혼인하고 약전은 가거댁과 한 이불을 덮으며 섬에 아이들이 태어났고 어른들과 아이들은 바닷가에서 씨름하며 행복한 한때를 보내기도 한다.

이런 굵직굵직한 사건들 외에도 영화를 보다 보면 조선 후기 백성들의 일상적인 삶의 모습이 눈에 들어오게 된다. 전라도 지역의 구수한 사투리까지 더해져서 이웃들끼리는 어떤 대화를 나누었는지, 섬사람들은 무엇을 먹고 살았는지, 유교의 가르침 아래 부모와 자식들은 어떤 관계를 맺으며 살았는지, 첩의 자식인 창대가 서자로서 겪어야만 했던 차별은 무엇이었는지 등을 알 수 있게 된다. 컬러가 아닌 흑백 영화라 조금 아쉽기는 하지만, 양반들과 일반 백성들이 사는 집과 먹는 음식, 입는 옷들도 자연스럽게 비교 된다.

우리 바다에서 나고 자라는 물고기

"자산의 바다 안에는 어족이 매우 번성하다. 하지만 그 이름을 아는 자가 드무니 사물에 밝은 자가 마땅히 살펴야 할 바이다."

'자산어보'에는 자산(흑산도의 별칭)에서 볼 수 있는 어류들이 그물에 걸린 물고기들처럼 철철 넘쳐난다. 영화는 정약전이 지은 '자산어보'를 바탕으로 하고 있는데, 약전은 흑산도 바다에서 만났던 226종의 해양 생물(어류뿐만 아니라 해조류까지 포함하여)을 하나하나 자세히 관찰하고 이름을 붙이고 분류하였다. 관찰하고 명명하고 분류하는 것. 초등 과학 수업 시간에 학생들이 제일 먼저 만나는 '탐구 단원'에서 배우는 것들이다. 평생 성리학자로 살아온 글쟁이 정약전이 흑산도에서 옷깃을 걷어 헤치고 상놈들처럼 바닷가를 뛰어다니며 과학자처럼 행동한 것이다.

정약전은 물고기의 이름을 창대에게 물어보고 우리말 이름만 있던 물고기에 한자 이름을 붙이는 과정을 반복하였다. 이름을 붙여주는 것은 생명체에게는 새로운 탄생을 의미하는 것만큼 중요한 과정이다. 아이가 태어났을 때 부모가 고심하고 고심하며 이름을 지어주는 것처럼 말이다.

영화에 다양한 물고기들이 등장하는데 오늘날에는 보기 힘든 상어를 창대가 어렵게 낚시질을 해서 온몸으로 메고 약전한테 바치는 장면도 등장한다. 실제로 흑산도에는 1960년대까지 상어잡이 배들이 몰려올 정도로 상어로 먹고사는 섬이었다고 한다. 상어 하면 동해 깊은 바다에서나 볼 수 있을 거란 생각이 드는데 서해인 흑산도에서 상어라니! 또한 전라도 지역의 대표적인 특산품인 홍어가 유배 온 정약전이 먹는 첫 요리로 나오는데, 여러 홍어 중에서 흑산도 홍어를 지금도 최고로 쳐준다고 한다. 이 외에도 약전이 몸져누워 있을 때는 문어로 아픈 약전의 원기를 회복시켜 주기도 했다. 영화에 등장하는 어류들을 등장하는 순서대로 정리해 보았다.

* 홍어(생물): 오늘 날 흔히 먹는 삭힌 홍어와는 다른 횟감으로 먹는 생물 홍어
* 홍미잘: '빨간 똥구멍'이라 한자로 '홍미잘'이로 불린다. 약전은 새로 한자로 석항호(돌 '석'+똥구멍 '항'+굴 '호')라고 이름을 붙여준다.
* 문어&전복: '민어는 복날에 먹는 것이고 기력은 문어제라(창대가 동의보감을 인용하며 물에 빠져 아픈 약전의 기력을 회복시켜주기 위해)
* 홍어: 가오리와 비슷하게 생겼지만 맛은 다르다. 홍어와 가오리가 비슷하게 보인다는 약전에게 창대는 둘의 차이점을 상세히 알려준다.
* 청어: 창대는 '동해 청어와 흑산도 청어는 등뼈 개수가 다르다'라고 하였다.
* 짱뚱어: 정약전이 철목어(볼록할 '철'+ 눈 '목')로 이름을 붙여준다.

* 도미: 사람들은 잘 모르는 '도미가 해파리'를 먹는다는 사실을 창대로부터 듣고 기록한다.

* 해파리: 수온이 높을 때에 몰려 온다.

* 돗돔: 돗돔은 그냥 잡기는 힘들고 상어 잡다가 운 좋게 잡힌다.

현대적으로 재해석한 자산어보

《자산어보》를 보면서 영화가 조선 후기의 모습과 정약전의 유배 생활을 잘 고증해서 재현했다고 생각했었다. 그런데, 최근 영화보다 먼저 세상에 나온 김훈 작가의 소설 『흑산』을 읽으면서 생각이 바뀌었다. 물론 '흑산'도 김훈 작가의 상상력으로 빚어낸 소설이라 있는 그대로의 역사를 담아낸 것은 아니지만, 비교하며 읽다 보니 영화가 상대적으로 소설보다 현대적으로 재해석한 부분들이 많다는 것을 알게 되었다.

먼저, 영화의 가장 큰 중심축인 약전과 창대의 관계부터 살펴보자. 영화 초반 약전은 창대를 하대하고 창대는 약전을 사학죄인이라 멀리하지만, 둘의 관계는 결국 막역한 스승과 제자 사이로 발전하게 된다. 창대는 천주교에서 헤어 나오지 못하는 약전에게 성을 내기도 하고 성리학을 잘못 배웠다고 삿대질을 하기도 한다. 영화를 보면서도 살짝 의아한 부분이기도 했다. 아무리 그래도 정약전은 조선 최고의 관직까지 오른 양반 중의 양반이었고, 창대는 상놈의 자식이었기 때문에 둘이 서로 친구처럼 지내는 모습이 조선 시대에서 실제로 가능했을지 의문이 들었다. 아무래도 서열 관계를 엄격하게 적용해서 약전과 창대의 관계를 수직적으로 표현했다면, 오늘날의 관객들 입장에서는 다소 딱딱하게 느껴졌을 것이다. 영화는 전체적으로 천주교를 믿는 정약전의 입을 통해서 조선 후기 신분 제도의 불합리한 모습을 보여주고 있기에, 창대와 약전의 관계도 조금 더 수평적으로 보여주고 있는 듯했다.

가거댁의 역할도 살펴보자. 가거댁은 약전을 자기 집에 모시고 보필하며 다소 수동적인 여성상을 보여주기도 한다. 하지만, 영화 속 가거댁은 결코 전통적 여성상에만 머물러 있지 않는다. 자기 집에 머물게 된 약전에게 적극적으로 관심을 나타냈고 결국 약전과 가정을 꾸리게 된다. 더 나아가 조선 시대 유교의 등장과 함께 한없이 낮아진 여성의 지위에 작정하고 불만을 나타내려는 듯, 약전과 창대를 앞에 두고 여성의 중요성에 대해 설교를 늘어놓기까지 한다.

'나리(약전)도 다른 사람하고 별반 다를 것이 없네요. 씨만 중하고 밭 귀한 줄은 모르는 거 말이어라. 씨 뿌리는 애비만 중하고 배 아파 갖고 낳고 기른 애미는 뒷전이디. 밭이 안 좋으면 흙이 안 좋으면 싹이 터도 크덜 못허는디. 긍게 인제 자식들도 애미 귀한 줄 알아야 써. 남자들도 여자를 귀할 줄 알아양께.'

"얘들아, 여기서 씨와 밭은 누구를 나타내는 걸까?"

"씨는 남자를, 밭은 여자를 나타내는 것 같아요."

"그렇지. 성교육과도 관련이 있는데, 남자의 정자와 여자의 난자가 합쳐져서 아이가 탄생하는데 건강한 남자와 여자의 몸에서 건강한 아이가 태어나겠지. 그런데 조선 시대에는 남자아이만 호적에 올라갈 수 있고, 남자들만 과거 시험을 볼 수 있고, 아들에게만 재산이 상속되는 등 여러 가지 면에서 여성의 지위가 지금보다는 훨씬 낮았는데, 후손을 이어가려면 남자와 여자 모두 중요하다는 것을 가거댁이 두 남자들에게 강조한 거지."

남존여비 사상이 지배적이었던 조선 시대에 실제로 가거댁이 창대와 약전에게 이런 이야기를 당당하게 꺼낼 수 있었을지는 모르겠지만, 오늘날에도 육아나 취업 등에서 여성의 제약이 여전히 많기에 영화는 가거댁의 목소리를 통해서 시대와 상관없이 존중받아야 할 여성의 중요성을 강조하고 있는 듯하다.

영화 밖으로

"흑백 영화이고, 상영 시간도 짧지 않아서 여러분들 잘 볼지 걱정했는데, 영화 전체적으로 어땠나요? 소감 듣고 영화 수업 마무리할게요."

"정약용에 대해서는 어느 정도 알았는데, 정약전에 대해서 처음 알게 되어서 좋았어요."

"조선시대 사람들의 생활 모습을 알 수 있었어요."

"예전에는 억울한 일을 당하는 사람들이 많았을 것 같아서 속상했어요."

"나쁜 관리들도 많았지만 백성들을 위해서 노력하는 좋은 사람들도 있었어요."

2022년도에 5학년 학생들과 《자산어보》를 처음으로 같이 보았다. 흑백 영화이고 역사 영화에 흔히 등장하는 전쟁 장면도 하나 없고 화려한 왕실이 아닌 시골 중의 시골인 흑산도에서 펼쳐지는 이야기에 아이들이 얼마나 공감할지 살짝 걱정했는데, 집중해서 영화를 보는 모습에 마음이 놓였다. 백성들을 괴롭히는 관리들의 모습에 학생들은 함께 속상해했고, 어려움 속에서도 서로 돕는 섬사람들의 모습에 함께 웃는 모습을 보며, '인지상정', 사람들의 마음과 감정은 시대에 상관없이 불변하다는 것을 다시 한번 깨달았다.

Theme 02

영웅

윤제균 감독 | 2022 | 한국 | 120분 | 12세관람가

#역사 #일제강점기 #뮤지컬영화 #안중근 #이토히로부미 #명성황후 #독립운동

성취기준 연계

· 《6사06-01》 일제의 식민 통치와 이에 대한 저항이 사회와 생활에 미친 영향 이해하기

줄거리

어머니 '조마리아'(나문희)와 가족들을 남겨둔 채 고향을 떠나온 대한제국 의병대장 '안중근'(정성화). 동지들과 함께 네 번째 손가락을 자르는 단지동맹으로 조국 독립의 결의를 다진 안중근은 조선 침략의 원흉인 '이토 히로부미'를 3년 이내에 처단하지 못하면 자결하기로 피로 맹세한다.

그 약속을 지키기 위해 블라디보스토크를 찾은 안중근. 오랜 동지 '우덕순'(조재윤), 명사수 '조도선'(배정남), 독립군 막내 '유동하'(이현우), 독립군을 보살피는 동지 '마진주'(박진주)와 함께 거사를 준비한다. 한편, 자신의 정체를 감춘 채 이토 히로부미에게 접근해 적진 한복판에서 목숨을 걸고 정보를 수집하던 독립군의 정보원 '설희'(김고은)는 이토 히로부미가 곧 러시아와의 회담을 위해 하얼빈을 찾는다는 일급 기밀을 다급히 전한다. 드디어 1909년 10월 26일, 이날만을 기다리던 안중근은 하얼빈역에 도착한 이토 히로부미를 향해 주저 없이 방아쇠를 당긴다. 현장에서 체포된 그는 전쟁 포로가 아닌 살인의 죄목으로, 조선이 아닌 일본 법정에 서게 되는데… 누가 죄인인가, 누가 영웅인가!

역사 영화《영웅》은 이미 오래전부터 관객들을 만나 온 뮤지컬을 원작으로 한 작품으로, 2020년에 영화로 개봉되었다. 암살, 동주, 밀정, 말모이, 항거 등 일제강점기를 배경으로 한 역사 영화들은 끊이지 않고 지속적으로 만들어지고 있다(안중근 의사의 이야기를 다룬《하얼빈》2024년 12월 개봉).

《영웅》을 보기 전에 같은 사건을 다룬 소설『하얼빈(김훈)』을 읽어서, 영화를 보며 아쉬운 점이 적지 않았다. 역사물이기 때문에 소설도 100% 팩트에 기반을 두지는 않았지만, 아무래도 뮤지컬이나 영화는 대중성을 위해 더 많은 픽션이 들어가고 흥행을 위한 장치들을 더 많이 포함하고 있다. 무엇보다도 선 굵은 김훈 작가의『하얼빈』을 읽고 난 후에 본 뮤지컬 영화다 보니 '영웅'이 어쩔 수 없이 다소 가볍게 느껴졌다. 여러 가지 장단점이 뚜렷한 영화이지만, '영웅'은 교실에서 학생들과 함께 보기에 충분히 좋은 교육 영화이다. 독립 운동사에서 가장 중요한 사건 중 하나인 '이토 히로부미' 암살이 어떤 식으로 전개되었는지 영화를 보고 나면 오래오래 기억에 남을 것이다.

영화 열기

"이 영화는 작년 겨울에 개봉한 영화인데, 우리 지금 배우고 있는 일제의 침략과 광복을 위한 노력 그리고 교과서에서도 같이 살펴본 안중근 의사에 대해서 자세하게 알려주더라고. 선생님도 개봉하고 극장 가서 바로 봤었거든. 교과서에서 배운 내용들 중심으로 안중근 의사에 대해서 기억나는 것들 이야기해 볼까?"

"계몽 운동으로 나라의 힘을 키우는 데 앞장섰어요."
"연해주에서 의병을 조직해 일본과 싸우며 독립운동을 외쳤어요."
"하얼빈에서 이토 히로부미를 총으로 쏴서 암살에 성공했어요."
"사형 선고를 받고 감옥에서 돌아가셨어요."

"그렇지. 선생님도 사실 그 정도로 알고 있었는데, 안중근 의사를 다룬 이 영화랑 책 『하얼빈』을 읽고 나니까 안중근 의사에 대해 잘 몰랐던 부분들을 많이 알게 되더라고. 영화에서 안중근 의사가 어떤 이유로 이토 히로부미를 암살하기로 마음먹었는지, 같이 영화를 보고 이야기 나누자고."

영화 속으로

안중근의 발자취를 따라서!

안중근 의사는 일본의 조선 침략이 현실화되자 몸을 옮겨가며 일제의 침략을 온몸으로 막아낸 장본인이다. 사회 교과서에도(출처: 2015 교육과정. 5학년 2학기. 천재교과서. 117쪽), 한반도(진남포)를 시작으로 러시아 연해주(블라디보스토크)와 하얼빈을 거쳐 중국 뤼순까지 안중근 의사의 발자취와 업적을 지도와 함께 자세히 보여주고 있다.

"영화 다시 봐도 참 감동적이고 울컥하네. 목숨을 바쳐서 독립운동하신 분들의 이야기를 보면 고맙기도 하고 부끄럽기도 하고 여러 가지 복잡한 마음이 들더라고. 영화 잘 봤나요?"

"네!"

"이야기 나누고 싶은 것들이 참 많은데, 먼저 영화에 나온 안중근 의사의 일대기를 되돌아볼까? 오프닝 뮤지컬(안중근 의사가 동료들과 함께 손가락을 자르며 독립운동의 뜻을 밝히는) 이후 처음 나오는 장면의 배경이 어디인지 기억나는 학생 있나요?"

"평안남도 진남포요"

"맞아. 영화에서 자세히 보여주지 않았지만, 안중근 의사는 평안남도 진남포에 학교를 세우고 계몽 운동을 펼쳤어. 우리가 배운

대로 당시에는 여러 가지 방법으로 일제의 침략에 맞서 싸웠는데, 그중 하나가 계몽운동이었거든. 안중근 의사는 학교를 중심으로 독립운동을 펼쳤는데, 1905년 을사늑약, 즉 우리나라가 일본으로부터 외교권을 빼앗기는 일이 벌어지고, 나라의 운명이 점점 일본으로 기울어지니까 외국으로 몸을 옮기기로 했지. 그 다음 장면은 어디로 이어졌지?"

"함경북도 신아산에서 일본군과 전투를 벌였어요."

"맞아. 당시 많은 조선인이 일본의 침략을 피해서 러시아 블라디보스토크로 옮겨서 독립운동을 펼쳤는데, 안중근도 그곳에서 의병을 조직한 다음에 우리나라 함경도 쪽으로 내려와서 일본군과 전투를 여러 차례 펼쳤지. 처음에는 승리도 했는데 마지막에는 영화에서처럼 크게 패하고 겨우 몸을 피해서 다시 블라디보스토크로 돌아오게 되었고. 일본과의 전투에서 패하고 난 뒤에 안중근은 좌절하고 독립운동을 그만두었나요?"

"아니요. 독립운동을 계속했어요."

"그렇지. 블라디보스토크로 돌아와서 그곳에 사는 러시아와 한국 사람들에게 연설하며 일본 침략의 부당함을 알렸지. 일본 경찰들에게 쫓기면서 말이야. 그러던 중에 무슨 소식을 듣게 되었지?"

"이토 히로부미가 하얼빈으로 온다는 소식을 들었어요."

"이토 히로부미. 일본 초대 총리이거든. 일본은 내각제라 대통령이 없고 우리나라 대통령에 해당하는 총리가 정치적으로 제일 우두머리인데. 그런 총리가 왜 위험을 무릅쓰고 중국 땅인 하얼빈에 가려고 했을까?

"러시아 재무장관을 만나서 조선을 발판 삼아 중국을 손에 넣으려는 계획을 이야기 나누려고 하였어요."
"일본과 조선이 하나가 되는 계획을 러시아에 알리려고 했어요"

"맞아. 일본 총리가 하얼빈에 온다고 하니 그 소식이 여기저기 퍼졌겠지. 특히, 하얼빈 근처에 사는 독립운동을 하는 조선인들 입장에서는 조국의 원수인 이토 히로부미를 없앨 좋은 기회라고 생각했을 테고. 그렇지만, 실제로 암살을 실천에 옮기는 것은 쉽지 않았을 거야. 목숨을 걸어야 하는 일이고, 혼자서 하기에 쉽지 않은 일이고, 일본 측 경비도 삼엄했을 테고 말이지.
지금처럼 인터넷이나 스마트폰으로 정보를 쉽게 얻을 수 있는 상황도 아니다 보니 예상치 못한 일들도 많았을 테고. 실제로 안중근 의사는 이토 히로부미를 본 적이 없고 흑백 사진으로 본 게 전부여서, 총으로 쏜 후에 쓰러진 사람이 이토 히로부미가 맞는지 확신이 안 들어서 주변 사람들한테도 총을 쐈다고 하더라고. 우리 조선 입장에서는 안중근 의사가 정말 큰일을 한 거지만, 일본 입장에서는 당연히 자기네 우두머리를 살해한 범인이니 바로 잡아서 감옥에 넣었겠지. 안중근은 그다음에 어디로 옮겨졌지?"

"뤼순 감옥으로 옮겨졌어요."

"맞아. 선생님은 영화를 보면서 궁금한 점이 있더라고. 뤼순은 그때도 그렇고 지금도 중국에 속하는 지역이거든. 우리나라가 일본에 나라를 뺏긴 게 1910년 8월. 안중근 의사가 이토 히로부미를 암살한 건 1909년. 그리고 재판을 거쳐서 사형 선고를 당한 건 1910년 3월이란 말이지. 그러니까 우리나라가 일본에 나라를 빼앗기기 전인데 뤼순 지역에 일본인들이 관할하는 법정도 있고 감옥도 있다는 게 놀랍더라고. 일본이 1937년에 중일전쟁을 펼치면서 본격적으로 중국을 침략하거든. 근데 1910년 전에 이미 한반도를 넘어서 중국 지역에서도 영향력을 떨치고 있었다는 건 선생님도 영화를 보면서 새로 알게 된 내용이었어."

안중근 의사는 법정에서 신앙인임에도 불구하고 이토 히로부미를 암살할 수밖에 없었던 이유와 그동안 일본이 저지른 일들의 부당함을 많은 사람들에게 알리고 사형장에서 형장의 이슬로 사라졌다. 유언으로 자신의 뼈를 인근에 묻었다가 독립 이후에 고국으로 옮겨달라고 했지만, 안중근의 유해는 아직도 찾지 못하고 있다. 영화를 다 보고 나니 안중근 의사의 유해를 찾아야 하는 이유가 조금 더 명확해졌다. 내가 살고 있는 용산구의 효창공원에는 안중근 의사의 가묘가 마련되어 있다. 안중근 의사의 유해가 언젠가 발견되면 이곳으로 옮겨진다고 한다.

팩트 체크! 역사 영화

《영웅》은 뮤지컬을 바탕으로 제작된 상업 영화이다 보니 어쩔 수 없이 많은 부분에서 픽션이 가미되었다. 영화교육연구회 활동을 하면서 역사 영화도 적지 않게 다루고 있는데, 빠지지 않고 항상 등장하는 것이 '팩트 체크'에 대한 논란이다. 실제로 벌어진 역사적 사실과 영화 속 역사적 이야기가 얼마만큼 차이가 나는지 확인이 필요하고, 그런 차이를 학생들한테 얼마만큼 공유해야 하는지에 대한 고민이 끊이지 않고 있다. 더 나아가서는 역사 수업을 굳이 픽션이 가미된 영화로 할 필요가 있는지에 대한 근본적인 문제 제기도 심심치 않게 듣고 있다.

사실 교사 입장에서 영화와 역사적 사실 사이의 팩트 체크를 하는 것부터가 쉽지 않다. 역사적 지식이 풍부하거나 역사 영화에 대한 정보를 많이 가지고 있으면 자연스럽게 학생들에게 영화 배경

지식도 이야기해주고 팩트 체크도 해주면서 수업을 진행해 갈 텐데, 기본적으로 대부분의 역사 영화가 교과서에서 다루는 내용보다 깊이 있게 들어가기 때문에 교사가 따로 시간을 내서 역사 공부를 해야 영화를 제대로 이해할 수 있는 상황이다. 그럼에도 불구하고 많은 정보들이 책이나 인터넷에서 공유되고 있기 때문에 조금만 준비하면 역사 영화로 풍부한 역사 수업을 할 수 있다.

"이 영화는 뮤지컬을 영화로 만든 작품인데, 선생님도 뮤지컬은 보지 않았거든. 뮤지컬 영화이다 보니 아무래도 실제 역사와 다른 부분들이 많은 것 같아. 선생님은 지난여름에 안중근 의사의 이야기를 다룬 『하얼빈』 책을 읽었는데, 이 책도 소설이라 100% 역사적 사실로만 이루어진 것은 아니지만, 영화를 보면서 책이랑 많은 부분 다르더라고. 영화는 많은 사람들이 보는 매체이다 보니 조금 더 대중적이고 오락적으로 만들어진 것 같아. 영화랑 실제 역사랑 하나씩 비교해 보자고. 영화에 등장하는 주요 인물 중에서 실제로 존재하지는 않았던 인물이 하나 있는데 누구일까?"

"설희일 것 같아요."

"맞아. 명성황후가 일본인들한테 살해당할 때 설희 말고도 많은 궁녀들이 함께 있었겠지. 다만 그때 함께 있었던 궁녀 중의 한 명이 설희처럼 일본으로 가서 자신의 정체를 숨긴 채 몰래 이토 히로부미 곁에 머무르게 된다는 내용은 현실적으로는 불가능한 설정인 것 같아."

"왜요?"

"일단 영화와 달리 명성황후가 살해당할 때 많은 궁녀도 함께 살해당했다고 해. 설사 살아남았다 하더라도 한국인인 설희가 일본인으로 위장하는 것도 쉽지 않았을 테고. 설희가 일본어를 열심히 공부해서 일본인처럼 행동했었다고 해도 출신이 명확하지 않은 설희를 이토 히로부미 같은 중요한 사람 곁에 두지도 않았을 테고 말이지. 어쨌든 설희 역할은 실제 역사에서는 존재하지 않았던, 뮤지컬과 영화에서 만들어 낸 역할인 거지. 영화를 통해서나마 명성황후를 죽인 일본에 대한 복수를 설희를 통해서 보여주려고 했던 것이 아닐까 싶어."
"또 어떤 부분이 실제 역사와 달랐지?"

"선생님이 봤을 때는 진주와 동하의 로맨스 장면도 물론 실제로 충분히 있었을 법한 이야기겠지만 아마도 영화를 조금 더 재미있게 만들기 위해서 코믹하게 넣은 것 같아. 안중근 의사의 암살 내용 자체가 사실 무겁고 진지한 스토리잖아. 그런 딱딱한 부분을 부드럽게 해주기 위해서 로맨스와 코미디를 넣은 것 같아. 추가로 하얼빈에서 안중근이랑 동지들이 일본 경찰과 벌이는 추격 장면도 영화다 보니까 속도감 있게 넣은 장면인 것 같고."

"선생님, 또 픽션인 장면들이 있나요?

"정확한 내용들은 하나하나 따져봐야 할 것 같은데, 나머지 기본적인 사건들은 대부분 역사적 사실에 바탕을 두었더라고. 어쨌든 우리가 이 영화를 보고 제일 중요하게 기억해야 할 것은 주변 이야기가 아니라 안중근 의사가 이토 히로부미를 어떻게 암살하고, 왜 암살했는지 그런 것들이니까 영화를 통해서 잘 파악할 수 있었을 거야."

 영화 밖으로

"영화에서 안중근 의사가 최후 변론하면서 불렀던 노래 기억나나요?"

"네. 〈누가 죄인인가〉 노래요."

"영화나 뮤지컬을 보지 않았더라도 '누가 죄인인가' 노래는 많이들 들어봤을 것 같아. 이 노래 가사만 잘 살펴봐도 일본이 조선에 저지른 잘못과 당시 상황을 잘 알 수 있더라고. 유튜브를 통해 노래를 한번 감상해 보도록 하자."

안중근 의사가 이토 히로부미를 암살한 이유는 민족의 원수를 제거하려는 이유도 있었지만, 암살을 통해서 일본이 조선에 저지른 수많은 죄상을 많은 사람에게 알리기 위함도 컸다. 일본인 검사와 판사에 의해 열린 재판이긴 했지만, 암살 사건이 주변 국가에까지 크게 알려졌기에 재판장에는 외신 기자들도 많이 참석했었고, 안중근은 이 기회를 놓치지 않고 최후 변론에서 일본의 부당함을 많은 이들에게 알렸다. 정말로 누가 죄인일까? 답을 굳이 말하지 않아도 영화를 본 관객들이라면, 아니 역사 공부를 제대로 한 학생들이라면 누가 죄인인지 답할 수 있을 것이다.

대부분의 역사 영화를 보고 나면 자연스럽게 국뽕이 차오른다. 있는 그대로의 역사, 담담하게 펼쳐내는 역사 영화를 좋은 영화라고 평하지만, 어쨌든 우리가 역사 영화를 볼 때에는 승리하는 역사, 자랑스러운 역사를 기대하는 경우가 많다. 영화 《영웅》도 뮤지컬 영화 특유의 오글거림, 과도한 설정 등 여러 가지 아쉬운 점이 있기는 하지만, 어려웠던 시절, 총 하나로 목숨을 바쳐서 정의를 구현한 안중근을 보면서 관객들은 쾌감을 느꼈을 것이다.

영화 《영웅》을 통해서 어렴풋이 알았던 안중근에 대해 생생하게 다시 배울 기회가 되었다. 안중근의 가족, 의병 활동, 러시아에서의 활동, 이토 히로부미를 암살하기 위한 준비 작전, 암살 이후 재판 과정 등등 책으로만 읽었을 때는 쉽게 사라졌을 발자취들이 오랫동안 기억에 남게 되었다.

영화를 보고 나니 안중근 의사의 유해를 아직도 발굴하지 못한 속상함이 더욱 크게 느껴왔다. 뤼순 감옥 부근이 이미 여러 차례 재개발을 거치면서 어쩌면 유해를 발굴할 수 있는 시기를 영영 놓쳐버린 것은 아닌지 걱정이 들기도 한다. 안중근 의사 외에도 잃어버린 나라를 되찾기 위해 노력했던 이름 없는 분들이 참 많을 것이다.

독립운동가들의 업적을 발굴하고 널리 알리는 것이 후손의 도리이지만, 독립운동가들에 대한 논란이 생기는 것을 보면 안타까울 때가 많다. 영화로도 만들어졌고, 교과서에도 실린 독립운동가들에 대한 논란은 더 이상 반복되지 않기를 바란다.

과학 교과 연계 영화

Theme 01

나의 문어 선생님

피파 에를리쉬, 제임스 리드 감독 I 2020 I 남아프리카공화국 I 85분 I 전체관람가 I 넷플릭스 제작

#장편 #다큐멘터리 #과학 #동물 #동물의한살이 #생태계 #생명의소중함 #문어 #천적

성취기준 연계

- 《4과02-01》 여러 가지 동물을 관찰하여 특징에 따라 동물을 분류하기
- 《4과02-02》 다양한 환경에 서식하는 동물을 조사하여 동물의 생김새와 생활 방식이 환경과 관련되어 있음을 설명하기
- 《4과04-01》 동물의 한살이를 직접 관찰하고, 관찰한 내용을 글과 그림으로 표현하기
- 《4과14-02》 생물 요소들의 먹고 먹히는 관계를 조사하여 먹이그물로 표현하기
- 《4과14-03》 인간 활동이 생태계에 미치는 영향을 조사하고, 생태계 보전을 위해 우리가 할 수 있는 일을 토의하여 실천하기
- 《4도04-01》 생명 경시 사례를 조사하고 문제 해결 방법을 탐구함으로써 생명의 소중함 이해하기
- 《4도04-02》 인간과 자연이 함께 살아야 하는 이유를 이해하고 공생을 위한 구체적인 실천 계획을 세우며 생태 감수성 기르기

줄거리

영리한 문어와 뜻밖의 우정을 나누는 영화감독의 이야기를 감동적으로 그린 다큐멘터리.

넷플릭스 영화《나의 문어 선생님》. 직업이 교사인지라 영화 제목에 교사, 학교, 학생, 교육 같은 단어가 들어가 있으면 예고편을 꼭 살펴보게 된다. 어울리지 않는 '문어'와 '선생님'이 왜 제목에 함께 있는지 궁금했는데 영화를 보며 제목의 의미를 온몸으로 느낄 수 있었다. 작은 생명체인 문어에게서 이렇게 깊은 삶의 통찰을 얻을 수 있다니! 때로는 만물의 영장인 인간보다도 동물이나 식물을 통해 우리가 미처 알지 못했던 것들을 깨우치며 살아가는 듯하다.《나의 문어 선생님》을 시청하고 받은 감동이 사라지기 전에 학생들하고도 같이 영화를 보고 이야기 나누고 싶었다.

영화 열기

뼛속 깊이 문과생이라 이 책에서 다루고 있는 영화 역시 인문사회 계열 주제의 영화들이 많고, 학교에서도 주로 국어, 사회, 도덕 시간에 영화를 활용해서 수업하고 있다. 수학이나 과학 수업 시간에서도 영화 읽기 수업을 못 할 이유는 없지만, 자연과학 계열의 영화들은 아무래도 초등학생이 보기에는 다소 어려운 내용들이 많다 보니 맘에 딱 드는 이과용 교육 영화를 찾기가 어려웠다. 그러던 중 발견한《나의 문어 선생님》. 영화는 생명의 소중함이라는 도덕적 가치를 중요하게 다루고 있지만, 기본적으로 바다 생태계에서 펼쳐지는 해양 동물들의 치열한 적자생존을 보여주고 있어서 과학 동물의 모습, 동물의 한살이, 생태계 먹이 관계 등 수업 시간에 훌륭한 자료로 활용할 수 있는 작품이다.

3~4학년 학생들하고는 생명의 소중함이나 동물의 한살이에 초점을 맞춰서 이야기를 나눌 수 있을 것이고, 5~6학년 학생들하고는 바닷속 생태계와 먹이 사슬 그리고 주인공이자 감독인 크레이그 포스터의 치유와 아들과의 바다 탐험을 통한 교감과 성장을 함께 이야기를 나눌 수 있을 것이다.

"문어 혹시 좋아하는 사람 있나요?"

"저요. 쫄깃쫄깃해서 맛있어서 좋아해요."

"선생님도 문어 좋아하는 편인데,《나의 문어 선생님》영화를 보고 나서는 문어를 잘 못 먹겠더라고. 영화 제목을 보면 문어를 선생님이라고 부르고 있는데, 왜 그런 걸까?"

"문어가 사람들한테 무언가를 가르쳐 줄 것 같아요."

"맞아. 우리가 동물들한테서 가끔 무언가를 배우는 경우들이 있잖아. 강아지들은 사람들보다 충성심이 강한 경우가 많고, 새가 나는 모습을 보고 비행기를 만들었던 것도 그렇고. 선생님은 문어가 지능이 뛰어난 동물이라는 것을 어느 정도는 알고 있었는데, 영화를 보기 전까지는 이렇게까지 문어가 뛰어난 존재라는 것을 몰랐거든. 어떤 면에서는 사람보다도 더 뛰어난 부분들이 많더라고.

이 영화는 다큐멘터리 영화인데, 영화감독이자 주인공이 문어와 오랫동안 함께 하면서 인생의 진리를 깨달아가는데, 주인공이 문어를 통해서 어떤 것들을 깨닫게 되었는지 잘 살펴보자고. 또한 바닷속 생태계 모습이 아름다우면서도 아주 치열하게 나오는데, 바닷속에서는 어떤 일들이 펼쳐지고 있는지 주의 깊게 살펴보자고."

 영화 속으로

만남, 소통 그리고 이별

"영화 잘 봤나요? 영화 보고 나서 선생님은 여러 가지 감정이 밀려 들어왔는데, 영화 보기 전에도 이야기했듯이 '아, 이제부터 문어는 못 먹겠다.'는 생각이 제일 먼저 들더라고. 여러분들은 어떤 감정이 제일 먼저 들었나요?"

"문어가 엄청 똑똑하고 마지막에 알을 낳고 죽어가는 모습을 보면서 슬펐어요."

"그래. 선생님도 어떤 부분에서 '문어가 우리 인간들보다 훨씬 나은 것 같다'는 생각이 들더라고. 이 짧은 영화 한 편을 보고 나서도 주인공 문어랑 친구가 된 느낌이었는데, 영화감독 입장에서는 오랜 친구가 된 문어가 상어로부터 공격당하는 것을 지켜보면서 그리고 새끼들을 낳고 죽어가는 모습을 바라보면서 얼마나 마음이 아팠을까 상상이 가질 않더라고."
"제일 처음 주인공과 문어가 만났을 때부터 살펴볼까? 처음 문어를 만났을 때, 문어가 어떻게 반응했었지?"

"몸을 숨기면서 피했어요."

"맞아. 우리도 처음에 누군가를 만나면 살짝 경계하잖아. 개학 첫날 다들 조용히 지내면서 '선생님은 어떤 분일까?', '친구들은 어떨까' 주의를 살피는 여러분들 모습이랑 비슷한 것 같더라고."
"문어가 경계하니까 감독도 시간을 두고 천천히 문어한테 다가가는 모습도 인상적이더라고. 그렇게 26일 만에 처음으로 문어랑 소통하기 위해서 제일 먼저 한 행동은 뭐였지?"

"손을 뻗어서 접촉했어요."

"그렇지. 문어가 처음에 경계하니까 갑자기 훅 다가간 게 아니라 친구가 되자고 손을 뻗은 것 같더라고. 사람들끼리도 악수하면서 인사 나누잖아."

"주인공이랑 인사를 나누고 난 뒤에, 문어는 어떻게 변했지?"

"주인공을 더 이상 무서워하지 않고 따라다니게 되었어요."

"그래. 개가 주인 따라다니는 것처럼 막 따라다니더라고. 문어는 정말 엄청 똑똑하고 사회적인 동물이더라고."

"문어와 친구가 된 후에, 주인공은 문어에 대해서 더 알고 싶어졌지. 우리가 누군가와 친해지면 그 사람에 대해서 더 알고 싶어지잖아. 특히 누군가와 사랑에 빠지면 그 사람의 사소한 것에 대해서도 궁금해지거든. 주인공은 문어를 더 자세히 알기 위해서 어떤 노력을 했었지?"

"문어의 종류에 대해서 공부했어요."

"맞아. 문어한테 물어볼 수 없으니까 책과 인터넷으로 문어에 대해서 공부를 시작했지. 어떤 점을 알게 되었지?"

"이름은 왜문어이고, 빨판이 2,000개나 되는데 제각기 움직일 수 있대요. 지능 수준은 개와 고양이와 비슷한 수준이고, 야행성이라 밤에 더 활동적이고, 사냥도 주로 밤에 한대요."

"맞아. 영화에서 문어가 지능이 뛰어난 존재인 것을 문어 스스로 보여주었지. 어떤 장면들이 있었지?"

"주인공을 알아보고 친하게 지냈어요"

"전략적으로 사냥을 하고 몸을 숨겼어요."

"맞아. 그리고 지능이 높은 동물일수록 사회적인 활동을 많이 하거든. 인간도 단순히 먹고 자고 일하는 것이 아니라 취미 생활도 하고 예술 활동도 하고 그러잖아. 문어에서도 그런 모습이 있었지?"

"네, 문어가 사냥을 마치고 주변 바다 친구들과 노는 모습이 있었어요."

"맞아. 조금 어려운 말로 '유희를 즐긴다'라고 표현하는데, 지능이 높은 동물들은 이렇게 놀이를 즐기기도 하더라고. 선생님도 문어가 놀이를 즐기는 장면에서 깜짝 놀랐었어. 동물들은 생존에만 급급할 줄 알았는데, 이렇게 삶을 즐기고 있다니 말이야."

"하지만 슬프게도 문어도 결국 죽음을 맞이하게 되었지. 짝짓기하는 장면이 나오는데, 문어가 알을 낳기 위해서 어떤 과정을 거쳤지?"

"굴속에만 있고, 사냥도 하지 않고, 먹지도 않다가 결국 천천히 죽어 갔어요."

"그래. 짝짓기 이후에 알을 낳기 위해서 자신을 희생하다가 결국 죽음에까지 이르게 되더라고. 사람도 여자가 아이를 낳는 것이 결코 쉽지 않고, 또 아이를 낳다가 목숨을 잃는 경우를 종종 보는데, 암컷 문어는 이렇게 자식을 낳는 과정에서 너무 많은 에너지를 쓰면서 결국 목숨을 잃게 된 거지."

"영화 제목이 '나의 문어 선생님'이잖아. 문어와 만나고 친구가 되고 이별하는 과정에서 주인공이 많은 것을 느끼고 성장한 것 같은데, 문어를 통해서 주인공은 어떤 점을 배웠을까?"

"생명의 소중함을 느꼈을 것 같아요. 아주 작은 생명체도 그 자체로 매우 소중하다는 것을 느꼈을 것 같아요."

"자연의 소중함에 대해서도 깨달았을 것 같아요. 문어가 살아가는 바다 생태계에도 나름의 규칙이 있고, 그러한 생태계를 인간이 함부로 방해하거나 훼손해서는 안 된다는 생각을 가지게 되었어요."

"영화 초반부에 주인공이 일에 지쳐서 바다가 있는 고향으로 돌아왔는데, 문어를 만나면서 다시 힘차게 살아갈 힘을 얻게 되었어요."

"아들과 함께 바다 생태계를 탐험하면서 자기의 성장뿐만 아니라 아들의 성장도 함께 지켜보게 되었어요."

"그래. 여러분들도 커서 일을 하고 살아가다 보면 힘들고 지칠 때가 있는데, 그럴 때는 어렸을 적 고향으로 잠깐 돌아가 머물거나 자연과 함께 지내면서 지친 마음을 치유하는 것도 좋을 것 같아. 우리가 짧게나마 여름이나 겨울에 산이나 바다 농촌으로 휴가를 가는 것도 비슷한 이유겠지."

바다 생태계

"이번에는 주인공 말고 문어가 살아가는 바다 생태계에 대해서도 자세히 살펴볼까? 바다가 어떤 식물로 덮어져 있었지?"

"해조요."

"맞아 거대한 해조 숲으로 가득 차 있지."

"과학 시간에 생태계에 대해 배웠는데, 문어는 생태 피라미드에서 중간 위치에 존재하더라고. 바닷속에서 문어의 먹이와 문어의 천적은 뭐였지?

"문어의 먹이는 게와 바닷가재이고, 천적은 상어예요."

"맞아. 먹고 먹히는 치열한 생존을 위한 싸움을 영화가 생생하게 보여주더라고."
"상어로부터 잡아먹히지 않기 위해서 문어는 어떤 전략을 사용했지?"

"몸의 색깔을 바꾸고, 먹물을 뿜으며 도망가고, 주변 물건을 활용해 몸을 숨기고, 바위틈 사이로 숨었어요."

"맞아. 선생님도 영화 보면서 문어의 뛰어난 변장술에 감탄했었어. 인간도 마찬가지겠지만 동물에게 있어서 생존은 가장 중요한 일이라 살아남기 위해서 변장술도 발전한 거겠지."
"주인공은 바닷속을 관찰하고 촬영하면서 바다 생태계를 보호하기 위해서 어떻게 했지?"

"바다 생태계에 간섭하지 않고, 문어가 위험에 처해도 도와주지 않고 관찰만 했어요."

"그래. 친구가 된 문어를 도와줬을 법도 했을 텐데, 왜 문어를 도와주지 않았을까?"

"문어가 상어로부터 공격당하고 잡아먹히는 것은 바다 생태계에서 자연스러운 일이고, 인간이 그걸 방해하면 생태계에 안 좋은 영향을 끼칠 수도 있기 때문이에요."

"맞아. 그래서 자연 다큐멘터리를 제작하는 사람들은 생태계에 절대로 관여하지 않고, 생태계 모습을 있는 그대로 카메라에 담는 규칙 같은 게 있다고 하더라고."

영화 밖으로

다큐멘터리의 가장 큰 특징은 내가 주제로 삼고 싶은 대상을 자세히 관찰한 후, 관찰 대상을 카메라에 담아내는 것이다. 인물을 인터뷰하고, 대상을 조사하고, 주제에 맞게 사건을 배열하는 '나의 문어 선생님' 같은 1년 넘는 장기 프로젝트는 힘들겠지만, 학생들도 대상을 하나 정해서 지속적으로 관찰하면서 카메라에 담아낼 수 있을 것이다.

"《나의 문어 선생님》 같은 영화를 다큐멘터리라고 하거든. 만들어 낸 이야기가 아니라 실제로 있는 것을 카메라에 담아서 영화로 만들어 내는 건데. 다큐멘터리에서 가장 중요한 것은 관찰이거든. 우리 주변에서 카메라로 관찰할 수 있는 것에는 어떤 것들이 있을까? 우리 교실부터 살펴보면."

"친구들이요. 선생님이요."
"개운죽이요."

학교에서 식물 관찰일지를 긴 호흡으로 작성하는 경우가 많은데, 활동지에 연필로 기록을 남기는 것도 좋지만, 스마트폰으로 동영상을 짧게라도 촬영한 것을 모아서 학기 말이나 학년말에 간단하게 편집해서 나만의 다큐멘터리를 제작할 수 있다.

"이번 주말 주제 일기 과제! 주변에서 오랜 시간을 두고 카메라로 꾸준하게 관찰하고 싶은 거 하나 정하기. 학교에서 키우는 반려 식물, 집에서 키우는 반려동물, 내가 좋아하는 야구 선수 등

등. 살아 있는 무엇인가를 하나 정해서 꾸준히 관찰하고 기록하고 그것을 카메라에 담아 보면, 처음에는 잘 모르겠지만 분명히 어느 순간, 변화가 보일 것이고, 그 변화를 통해서 분명 사소한 무엇인가라도 깨달음을 얻을 수 있을 거야."

영상이 아닌 사진이긴 하지만, 우리 반은 매년 학교에 있는 나무 중에서 하나를 반려나무로 정한 다음에 봄, 여름, 가을, 겨울 반려나무를 배경으로 사진을 찍으면서 계절에 따라 변화하는 자연의 모습을 살펴보고 있다. 이 활동을 처음 시작한 첫해에는 계절별로 사진만 찍었었는데, 한 해 한 해 여유가 생기면서 이름도 지어주고, 반려 나무에 대해 조사도 하고, 물도 주고, 그림도 그리는 등 다양한 활동들을 추가해 가고 있다.

2021년도에는 학교 교정의 나무에 이름표를 만들어주는 활동을 진행했었다. 여러 나무에 이름을 붙여주면서 어느 순간 길을 지나가다 보면 나도 모르게 나무가 눈에 들어오기 시작했다. 나이가 들어서 그런가? 관심을 가지게 되어서 그런가? 학생들도 나만큼 나무에 관심 있을까? 아직 한참 게임이나 아이돌 등에 관심가질 때이긴 하지만 학교에서만큼이라도 자연을 사랑하며 성장하면 좋겠다.《나의 문어 선생님》처럼 자연으로부터 많은 것을 배우며 자연을 통해 상처를 치유하며 지내는 아이들이 되길 바란다.

Theme 02

마션(The Martian)

리들리 스콧 감독 | 2015 | 미국&영국 | 144분 | 12세관람가

#과학 #화성에서살아남기 #과학자 #우주영화 #SF

성취기준 연계

· 《4과04-02》 식물이 자라는 필요 조건을 찾는 실험 설계 수행하기

· 《4과05-03》 다양한 물질의 성질을 이용하여 쓰임새 있는 물체 설계하기

· 《4과13-02》 태양계 구성원을 알고, 태양과 행성 조사하기

줄거리

NASA 아레스3탐사대는 화성을 탐사하던 중 모래폭풍을 만나고 팀원 마크 와트니가 사망했다고 판단, 그를 남기고 떠난다. 극적으로 생존한 마크 와트니는 남은 식량과 기발한 재치로 화성에서 살아남을 방법을 찾으며 자신이 살아있음을 알리려 노력한다.

마침내, 자신이 살아있다는 사실을 지구에 알리게 된 마크 와트니 NASA는 총력을 기울여 마크 와트니를 구출하기 위해 노력하고, 아레스 3 탐사대 또한 그를 구출하기 위해 그들만의 방법을 찾게 되는데……

전세계가 바라는 마크 와트니의 지구 귀환! 그는 과연 살아 돌아올 수 있을 것인가?

2015년 개봉한 마션은 리들리 스콧과 맷 데이먼이라는 유명 감독과 배우의 인기를 등에 업고 국내에서 488만 명의 관객을 모은 할리우드 대작 영화이다. 영화는 화성에서 홀로 살아남은 과학자의 처절한 생존기를 다루고 있다. 대부분의 사람은 화성에 홀로 남겨지게 되면 얼마 지나지 않아 죽음을 맞이하겠지만, 주인공 마크 와트니는 과학자답게 자신이 알고 있는 모든 과학 지식을 이용하여 저 멀고 먼 화성에서 극적으로 생존하고 지구와의 연락 끝에 결국 탈출에 성공하게 된다.

《마션》에는 학교에서 배우는 여러 과학 소재들이 복합적으로 등장한다. 초등학교 과학 교과를 중심으로 살펴보면, 화성을 배경으로 하는 만큼 5학년 '태양계와 별' 시간에 수업 자료로 활용할 수 있고, 감자를 키우기 위해 고군분투하는 모습은 4학년 '식물의 한살이(씨가 싹 트는데 어떤 조건이 필요할까요?)' 단원에서도 함께 보기에 좋은 작품이다. 이 외에도 6학년 과학 여러 단원에서도 참고 자료로 활용 가치가 높다. 과학 용어들이 많이 등장하고, 상영 시간도

긴 편이며(144분), 12세 관람가라 중 · 고등학생들이 보기에 더 좋은 영화이기는 하지만, 초등학교 고학년 학생들과 함께 초등학교 전체 과학 수업을 마무리하면서 보기에도 추천하는 작품이다.

영화를 통해 과학적 지식을 습득할 수도 있겠지만 사실 이 영화를 통해서 학생들과 진짜 이야기 나누고 싶은 주제는 바로 과학자로서의 올바른 태도이다. 초등학교 과학 교과의 목표는 무엇일까? 2022 교육과정 과학 교과 목표를 살펴보면, '일상생활의 문제를 과학적으로 해결하려는 태도를 기르는 것'을 과학의 핵심 개념을 이해하는 것보다 우선시하고 있는 것을 알 수 있다.

과학과 교육과정

나. 목표

자연 현상과 일상생활에 대하여 흥미와 호기심을 가지고 과학적 탐구를 통해 주변의 현상을 이해하고, 개인과 사회의 문제를 과학적이고 창의적으로 해결하는 데 민주 시민으로서 참여하고 실천하는 과학적 소양을 기른다.

(1) 자연 현상과 일상생활에 대한 흥미와 호기심을 바탕으로, 개인과 사회의 문제를 인식하고 과학 적으로 해결하려는 태도를 기른다.

(2) 과학의 탐구 방법을 이해하고 자연 현상과 일상생활의 문제를 과학적으로 탐구하는 능력을 기른다.

(3) 자연 현상과 일상생활을 과학적으로 탐구하여 과학의 핵심 개념을 이해한다.

(4) 과학과 기술 및 사회의 상호 관계를 이해하고, 개인과 사회의 문제해결에 민주 시민으로서 참여하고 실천하는 능력을 기른다.

과학 지식을 습득하는 것도 중요하지만 학생들이 일상생활에서 겪는 문제를 과학적으로 탐구하고 해결하려는 태도를 기르는 것을 더 중요하게 여기고 있는 것이다. 영화《마션》도 마찬가지이다. 영화에 나오는 과학적 개념들은 교과서나 다른 교육 자료를 통해서 더 정확히 알 수 있는 내용들이다. 초중고 학생들한테는 어려운 전문적인 내용들이 많이 나온다.

더 중요한 것은 영화《마션》을 통해서 간접적으로나마 '꼬마 과학자'가 되어서 과학자처럼 생각하고 행동해 보는 것이다. 자, 그럼 영화에서 주인공 마트 와트니가 극한 환경에서 어떻게 과학적으로 문제를 해결해 갔는지 하나씩 살펴보자.

영화 열기

"이번 시간에는 6학년 과학 수업을 마무리하면서 영화《마션》을 함께 보겠습니다. 조금 어려운 과학 용어들이 나오기는 하지만, 그동안 초등학교 과학 시간에 배운 내용들도 중간중간 나오고, 주인공 과학자가 화성에서 홀로 살아남는 과정이 극적으로 담겨 있으니까 재미있게 살펴보자고. 영화 보기 전에 제목부터 살펴볼까? '마션'은 무슨 뜻일까?"

"화성과 관련이 있을 것 같아요."

"맞아. 태양계에 있는 행성인 화성은 영어로 'mars'이거든.

'martian'은 화성에 사는 사람. 즉, 화성인을 뜻해. 화성에 사람이 살고 있거나 화성을 탐사한 사람이 있었을까?"

"없었을 것 같아요."

"맞아. 오래전에 닐 암스트롱이 달에 착륙한 이후에 인간이 달에 몇 차례 간 적은 있지만, 화성은 아직 사람이 간 적은 없고, 대신 무인 탐사선이 몇 차례 방문했었지. 현재에도 활발하게 화성에서 탐사하고 있는 탐사선이 있지만, 아직 그 어떤 지구인도 화성에 발을 밟은 적이 없으니, '마션'은 상상을 바탕으로 만들어진 이야기가 되겠지. 어떤 이야기가 펼쳐질까?"

"화성에서 겪는 어려움에 대한 이야기일 것 같아요."

"맞아. 화성의 모래 폭풍에서 주인공 와트니가 홀로 살아남게 되거든. 지구에서도 재난 상황에서 홀로 살아남기가 쉽지 않은데, 화성에서 어떻게 여러 어려움을 헤쳐 나갔을지 영화를 보고 이야기 나누자고."

 영화 속으로

지구를 닮은 화성

"영화 잘 봤나요? 중간중간 전문적인 과학 내용들이 나와서 어려웠을 것 같기도 한데. 그동안 초등학교 과학 시간에 배웠었던 내용들이 영화에 나오는 부분들도 있어서 이해되기도 했을 것 같아. 먼저 영화의 배경이 화성이잖아. 영화를 보고 알 수 있는 화성의 특징에 대해서 이야기해 볼까?"

"붉은 사막이 넓게 펼쳐져 있어요."
"산소가 부족해서 우주복을 입고 생활해요."
"물이 보이지 않아요."
"영화 초반에 모래 폭풍이 심하게 불어서 주인공이 실종되었어요."

"맞아. 화성(火星)에서 '화(火)'는 한자로 '불'을 뜻하거든. 붉은 사막이 끝없이 펼쳐지다 보니 지구에서도 천체 망원경으로 보면 화성은 붉게 보이지. 산소가 부족하고 물도 사실상 없다 보니 인간이 살아가기에 좋은 조건은 당연히 아니겠지. 사막이 많고 물이 없다 보니 모래 폭풍이 자주 부는 것은 사실이지만 실제로 영화에서만큼 심하게 불지는 않는다고 하더라고. 이렇게 사람이 살기 어려운 조건인데, 전기 자동차 테슬라를 만든 일론 머스크 CEO의 최종 목표가 화성에 인류를 정착시키는 거거든.
선생님은 개인적으로는 너무 무모한 도전인 것 같아. 차라리 가까운 달에 기지를 만드는 게 더 빠를 것 같다고 생각하거든. 그럼에도 불구하고 사람들이 우주 탐험 장소 1순위로 화성을 빼놓지 않고 있는데, 그 이유는 뭘까?

"지구와 화성이 많이 닮아서 그래요."

"맞아. 영화에서 자세히 나오지는 않지만 화성과 지구의 비슷한 점 아는 사람?"

"지구와 자전주기가 비슷해요."
"지구처럼 화성도 기울어져 있어요."

"맞아. 지구와 공전 주기는 차이가 많이 나는데 자전주기는 거의 비슷해. 즉 지구의 하루와 화성의 하루가 거의 비슷하다는 거지. 그리고 지구와 마찬가지로 화성도 기울어져 있어서 봄, 여름, 가을, 겨울 사계절이 뚜렷하지."

화성에서 살아남기

"자, 이제 본격적으로 주인공 와트니가 어떻게 화성에서 홀로 살아남을 수 있었는지 하나씩 살펴보자고. 정말 극한 상황에서 살아남잖아. 와트니가 과학자가 아니었으면 불가능한 미션이었겠지. 탐사선이 돌아오기까지 오랜 시간을 버티려면 제일 중요한 게 먹는 거겠지.
식량이 부족해서 결국 감자를 키우기로 했고. 4학년 과학 '식물의 한살이' 단원에서 배웠는데, 식물이 싹을 틔우기 위해서 필요한 네 가지 조건이 있는데 뭔지 기억나는 사람?

"산소가 필요해요."
"온도가 알맞아야 해요."
"햇빛이 있어야 해요."
"물이 있어야 해요."

"맞아. 주인공이 머무르는 기지는 다행히 산소가 충분하고 온도도 적당하고 불빛도 있었지. 다만 씨앗이 싹이 트려면 많은 물이 필요하고, 물을 얻기 위해서는 불이 필요한 상황이었지. 와트니는 결국 불을 피우기 위해서 이것저것 알아보는데, '불을 피우기 위한 조건' 여러분들도 과학 시간에 배웠는데, 어떤 것들이 필요하지?"

"발화점 이상의 온도가 필요해요."
"산소가 필요해요."
"탈 물질이 있어야 해요."

"그렇지. 기지 안에 산소는 충분히 있고, 발화점 이상의 온도도 맞출 수 있는데, 기지 안에는 화재 예방을 위해서 탈만한 물질은 거의 가지고 있지 않았거든. 와트니가 동료의 짐 속에서 결국 찾은 건 뭐였지?

"십자가요."

"맞아. 나무로 된 십자가는 성스러운 물건이라 태우면 안 되지만, 어쩔 수 없는 상황이라 죄송하다고 이야기하고 십자가를 태웠지."
"식물이 싹을 틔운 다음에 잘 자라게 하기 위해서 보통 거름을 주잖아. 흙도 좋은 흙을 쓰고. 화성에도 흙은 많은데 감자를 잘 자라게 하기 위해서 흙에 뭐를 섞어주었지?"

"똥이요."

"맞아. 동료들이 남기고 간 인분, 즉 똥을 구해 흙에다 섞어서 거름으로 썼지."
"여러분들 잘 알다시피, 예전에는 사람이나 동물의 똥을 거름으로 썼었으니까."
"감자만 먹고 살아야 하는 와트니의 모습이 참 안타깝네. 어쩔 수 없지. 먹어야 사니까."

화성과 지구를 연결하다

"먹고 사는 문제를 해결한 후 와트니는 탈출을 위해서 자신이 화성에서 죽지 않고 살아남았다는 것을 지구에 알려야 했지. 다행히 예전에 지구와 화성 사이 통신 역할을 했었던 패스파인더를 찾아서 통신에 성공하게 되었는데, 패스파인더를 찾은 다음에도 여러 문제가 발생했지. 지구와 화성 간에 통신하는데 걸린 시간이 어느 정도였지?"

"30분이요!"

"맞아. 30분이나 걸리니 제대로 된 의사소통을 하기 어려웠겠지. 결국 지구 과학자들과 와트니가 힘을 합쳐서 빠르게 소통하는 방법을 찾아냈는데, 어떤 방법들이였지?"

"회전하는 카메라와 16진법을 이용해서 소통하게 되었어요."

"그렇지. 결국 지구와 화성 사이의 소통이 원활하게 이루어졌고. 화성에 남은 와트니를 구하기 위해 지구에서도 여러 가지 방법을 알아보는데, 중간에 우주선도 한 번 폭발하고 결코 쉽지 않았지. 어떤 과정을 거쳐서 화성으로 가는 탐사선을 보낼 수 있게 되었지?"
"중국의 도움을 받아 보급선을 태운 태양신호 중국 우주선이 화성에서 돌아오는 헤르메스 우주선이랑 도킹에 성공한 다음에, 헤르메스가 지구에 착륙하지 않고 다시 화성으로 돌아가서 와트니를 구하기로 했어요."

"맞아. 지구 근처에서 태양신호와 헤르메스가 도킹하는 것도 어려웠는데, 화성에 도착한 헤르메스호에 와트니를 태우는 것도 쉽지 않았지. 와트니가 화성에서 MAV(화성상승선)을 타고 탈출하는데, 이것도 쉽지 않았지. 어떤 문제가 있었지?"

"MAV 무게가 너무 무거워서 이륙을 하려면 무게를 줄여야만 했어요."

"그렇지, 결국 불필요한 모든 부품을 다 버리고 심지어 뚜껑마저 천으로 가린 다음에 화성에서 탈출하지. 선생님이 봤을 때는 영화니까 가능한 설정이고 현실에서는 뚜껑 없이 천으로 우주선을 띄우는 것은 너무 위험한 도전이라고 생각해."

"와트니는 마침내 MAV를 타고 화성에서 탈출에 성공하긴 했지만, 마지막으로 또 다른 문제를 만나게 되지. 우주에서 헤르메스호랑 랑데부하는 것도 쉽지 않았던 거야. 생각보다 둘 사이의 거리가 너무 멀어서 헤르메스호에 탑승하기가 쉽지 않았는데, 와트니는 이 문제를 어떻게 해결했지?"

"우주복에 구멍을 내서 아이언맨처럼 날아갔어요."

"그래. 이것도 영화니까 가능한 설정이었을 것 같은데, 우주선에 구멍을 내서 구멍에서 나오는 바람을 조정하면서 헤르메스호에 접근하여 결국 탑승하게 되었지."

영화 밖으로

세상을 살아가다 보면 누구나 예상치 못한 어려운 일들을 겪게 되기 마련이다. 영화에서처럼 극적인 사건은 평생 한 번 일어날까 말까 한 일이지만, 사실 우리는 일상에서 매일 다양한 문제들을 마주하며 살아가고 있다.

크든 작든 일상에서 문제를 마주쳤을 때, 사람들은 합리적이고 이성적이고 과학적으로 문제를 해결하고 있을까? 꼭 그렇지만은 않은 것 같다. 어떤 경우에는 정치적으로, 종교적으로, 이해관계에 따라, 한국 사회 특유의 학연·지연 같은 인맥으로 문제를 해결하는 경우들도 참 많다.

과학이 만능은 아니지만, 학생들이 성장해 가는 과정에서 어려운 일을 겪었을 때 합리적이고 이성적인 방법으로 어려움들을 해결해 가면 좋을 것 같다. 주인공 와트니처럼 말이다.

"선생님은 참 많은 재난 영화를 봤는데, 이렇게 극한의 상황에서 살아남은 주인공은 처음인 것 같더라고.

앞에서도 이야기했듯이 주인공이 과학자여서 화성이라는 우주 공간에서 생존할 수 있었는데. 사실 우리가 오늘 이야기 나눈 내용들 외에도 더 많은 과학적 지식을 활용해서 와트니가 문제를 해결했잖아. 과학적으로 더 어려운 내용들도 많이 나왔고. 영화에 나오는 과학 지식을 하나하나 낱낱이 공부할 필요는 없을 것 같아. 어렵기도 하고. 더 중요한 것은 과학자로서의 태도 같아. 주인공 와트니가 위기에 처했을 때 어떤 마음가짐을 가졌지?"

"포기하지 않았어요."

"그래. 포기하지 않는 마음가짐이 과학자로서 가장 중요한 덕목이라고 말할 수는 없겠지만. 과학자가 하는 일이 어려운 일들이 참 많거든. 눈에 보이지 않는 미지의 것들을 찾아 나서야 하는 경우들도 많고. 주인공 와트니도 정말 많은 위기에 빠졌었잖아. 그때마다 포기하지 않고 문제를 해결해 나갔지. 또 어떤 태도를 보여주었지?"

"문제를 과학적으로 해결하려고 했어요."

"맞아. 사람들이 어려운 일을 겪게 되면 미신을 찾는다든지, 합리적이었던 사람들도 갑자기 이성을 잃고 이상하게 행동하는 경우들이 많은데, 주인공 와트니는 끝까지 정신을 놓지 않고 모든 문제를 과학적이고 합리적으로 해결해 나갔지. 이게 이 영화가 보여주는 가장 중요한 태도인 것 같아.

여러분들도 살아가다 보면 여러 가지 문제를 해결해야 하는 경우가 생기겠지? 학교에서 시험지에다 푸는 문제 말고 일상에서 겪게 되는 문제들. 어려운 일이 닥쳤을 때 쉽게 포기하지 않고 합과학적이고 합리적으로 문제를 해결하려는 모습을 지금부터 잘 키워나갔으면 좋겠어."

Theme 01

리틀 포레스트

임순례 감독 | 2018 | 한국 | 103분 | 전체관람가

#장편 #실과 #음식 #요리 #채식#환경영화 #연애 #농촌 #귀농 #봄여름가을겨울 #사계절

성취기준 연계

· 《4국05-01》 인물과 이야기의 흐름을 중심으로 작품 감상하기
· 《6국05-03》 소설이나 극을 읽고 인물, 사건, 배경 파악하기
· 《6실02-04》 식재료 생산과 선택의 중요성을 인식하고 여러 식재료의 고유하고 다양한 맛을 경험하여 자신의 식사에 적용하기
· 《6실02-05》 음식 조리과정을 체험하여 자기 간식이나 식사를 스스로 마련하는 식생활 실천하기
· 《6실02-06》 우리나라 밥상차림을 이해하고, 함께 식사하는 즐거움을 경험하면서 이 과정에서 식사 예절 실천하기

줄거리

시험, 연애, 취업… 뭐하나 뜻대로 되지 않는 일상을 잠시 멈추고 고향으로 돌아온 혜원은 오랜 친구인 재하와 은숙을 만난다. 남들과는 다른, 자신만의 삶을 살기 위해 고향으로 돌아온 '재하', 평범한 일상에서 일탈을 꿈꾸는 '은숙'과 함께 직접 키운 농작물로 한 끼 한 끼를 만들어 먹으며 겨울에

서 봄, 그리고 여름, 가을을 보내고 다시 겨울을 맞이하게 된 혜원. 그렇게 특별한 사계절을 보내며 고향으로 돌아온 진짜 이유를 깨닫게 된 혜원은 새로운 봄을 맞이하기 위한 첫발을 내딛는데…

2018년에 개봉한 《리틀 포레스트》는 여러 가지 일로 힘든 한 해를 보내던 나에게 큰 위안을 안겨준 힐링 영화였다. 그해는 참 여러 가지 사연들이 많았다. 반에 중증장애학생을 돌보는 공익근무자가 있어서 매일 공개 수업을 할 수밖에 없었고, 남녀를 가르지 않고 문제 행동을 보이는 학생들이 넘쳐 났고, 왕따를 당하는 학생까지 있어서 하루하루가 살얼음을 걷는 날들의 연속이었다. 반 학생들하고도 이 영화를 같이 봤는데 영화 한 편으로 학생들의 삶에 큰 변화가 오지는 않았겠지만, 날 선 감정들이 가득했던 교실이 잠시나마 평온했었던 기억이 난다.

《리틀 포레스트》는 도시에서의 고달픈 삶을 살던 두 남녀 주인공 혜원(김태리)과 재하(류준열)가 고향으로 돌아와 봄 여름 가을 겨울 사계절을 지내며 겪는 일을 다루고 있다. 영화를 보고 나니 직장을 때려 치고 한적한 시골에 가서 삼시세끼 맛있는 음식을 해 먹으며 살아야겠다는 마음이 불쑥 들게 만드는 본격 퇴사 장려 영화이기도 했다. 나 역시 평생을 삭막한 도시에서 살아온지라 전원생활에 대한 막연한 동경이 있었는데, 영화를 보며 '언젠가 꼭 시골 한 구석에서 나만의 리틀 포레스트를 가꾸며 살아야지' 다짐하게 만들어준 영화이기도 했다.

《리틀 포레스트》는 초등학교 6학년 추천 영화로 하나만 꼽아달라고 하면 주저 없이 꼽는 영화이기도 하다. 상영 시간도 103분으로 길지 않고, 자극적인 장면 하나 없는 청정 무공해 영화라 아무런 걱정 없이 학생들과 건전하게 볼 수 있는 작품이다. 영화는 여러 교과와 연계해서 볼 수 있는데, 기본적으로 사계절 우리 땅에서 자고 나는 재료로 만든 제철 요리가 주재료인 영화라 5~6학년 실과 '건강한 음식 만들기' 단원과 연계해서 보면 제일 좋다. 이 외에도 봄 여름 가을 겨울 생태 환경 교육, 학교 폭력 예방 교육, 시골 생활의 모습 교육 자료로도 활용할 수 있고 건전한 이성 관계나 엄마와 딸의 관계에 대해서도 이야기 나눌 거리도 풍부하다.

영화 열기

영화에는 총 13가지의 음식이 계절별로 탐스럽게 등장한다. 하나하나 '어떻게 이렇게 맛있는 음식을 만들었나?' 하는 생각이 들었다. 세 명의 주인공이 너무나도 맛있게 음식을 먹어서 먹는 모습을 보는 것만으로도 대리 만족을 느끼게 해주었다.

"우리 다음 주 실과 요리 수업을 앞두고 오늘 영화를 하나 볼 건데, 먼저 포스터부터 살펴볼까? 영화 포스터에 여러 음식이 나와 있는데, 어떤 음식인지 알 것 같은 사람?"

"샌드위치요!"
"떡도 있어요"
"파스타도 있어요"

"포스터에만 9개의 음식이 나와 있는데 실제 영화에는 더 많이 나오니까 음식이 나올 때마다 어떤 음식인지 잘 기억해 두라고. 포스터에 있는 음식 중에서 제일 먹음직스러운 음식은 뭐야?"

"저는 주인공이 먹고 있는 샐러드가 맛있어 보여요."

"음식들이 너무 예뻐서 보기만 해도 군침이 도는데, 영화를 보고 나면 더 먹고 싶은 마음이 들게 될 거고, 더 중요한 건 영화를 보고 나면 직접 요리를 해봐야겠다는 생각이 들 수도 있어. 자! 리틀 포레스트, 맛있게 시식해 보자고."

영화 속으로

"영화 잘 봤나요? 선생님은 영화 보고 나서 영화 속 요리를 바로 따라 해보고 싶다는 생각이 들더라고. 식당에 가서 영화에 나오는 음식을 사 먹어봐야겠다는 생각도 들고. 실제로 영화 속 음식들을 따라서 해보기도 했었고."
"영화에 나왔던 음식들의 공통점이 있는데 뭔지 아는 사람?

"주인공들이 직접 재료를 수확해서 스스로 만들어 먹어요."

"맞아. 선생님도 평상시에 요리를 잘 안 하는 편인데, 이 영화 보고 나서는 맛있는 음식을 해서 먹어봐야겠다는 생각이 들더라고. 이거 말고 또 어떤 공통점이 있을까?"

"엄청 맛있어 보여요."

"그래. 사실 집에서 요리하면 엄청 지저분해지고, 설거짓거리도 많이 나오고, 요리하다가 지치는 경우도 많은데, 영화에서는 요리 만드는 과정이 너무 깔끔하고, 음식들도 하나같이 전부 다 맛있어 보이더라. 물론 영화다 보니까 맛있게 보이기 위해서 촬영할 때 푸드스타일리스트를 두고 여러 효과를 줬다고 하더라고. 연기자들의 먹방 연기도 뛰어났고. 이거 말고도 또 공통점이 있는데. 음. 여러분들이 좋아하는 음식이 이 영화에는 하나도 나오지 않는데, 뭘까?"

"고기요. 그러고 보니 고기 음식이 하나도 없네요."

"맞아, 선생님도 영화를 볼 때에는 전혀 눈치채지 못했는데, 나중에 리뷰를 보니까 모두 채식으로 만들어진 음식이라 하더라고. 워낙 맛있어 보여서 채식이라고는 생각도 못 했는데 말이야. 이 영화를 만든 임순례 감독님은 동물보호단체 대표를 했었는데, 일본 이가라시 다이스케 원작 만화 《리틀 포레스트》를 한국 버전으로 바꾸면서 음식을 모두 채식으로 바꾸셨다고 하더라고. 요새 채식하는 사람들이 점점 많아지고 있는데, 주변에서 혹시 채식하는 가족이나 친구들을 본 적이 있니?"

"이모가 채식을 해서 함께 식당에 가더라도 꼭 채식으로 주문하세요."

"그래. 선생님 주변에도 채식하는 친구들이 한 명 두 명 늘고 있더라고. 채식하면 식당에서 외식하는 게 불편하지 않은지 물어봤는데, 요새 채식 식당도 많고, 꼭 채식 전용 식당이 아니더라도 일반 식당에서도 이야기하면 고기를 빼고 채식으로 만들어 주는 경우가 많아서 크게 불편하지 않다고 하더라고. 그런데 환경 보호를 위해서 채식한다고 하는데, 환경 보호랑 고기를 덜 먹는 거랑은 무슨 관련이 있는 걸까?"

"글쎄요. 아, 고기를 덜 먹어야 에너지를 덜 사용하게 된다고 해요."

"맞아. 우리가 즐겨 먹는 소, 돼지, 닭 등을 먹이고, 재우고, 키우고, 이동하는 과정에서 엄청나게 많은 에너지를 사용한다고 해. 고기를 대신해서 식물성 식품을 먹으면 물과 자원을 아낄 수 있고 오염 물질도 덜 배출된다고 하네. 사람들 건강에도 채식이 좋다는 이야기도 있고."

채식이나 환경, 음식 이야기가 아니더라도《리틀 포레스트》는 보고 나서 학생들과 나누고 싶은 주제들이 참 많은 영화이다. 주인공 세 명의 개성이 각각 뛰어나서 인물의 성격이나 특징을 살펴보는 국어 수업을 펼쳐도 좋고, 열린 결말이라 뒷이야기를 상상해 보는 글쓰기도 추천하는 활동이다. 티격태격 싸우면서도 서로에게 호감을 보이는 남녀 주인공들의 모습을 보면서 건전한 이성 관계에 대한 이야기도 자연스럽게 나눌 수 있다.

최근 남녀 간 혐오와 반목이 증가하고 데이트 폭력 기사도 심심치 않게 등장하는 사회적 분위기에서 남녀 주인공들이 겉으로는 톡톡 쏘면서도 속으로는 진심으로 서로를 응원하는 모습을 보여주는 것만으로도 학생들에게 긍정적인 이성관을 심어 줄 것이다.

세 명의 주인공 외에도 혜원(김태리)의 엄마로 나오는 문소리의 역할도 매우 중요하다. 딸이 성장하면서 겪는 여러 가지 어려움에 대해 엄마는 현명한 조언을 건네주는데, 영화를 통해서 고민하고 방황하는 모든 청춘에게 어떻게 살아가면 좋을지 인생의 방향성을 제시해 주고 있다.

"영화에서 세 명의 남녀 주인공들이 서로 옥신각신하는 모습이 재미있었는데, 혜원의 엄마도 무척 인상적으로 나오더라고. 혜원이 초등학교 때 왕따를 당하니까 엄마가 딸한테 뭐라고 이야기 했지?"

(영화대사) "내버려둬. 네가 반응하잖아? 그럼 걔네는 신나서 더 할 걸. 너 괴롭히는 애들이 제일 바라는 게 뭔지 알아? 네가 속상해하는 거. 네가 안 속상해하면 복수 성공!"이라고 했어요.

"맞아. 혜원의 입장에서는 엄마가 적극적으로 개입하지 않고 무심하게 충고를 건네주는 것이 섭섭하게 들렸겠지만, 엄마의 입장에서는 딸이 앞으로 살아가면서 겪을 수많은 역경에서 매번 너무 좌절하지 않고 현명하게 잘 헤쳐 나가길 바라는 마음에서 이런 충고를 건넸을 거야."

어린 시절의 고민은 세상이 무너질 것 같은 무게감으로 느껴지지만, 사실 지나고 나서 보면 별거 아닌 것들도 참 많다. 힘든 일이 닥칠 때마다 부모가 옆에서 도와줄 수도 없는 노릇이다. 성장해 가면서 결국은 자기 스스로 어려운 일들을 헤쳐 나가야 할 것이다. 성장통은 누구나 피해 갈 수 없으니 말이다.

영화의 마지막. 고향에서 봄, 여름, 가을, 겨울을 함께 보낸 친구들을 남겨두고 혜원은 말 없이 서울로 떠난다. 친구 은숙은 아무런 기약 없이 떠난 혜원을 못마땅해하지만, 재하(류준열)는 혜원이가 금방 다시 돌아올 거라며 지금은 혜원이가 '아주심기'를 준비하고 있을 거라고 말한다. 그리고 재하의 말처럼 혜원은 곧 다시 돌아와 겨우내 아주심기를 했던 양파로 그라탕을 만들어 먹으며 영화는 끝이 난다.

 영화 밖으로

영화는 탐스러운 음식들을 관객들에게 보여주며 '무엇을 먹으며 살 것인가?' 질문을 던지는 것 같지만, 영화가 관객들에게 진짜로 물어보는 질문은 '그대들은 어떻게 살아갈 것인가?'이다. 도시에서 치열한 경쟁과 빠른 속도로 살아가는 것이 나쁘지 않듯이, 시골에서의 여유로운 삶과 느린 속도로 살아가는 것도 나쁘지 않다.

다른 사람의 페이스가 아닌 나만의 속도를 찾아서 살아가는 것이 무엇보다도 중요하다. 인생에서 결국 중요한 것은 속도가 아니라 방향이니까.

"영화 다들 잘 봤으니 건강한 음식을 만들어보고 싶다는 마음이 마구 솟아났을 테고, 우리 다음 주에 모둠별로 메뉴 정해서 음식 만들어 먹자. 건강하고 맛있는 음식을 만들기 위해서 가장 중요한 것은 무엇일까?"

"재료가 신선해야 해요."

"맞아. 재료가 제일 중요하긴 한데, 더 중요한 건 음식 만드는 사람의 정성인 것 같아. 요새 맛집들도 참 많고 패스트푸드 음식들도 맛있게 나오더라고. 그래도 제일 맛있는 음식은 집밥이라고 하잖아. 부모님이 정성 들여서 천천히 만들어 낸 음식. 여러분들 지금은 잘 못 느끼겠지만, 나이 들어서 독립해서 부모님과 같이 살지 않게 되면 종종 집밥이 그리워질 거야. 다음 주에 만들 음식도 우리 부모님이 나를 위해 차려주는 맛있는 밥처럼 정성껏 준비해 보자."

2학기 중반쯤에 이 영화를 시청하고 실과실에서 건강한 한 끼 만들기 수업을 진행했었다. 요리 수업을 하다 보니 눈에 띄는 학생이 있었다. 기초적인 학업 능력도 부족하고 1년 내내 여러 가지로 나를 힘들게 하던 여학생이었다. 교실 수업을 할 때에는 좀처럼 두각을 나타내지 않았던 아이가 모둠 친구들과 요리하면서 물 만난 고기처럼 실력을 발휘하는 것이었다.

"○○이 요리 참 잘하는구나!" 그동안 해주고 싶어도 해주지 못했던 폭풍 칭찬을 마구 퍼부어주었다. 아이들은 저마다 하나쯤 남들보다 잘하는 자신만의 재능이 있다.

학교는 국어 · 수학 · 사회 · 과학 같은 주요 교과나 음악 · 미술 · 체육 같은 예체능 교과를 잘하지 않으면 제대로 인정받지 못하는 곳이니, 여학생 입장에서는 학교가 나를 인정해 주지 않는 곳이라 생각했을지도 모른다. 요리 수업이 없었더라면 여학생은 5학년을 마치고 나서 선생님이 일 년 내내 자신을 미워했을 거라 생각했을 것이다.

멈추었을 때 비로소 보이지 않았던 것들이 보이기 시작한다. 삶의 아름다움과 감추어져 있었던 아이의 재능이 눈에 들어왔던 것처럼 말이다. 가끔은 속도를 줄이며 살아가야겠다. 나만의 리틀 포레스트를 가꾸며.

《Tip》 학교에서 영화 봐도 될까요? 저작권 걱정 없이 영화 보기

영화 읽기로 연수를 진행하면 많이 물어보는 것 중 하나가 저작권법에 관한 거다. 학교에서 영화를 보여줘도 괜찮을까? 저작권법 제25조에 따르면 학교 교육 목적을 위해서는 저작물을 사용할 수 있음을 밝히고 있다.

> 제25조(학교교육 목적 등에의 이용) ①고등학교 및 이에 준하는 학교 이하의 학교의 교육 목적을 위하여 필요한 교과용도서에는 공표된 저작물을 게재할 수 있다. <개정 2023. 8. 8.>
>
> ② 교과용도서를 발행한 자는 교과용도서를 본래의 목적으로 이용하기 위하여 필요한 한도 내에서 제1항에 따라 교과용도서에 게재한 저작물을 복제 · 배포 · 공중송신할 수 있다. <신설 2020. 2. 4.>
>
> ③ 다음 각 호의 어느 하나에 해당하는 학교 또는 교육기관이 수업 목적으로 이용하는 경우에는 공표된 저작물의 일부분을 복제 · 배포 · 공연 · 전시 또는 공중송신(이하 이 조에서 "복제등"이라 한다)할 수 있다. 다만, 공표된 저작물의 성질이나 그 이용의 목적 및 형태 등에 비추어 해당 저작물의 전부를 복제등을 하는 것이 부득이한 경우에는 전부 복제등을 할 수 있다. <개정 2020. 2. 4.>

KERIS 교육저작권지원센터에서 배포한 '초중등 학교 수업을 위한 저작권 교수학습지도서 자료 - 올바른 저작물 이용 사례(39쪽)'에도 아래와 같이 구체적으로 적용 가능 여부를 안내하고 있다.

① 교사가 개인적으로 구매한 영화 DVD, CD를 학교에서 수업목적으로 학생들에게 전부를 보여주는 경우(등교 수업)

→ 구입한 영화 CD, DVD 등은 '상업적 목적으로 공표된 영상저

작물'에 해당하므로, 학생들에게 영화 상영에 대한 대가를 받지 않는다면 전부 상영이 가능함(「저작권법」 제29조 제2항)

⑤ 스트리밍 서비스(넷플릭스, 왓챠 등)를 통해 영화를 수업목적으로 이용(상영)하는 경우

→ 교육용 다큐멘터리 영상을 제외한, 해당 서비스 약관에 위배되는 경우는 계약자와 사용자 간의 계약 위배가 될 수 있기 때문에 저작권법 적용을 떠나서 계약 위배가 될 수 있으니 사용에 유의가 필요함.

넷플릭스는 교육용 다큐멘터리에 한 해 학기당 1회 교육적 목적으로 상영할 수 있도록 허용하고 있다(고객센터 참고). 이 책에 실린 '나의 문어 선생님'은 넷플릭스 오리지널 다큐멘터리 콘텐츠로 학기당 1회 학생들과 함께 시청 가능하다.

《Tip》 영상물 등급에 맞게 영화 시청하기

《오징어게임》이 한참 인기를 구가할 때 6학년 담임을 맡고 있었는데 드라마를 재미있게 봤다고 이야기 한 학생들이 적지 않았다. 진짜로 본 건지 유튜브 등에 돌아다니는 짤막한 영상을 보고 허세를 부리는 건지 정확하게 물어보지는 않았지만 폭력적이고 선정적인 장면들이 넘쳐나는 드라마에 관심을 보였다는 것 자체가 걱정스

러운 일이었다. 종종 학생들의 글이나 대화에서 영상물 등급에 맞지 않는 영화를 보았다는 이야기를 듣곤 한다. 12세 관람가나 15세 관람가 영화는 보호자와 함께라면 시청이 가능은 하지만, 특히 15세 관람가 영화는 자극적인 장면들이 많아서 초등학생들한테는 노출이 되어서는 안 되는데 말이다.

영상물 등급에 맞게 영화를 시청해야 하는 건 학교에서도 마찬가지이다. 교사 커뮤니티에서도 15세 관람가 영화 시청 후기나 문의가 있는데 앞에서도 이야기했듯이 15세 관람가는 자극적인 장면들이 많아서 전체를 다 보여주는 건 민원 발생 소지가 큰일이다. 12세 관람가 영화는 초등학교 고학년 학생들의 경우 가정이나 학교에서 많이 접하고 있다. 12세 관람가 영화는 크게 자극적인 장면은 없어서 별 무리 없이 볼 수 있지만, 문제가 될 만한 장면이 담겨 있을 수도 있어서 사전에 꼭 영화 구석구석 살펴보는 게 좋다. 6학년 국어 교과서에 실린 '피부 색깔=꿀색(12세 관람가)' 영화도 교과서에는 부분적으로만 실려 있어서 문제가 없지만, 영화 전체를 보면 여성의 나체 장면이 잠깐 나와서 학생들과 함께 본다면 흠칫 놀랄 수 있을 것이다.

초등학교에서는 전체관람가 영화를 보는 것이 제일 좋다. 다만 전체관람가로 제한을 두면 12세 관람가 영화 중에서 학생들과 보기에 좋은 아쉬운 영화들이 적지 않다. 이 책에도 12세 관람가 영화 세 편을 소개하고 있다(전부 역사 영화이다. 역사 영화는 전쟁 장면 등이 포함되는 경우가 많아서 12세 관람가 이상인 영화들이 많다). 12세 관람가 영화를 고학년 학생들과 함께 시청하고 싶다면 사전에 보호자의 동의를 받거나 적어도 영화를 시청하는 이유를 미리 안내해 줘야 할 것이다.

학생들과 상담을 해보면 어렸을 적에 집에서 부모님과 함께 본 무서웠던 영화나 저학년 때 학교에서 본 자극적인 영상으로 인해서 트라우마가 남아 있다는 사연을 종종 접하곤 한다. 어린이들이 영화와 함께 꿈을 키워나가길 바라며 이 책을 쓰고 있는데, 영화가 누군가에게 상처로 남는 일은 어떤 이유로도 없었으면 좋겠다.

교육을 주제로 한 영화제가 있다고요?
교사가 만들어가는 교육영화제

영화를 좋아하다 보니 자연스럽게 여기저기 영화제를 다니고 있고, 국내외 주요 영화제(시상식)가 끝나면 어떤 작품들이 수상했는지 눈여겨 살펴보고 있다. 교사가 되고 영화교육연구회 활동을 하면서 교육을 주제로 한 영화제는 왜 없는지 궁금증이 들었다. 건축영화제, 가톨릭영화제, 인권영화제, 환경영화제, 아동권리영화제 등 주제별 영화제들이 적지 않고, 교육을 주제로 한 영화들도 적지 않게 개봉하고 있다 보니 교육과 영화를 사랑하는 사람들이 함께하는 축제의 장이 생겨나면 좋을 것 같았기 때문이다. 부산국제어린이청소년영화제, 서울국제어린이영화제 같은 영화제들이 지역마다 꽤 있지만 영화를 보고 교육에 대해 깊이 있게 고민하고 토론하는 영화제가 생겨나기를 바랐다.

2020년 학교에서 영화를 제작하는 선생님들이 모여 전국영화교육연구회가 만들어지고, 1기 회장(2020년 1월~2024년 2월)을 맡으면서 1년에 한 번 학교에서 영화 교육하는 선생님들이 모이는 자리로 교육영화제를 만들어보자고 제안했다. 2020년 1월 서울 남산초등학교에서 3박 4일간 진행한 단편영화제작워크숍과 함께 충무로의 대한극장(가장 작은 극장에서 30명 정도의 게스트와 함께)에서 제1회 교육영화제가 문을 열었다. 곧이어 닥친 코로나로 2회~3회 영화제는 온라인 중심으로 이어갔고, 4회 교육영화제에서 영화진흥위원회 국내영화제 지원 사업에 선정되며 영화제가 본격적으로 성장하는 계기가 되었다.

교육영화제는 교육을 주제로 학생 및 일반인들이 만든 영화를 상영하는 자리이다. 상영회 외에도 영화 읽기와 영화 제작 교육 프로그램을 온·오프라인으로 다양하게 운영하고 있으며, 사전 프로그램으로 학생들이 참여하는 영화 백일장 및 영화제 포스터 그리기 공모전도 실시하고 있다. 학교 일로 바쁜 현직 교사들이 중심이 되어 만들어가는 영화제라 짧은 기간 안에 다양한 프로그램을 펼치기가 쉽지 않아서, 영화제 기간 이외 봄에는 찾아가는 영화관(한국영상자료원 지원), 여름에는 마을과 함께하는 교육영화읽기(용산구청 미래교육지구사업) 같은 교육 프로그램을 연간 다채롭게 운영하고 있다.

2024년 6회 영화제는 시즌2를 준비하고 있다. 영화제 준비 모임을 기존 전국영화교육연구회에서 에듀씨네로 옮겨가고 있으며, 단편경쟁 학생 부문을 신설하고 일반인 부문을 부활하여 학교에서 영화를 창작하는 학생들과 교육을 주제로 영화를 만드는 이들을 함께 응원하고 있다. 처음으로 장편 해외 작품을 수입하여 개막작으로 상영하였다. 장소도 서울교육대학교로 옮겨 예비 교사들과의 만남도 확대해 가려고 한다.

교육영화제에서 주로 어떤 영화를 상영하는지 묻는 분들이 종종 있다. 이 책에 실린 모든 영화는 교육영화제에서 언제라도 상영될 수 있는 작품들이다. 다만, 영화제는 보통 기존에 개봉한 영화들이 아닌 아직 국내에 소개되지 않은 따끈따끈한 영화들을 상영하는 자리인지라, 교육영화제도 새로운 영화를 발굴하는 시간으로 자리매김하고 있다.

교육영화제는 교사를 중심으로 학생·학부모들과 함께

만들어가고 있으며, 교육부, 교육청, 영화진흥위원회 등 다양한 교육 관련 기관과 협업하고 있다. 영화제는 매년 9월 서울에서 열린다. 많은 분과 함께 영화 교육 축제의 장을 펼쳐나가고 싶다. 이 책을 읽으시는 분들도 꼭 한 번쯤 찾아주길 바란다. 영화제 자세한 소개는 교육영화제 홈페이지에서 확인할 수 있다.

작은 영화제들까지 합하면 전국에 생각보다 많은 영화제가 1년 내내 관객들과 맞이하고 있다. 특색 있는 많은 영화제들이 생겨나고 있지만 잘 운영되던 영화제들이 지자체장이 바뀌면서 사라지는 경우도 부지기수다.

이 책의 1부에서 처음으로 소개한 영화는 꿈을 소재로 한 영화 《원스몰스텝》이다. 누군가 지금 무슨 꿈을 꾸며 지내고 있는지 물어본다면 이렇게 답할 것이다.

"음. 저는 교육영화제가 10회, 20회 장수하면서 영화 교육을 하는 모든 이들의 축제의 장으로 성장해 가면 좋겠어요. '어린이 영화 읽기' 책에 이어 '청소년 영화 읽기', '교사를 위한 영화 읽기' 그리고 연구회 선생님들과 함께 쓰는 영화 읽기 책도 세상에 나올 수 있기를 꿈꿔봅니다. 조금 힘들긴 하겠지만 그래도 《원스몰스텝》의 주인공처럼 저도 한 발 한 발 갈 수 있는 만큼 앞으로 나아가 보려고 합니다."

부록

영화진흥위원회 추천 청소년 영화

영화 읽기를 위한 교사 활동지

영화진흥위원회 추천 청소년 영화

2024년 영화진흥위원에서 선정한 청소년 추천 영화(필자도 선정 위원으로 참여하였다.) 일부 단편 영화들은 KMDM(한국영상자료원) 사이트에서 무료로 시청할 수 있다. 이 책에서 소개한 영화들도 일부 포함되어 있다.

영화 목록

연번	구분	분야	제목	감독	상영시간(분)	관람등급
1	단편	극영화	버거송 챌린지	김민하	22	전체관람가
2	단편	애니메이션	오목어	김진만	9	12세 관람가
3	단편	극영화	유월	이병윤	25	전체관람가
4	단편	극영화	콩나물	윤가은	20	전체관람가
5	단편	애니메이션	토요일 다세대주택	전승배	7	전체관람가
6	단편	극영화	나만 없는 집	김현정	32	12세 관람가
7	단편	극영화	수학여행	김희진	29	12세 관람가
8	단편	극영화	옆 구르기	안주영	31	15세 관람가
9	단편	애니메이션	우주의 끝	한병아	10	12세 관람가
10	단편	극영화	그 언덕을 지나는 시간	방성준	24	전체관람가
11	단편	극영화	반장선거	박정민	24	12세 관람가
12	단편	다큐멘터리	친구들	김민서 김남주 이성재	12	전체관람가
13	단편	애니메이션 다큐멘터리	양림동 소녀	오재형 임영희	30	전체관람가
14	단편	다큐멘터리	해피해피 이혼파티	남순아	24	전체관람가
15	장편	극영화	개를 훔치는 완벽한 방법	김성호	109	전체관람가

16	장편	극영화	나는보리	김진유	109	전체관람가
17	장편	애니메이션	마당을 나온 암탉	오성윤	93	전체관람가
18	장편	극영화	우리들	윤가은	94	전체관람가
19	장편	극영화	집으로	이정향	87	전체관람가
20	장편	극영화	종착역	권민표 서한솔	79	전체관람가
21	장편	극영화	비밀의 언덕	이지은	122	전체관람가
22	장편	극영화	우아한 거짓말	이한	117	12세 관람가
23	장편	극영화	걷기왕	백승화	92	12세 관람가
24	장편	극영화	남매의 여름밤	윤단비	104	전체관람가
25	장편	극영화	동주	이준익	110	12세 관람가
26	장편	극영화	리틀 포레스트	임순례	103	전체관람가
27	장편	극영화	보희와 녹양	안주영	99	12세 관람가
28	장편	극영화	다음 소희	정주리	137	15세 관람가
29	장편	극영화	벌새	김보라	138	12세 관람가
30	장편	극영화	성적표의 김민영	이재은 임지선	96	전체관람가
31	장편	극영화	아이 캔 스피크	김현석	118	12세 관람가
32	장편	다큐멘터리	잡식가족의 딜레마	황윤	105	전체관람가
33	장편	다큐멘터리	장기자랑	이소현	92	12세 관람가

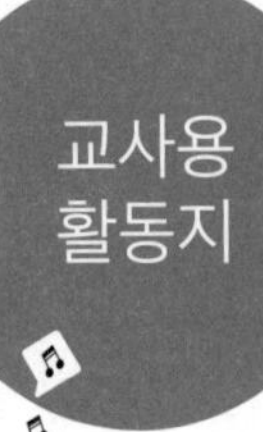

영화 장면을 활용하여 2쪽짜리 영화 읽기 활동지를 만들었다. 이 책에 실린 각 영화 활동지는 차례에 수록한 QR코드(구글 드라이브)로도 내려받을 수 있다.

우리들
(The world of us, 2016)

영화 열기(보기 전에)

새로운 학교로 전학 간 경험 있나요? 반에 새 친구가 전학 온 경험이 있나요? 새 학교로 전학 갔을 때, 또는 새로운 친구가 전학 왔을 때 어떤 느낌이었는지 나눠봅시다.

영화 속으로

1. 상처와 사랑을 간직한 아이들

- 영화 속 주인공 선, 지아, 보라가 지닌 상처는 무엇인가?

선: 학교에서 왕따, 아빠는 알코올중독, 넉넉하지 않은 가정환경
지아: 이전 학교에서 왕따, 부모 이혼 후 새엄마 얻음, 할머니는 지아를 학원에만 보냄
보라: 명확하지는 않지만 부모로부터 학업 스트레스를 받는 것으로 보임

- 영화 속 주인공들이 지닌 상처와 사랑을 상징적으로 보여주는 것 찾아보기

선이 즐겨 먹는 김밥, 무엇을 상징할까요? 엄마의 사랑
지아가 즐겨 먹는 과자, 무엇을 상징할까요? 결핍된(부족한) 사랑
지아가 항상 쓰고 다니는 헤드셋이 상징하는 것은? 외로움
동생이 친구와 함께 먹은 음식은? 김치볶음밥

2. 관계의 변화

- 선과 지아의 우정과 관계 변화를 상징적으로 나타내는 것들 찾아보기
: 우정(팔찌와 봉숭아물), 관계 변화(봉숭아물 위에 덧칠한 매니큐어)
- 선과 지아는 어떤 일로 멀어지게 됐나?
: 선이 엄마가 차려준 음식을 먹는 장면을 보고 지아가 질투하기 시작

- 지아와 보라는 어떤 일로 관계가 멀어졌나요?
: 반에서 1등을 차지하던 보라는 전학 온 지아가 1등을 하자 지아를 왕따시킴

- 선, 지아, 보라의 관계 외에 사람 간의 다양한 관계를 보며 이들의 모습은 어떻게 다른지 비교해보자.

아이들 사이의 관계(동생과 친구)	⇄	어른들 사이의 관계(아빠와 할아버지)
- 싸웠다가도 금방 화해함		- 관계를 회복하지 못하고 할아버지 돌아가심

3. 소외되는 아이들&무관심한 어른들

- 영화 속 피구 장면에서 선과 지아는 친구들로부터 어떻게 소외되었나?
  : 친구들이 팀을 뽑는데 뽑아주지 않음
  : 선을 밟지 않았는데 밟았다고 아웃시킴

- 이 외에도 영화에서 반 친구들이 선과 지아를 어떻게 소외시켰는지 찾아보자.
  : 선은 지아의 생일파티에 초대받지 못함
  : 냄새 난다고 놀림 등

- 어른들은 몰라요! 영화에서 어른들은 아이들의 마음을 잘 헤아리지 못합니다. 아이들에게 무관심한 어른들의 모습을 찾아보자.
  · (선) 엄마: 돈에 쫓겨서 지냄. 선이 학교에서 왕따당하는 사실을 모름
  · (선) 아빠: 선에 대해 무관심, 학생이 고민할게 뭐가 있냐고 함
  · (지아) 할머니: 지아가 원하지 않는 학원공부만 시킴
  · (보라) 부모님 : 학업 부담을 주는 것으로 보임
  · 선생님: 선과 지아 사이의 갈등이 있기 전에는 둘 사이의 문제를 눈치채지 못함

영화 밖으로(보고 나서)

마지막 피구 장면, 선의 손톱에는 지아와 함께 물들였던 복숭아물이 아직 살짝 남아 있습니다. 지아가 금을 밟지 않았다며 지아 편을 들어준 선, 한바탕 큰 다툼을 벌인 선과 지아는 이후에 어떻게 되었을까요? 영화 뒷이야기를 상상하여 적어봅시다.

도서출판 이비컴의 실용서 브랜드 **이비락**樂 은 더불어 사는 삶에 긍정의 변화를 줄 유익한 책을 만들기 위해 노력합니다.

원고 및 기획안 문의 : bookbee@naver.com